Oldenbourg Interpretation
Band 98

Oldenbourg Interpretationen
Herausgegeben von
Klaus-Michael Bogdal und Clemens Kammler

begründet von
Rupert Hirschenauer (†) und Albrecht Weber

Band 98

Bernhard Schlink

Der Vorleser

Interpretation von Juliane Köster

Oldenbourg

Die Seitenzahlen in Klammern beziehen sich auf folgende Ausgabe:
Bernhard Schlink: Der Vorleser. Zürich: Diogenes 1997 (detebe 22953)

Zitate sind halbfett gekennzeichnet.

Bibliografische Information der Deutschen Nationalbibliothek:
Die Deutsche Nationalbibliothek verzeichnet diese Publikation in der Deutschen Nationalbibliografie; detaillierte bibliografische Daten sind im Internet über <http://dnb.ddb.de> abrufbar.

Das Papier ist aus chlorfrei gebleichtem Zellstoff hergestellt, ist säurefrei und recyclingfähig.

Bei den Zitaten, Literaturangaben und Materialien im Anhang ist die neue Rechtschreibung noch nicht berücksichtigt.

1. Auflage 2000 R
Druck 09 08 07
Die letzte Zahl bezeichnet das Jahr des Drucks.

Umschlagkonzept: Mendell & Oberer, München
Umschlag: Stefanie Bruttel
Umschlagbild: © IFA-Bilderteam, Ottobrunn/München; Fotografin: Birgit Koch
Typografisches Gesamtkonzept: Gorbach GmbH, Buchendorf
Lektorat: Ruth Bornefeld, Dorothea Schauer
Herstellung: Verlagsservice Dr. Helmut Neuberger
& Karl Schaumann GmbH, Heimstetten
Satz: jürgen ullrich typosatz, Nördlingen
Druck und Bindung: Firmengruppe APPL, aprinta Druck, Wemding

ISBN: 978-3-486-**88745**-7
ISBN: 978-3-637-**88745**-9 (ab 1.1.2009)

Inhalt

Vorbemerkung

Bernhard SCHLINKS Roman *DER VORLESER* (1995)[1] thematisiert den Umgang mit der nationalsozialistischen Vergangenheit in der Bundesrepublik Deutschland, indem er ihn mit einer Liebesbeziehung verknüpft. Das in seiner sinnlichen Intensität sensibel erzählte Verhältnis zwischen einem sechzehnjährigen Jungen und einer Frau in den besten Jahren macht denn auch den besonderen Reiz des Romans für junge Leserinnen und Leser aus.

Indem der Roman die Tätergeneration nicht in einer Vaterfigur repräsentiert, sondern in der Figur der Geliebten eines Angehörigen der zweiten Generation, werden Vertrautheit und Fremdheit anders konkretisiert als in der ›Väterliteratur‹. Gerade da, wo in der Väterliteratur Distanz waltet, im Bereich des Körperkontakts, der Intimität und der Partnerschaftlichkeit, setzt der Roman – erstaunliche – Vertrautheit. Dadurch geraten die Nachgeborenen in größere und vor allem ungewöhnliche Nähe zu den Tätern, und gegenüber der Hierarchie der Eltern-Kind-Beziehung wird die Symmetrie der Generationen betont. Für die zweite Generation resultiert daraus ein Moment der Verantwortlichkeit. **Ich war Zuschauer gewesen und plötzlich Teilnehmer geworden, Mitspieler und Mitentscheider** (131). Denn während das Eltern-Kind-Verhältnis durch Geburt zugewiesen ist, beruht das Liebesverhältnis auf einer Wahl, für die es einzustehen gilt (vgl. 162). Die Evidenz der Verantwortlichkeit der Nachgeborenen gibt diesem Thema nicht nur einen neuen Horizont, sondern entlastet den unterrichtlichen Diskurs auch von dem Bedürfnis, die eigenen Großeltern zu verteidigen.

Bezogen auf das Auschwitz-Thema gibt die Darstellung eines Strafprozesses dem Roman neben der individuellen auch eine juristische Dimension. Der zentrale zweite Teil des Romans bringt den Verlauf eines NS-Prozesses vor einem deutschen Gericht zur Sprache und profiliert dabei die Gedächtnisperspektive der Täter. Die perspektivengeleitete Darstellung einer NS-Täterin unterscheidet sich deutlich von der Erinnerungsliteratur aus der Gedächtnisperspektive der Opfer.

Die hier vorgelegte Interpretation setzt die Entwicklung der Beziehung zwischen dem Ich-Erzähler und Hanna Schmitz zentral und versteht diese Entwicklung als exemplarisch für den bundesrepublikanischen Umgang mit Nationalsozialismus und Holocaust. Ein solcher Interpretationsansatz ist angewiesen auf sozialgeschichtliche Bezüge und in einem gewissen Rahmen auf elementare Bausteine psychoanalytischer Theorie.

Aus sozialgeschichtlicher Perspektive ist es über die im Roman wirksamen Bezüge hinaus von Bedeutung, dass

- die Gedächtnisperspektive der Täter produktiv gemacht wird als **kritische Aufarbeitung der eigenen Geschichte aus der Sicht der in sie verstrickten Generationen**[2] und von den Tätern keine Entfaltung der Leiden der Opfer erwartet wird,
- der Roman Gerechtigkeit für die Täter thematisiert, d.h. einen Anspruch, dem Brisanz inne wohnt, der – aus welchen Gründen auch immer – auf hohe Akzeptanz stößt und der notwendig gegen Gerechtigkeit für die Opfer verstößt,
- **Personalisierung und Tribunalisierung**[3] als Formen der Auseinandersetzung mit NS und Holocaust gewählt wurden: die existenzielle Selbstverständigung des Einzelnen und die – kritische – Darstellung eines nach der **Strafprozeßordnung ablaufenden Verfahrens** und eines Gerichtsurteils als dessen Ergebnis,
- der Roman eine justizkritische Ebene hat, allerdings dergestalt, dass er die Kritik an der Verstrickung der bundesdeutschen Justiz in den Nationalsozialismus mit der Kritik an der Praxis juristischer Aufarbeitung in Form der Prozessführung und des Urteils verbindet,
- die **öffentlich ausgetragene ethisch-politische Selbstverständigung** als zentrale Dimension der **Aufarbeitung der Vergangenheit**[4] lediglich eine kritische Reflexion erfährt, nicht aber in Handlung überführt wird.

Da – mit Habermas zu sprechen – **die Aufarbeitung der Vergangenheit ein mehrdimensionales und arbeitsteiliges Unternehmen**[5] ist, setzt SCHLINKS Roman sowohl auf die Dimension der **privaten Rechenschaft** als auch auf die des **juristischen Urteil**[s].[6] Auf diesen beiden Ebenen geht es um **Schuld im moralischen wie im rechtlichen Sinne, die einzelnen Personen zugerechnet**[7] wird. Fragen, die die haftenden Bürger des politischen Gemeinwesens und deren kollektive Identität betreffen, bleiben im Hintergrund. Das heißt, sie werden Gegenstand der kritischen Reflexion des Ich-Erzählers. Im Hinblick auf Fragen **einer ethisch-politischen Selbstverständigung**[8] wird das Erzählte wie alle **Handlungen und Schicksale einzelner Personen in diesem Zusammenhang nur den exemplarischen Sinn haben, typische Verstrickungen zu illustrieren.**[9]

1 Historisch-soziologische Grundlagen

1.1 Adornos Vortrag »Was bedeutet: Aufarbeitung der Vergangenheit?«

1959 hielt Theodor W. Adorno im Hessischen Rundfunk einen Vortrag mit dem Titel *Was bedeutet: Aufarbeitung der Vergangenheit*?[10] Wie nachhaltig gerade dieser Vortrag gewirkt hat, zeigt sich darin, dass Jürgen Habermas explizit darauf Bezug nimmt, als er 1995 im Rückblick auf die deutsche Einigung von 1990 öffentlich die Frage formuliert: *Was bedeutet »Aufarbeitung der Vergangenheit« heute*?[11]

Adorno artikuliert in diesem Vortrag den **Verdacht des Geschichtsverlusts**[12] und postuliert, dass

> **Aufklärung über das Geschehene einem Vergessen entgegenarbeiten [müsse], das nur allzu leicht mit der Rechtfertigung des Vergessenen sich zusammenfindet; etwa durch Eltern, die von ihren Kindern die peinliche Frage nach dem Hitler hören müssen, und die daraufhin, schon um sich selbst weißzuwaschen, von den guten Seiten reden und davon, dass es eigentlich gar nicht so schlimm gewesen sei.**[13]

Die größte Gefahr sieht er dabei im Unbewussten oder auch im Halb- und Vorbewussten. Deshalb komme es wesentlich darauf an, nicht beim bloßen Vorwurf stehen zu bleiben, sondern **durch die Kraft, selbst das Unbegreifliche noch zu begreifen, dem Entsetzen stand[zuhalten]**.[14] Dabei weist Adorno der Psychoanalyse eine zentrale Rolle zu:

> **Vor allem aber ist an die Psychoanalyse zu denken, die nach wie vor verdrängt wird. Entweder fehlt sie ganz, oder man hat sie durch Richtungen ersetzt, die, während sie sich rühmen, das vielgescholtene neunzehnte Jahrhundert zu überwinden, in Wahrheit hinter die Freudsche Theorie zurückfallen, womöglich sie in ihr eigenes Gegenteil verkehren. […] so heilsam wäre es doch, fände strenge Psychoanalyse ihre institutionelle Stelle […].**[15]
> **Aufarbeitung der Vergangenheit als Aufklärung ist wesentlich solche Wendung aufs Subjekt, Verstärkung von dessen Selbstbewußtsein und damit auch von dessen Selbst.**[16]

Als Fazit hebt diese Reflexion hervor, dass **die Vergangenheit erst dann [aufgearbeitet wäre], wenn die Ursachen des Vergangenen beseitigt wären. Nur weil die Ursachen fortbestehen, ward sein Bann bis heute nicht gebrochen.**[17]

Adorno hat in der Rolle des beobachtenden Sozialwissenschaftlers sein Interesse auf Prävention gerichtet. Bei seinen pädagogischen **Versuchen,**

der Wiederholung von Auschwitz entgegenzuwirken[18], für die vor allem der *ERZIEHUNG NACH AUSCHWITZ*[19] betitelte Vortrag repräsentativ ist, konzentriert er sich auf die Verhältnisse innerhalb des Täterkollektivs zu Beginn der 60er-Jahre.

Was sich demgegenüber dem Zugriff institutioneller Pädagogik entzieht, ist die **Veränderung der Bedingungen**[20], welche der Entwicklung der **Kraft zur Reflexion, zur Selbstbestimmung, zum Nicht-Mitmachen**[21] entgegenkommen. Diese Kraft resultiert für ADORNO aus Liebesfähigkeit und ist an die Erfahrung von Wärme gebunden. Diese jedoch lasse sich nicht künstlich andrehen, denn der **Zuspruch zur Liebe** sei **selber Bestandstück der Ideologie, welche die Kälte verewigt.**[22] Bleibt also **der Versuch, vorwegnehmend im individuellen Bereich diesen ihren Bedingungen entgegenzuarbeiten.**[23]

Trotz seiner Überzeugung, **dass die Wiederkehr oder Nichtwiederkehr des Faschismus im Entscheidenden keine psychologische, sondern eine gesellschaftliche Frage**[24] sei, unternimmt ADORNO in *ERZIEHUNG NACH AUSCHWITZ* – entsprechend der pädagogischen Akzentuierung seines Vortrags – eine psychologische Analyse[25], in deren Zentrum die Persönlichkeit der Täter und die diese Persönlichkeit formierenden Mechanismen stehen.

Er erklärt diese Mechanismen aus einem gesellschaftlich bedingten **Grundzug der Anthropologie**, den er als **universale Kälte** bezeichnet und der sich in der **Verfolgung des je eigenen Interesses gegen die Interessen aller anderen**[26] artikuliert. Als beteiligte Faktoren nennt er die **archaische Neigung zur Gewalt**[27], verstümmeltes Bewusstsein[28], **Erziehung zur Disziplin durch Härte**[29], kurz: die **Kollektivierung**[30]. Resultat ist der **manipulative Charakter**[31], den ADORNO sowohl durch die blinde Einordnung in Kollektive[32] als auch durch die Bereitschaft, Kollektive zu manipulieren[33], bestimmt sieht.

Eng damit verbunden sind neben der **Unfähigkeit, überhaupt unmittelbare menschliche Erfahrungen zu machen**[34], eine **gewisse Art von Emotionslosigkeit, überwertige[r] Realismus**[35] und die Besessenheit **vom Willen [...] Dinge zu tun, gleichgültig gegen den Inhalt solchen Tuns.**[36] Auf eine Formel gebracht, wäre vom **Typus des verdinglichten Bewußtseins**[37] zu sprechen. Um das Entstehen dieses Typus, den ADORNO durchaus zahlreich nennt, **so gut es geht, zu verhindern**, setzt ADORNO auf aufklärende Erziehung:

> **Man muß die Mechanismen erkennen, die die Menschen so machen, daß sie solcher Taten fähig werden, muß ihnen selbst diese Mechanismen aufzeigen und zu verhindern trachten, daß sie abermals so werden, indem man ein allgemeines Bewußtsein jener Mechanismen erweckt.**[38]

Für die Pädagogik bedeutet das konkret, **daß man das Problem der Kollektivierung ins Licht rückt**[39] und Einsicht in das Entstehen des manipulativen Charakters und des verdinglichten Bewusstseins als **Einsicht in die eigene Bedingtheit**[40] ermöglicht.

1.2 Die NS-Prozesse

Neben dem theoretischen Aufarbeitungsdiskurs gehören die in den 60er- und 70er-Jahren anberaumten NS-Prozesse zum sozialhistorischen Hintergrund des Romans. Dabei sind in erster Linie die Auschwitzprozesse vor dem Schwurgericht beim Landgericht Frankfurt am Main 1963 bis 1965; 1964 bis 1966; 1967 bis 1968; 1973 bis 1976 (keine Verurteilung) zu nennen. Die Rolle, die die Anwälte im Roman spielen, ist in diesen Prozessen zum Teil vorgebildet.[41] 1962 bis 1965 fand der Chelmno-Prozess vor dem Landgericht in Bonn statt.

Von besonderer Bedeutung für den Fall der Hanna Schmitz dürfte jedoch der Majdanek-Prozess von 1975 bis 1981 in Düsseldorf sein. Vor Gericht stehen hier elf Männer und fünf Frauen, darunter Hermine Ryan-Braunsteiner. Es handelt sich um das einzige Verfahren gegen weibliche Lagerbedienstete vor einem deutschen Gericht. Sucht man nach historischen Entsprechungen des im Roman dargestellten Prozesses, dann bietet sich diese Verhandlung als Vergleichsfolie an. Die ausgezeichnete Reportage von Thorsten Schmitz und Albrecht Fuchs[42] gibt über den Prozess gegen die fünf Frauen und Hermine Ryans Verurteilung zu lebenslänglicher Haft detailliert Auskunft. Mit 474 Prozesstagen ist der Majdanek-Prozess das längste Verfahren gegen nationalsozialistische Verbrecher. Die 1919 geborene Hermine Braunsteiner ist zu Beginn des Prozesses 56 Jahre alt, war aber bereits 1964 als NS-Verbrecherin in ihrem amerikanischen Heim in Queens identifiziert worden und hatte vor 1958 bereits drei Jahre in einem Wiener Gefängnis verbracht. Während die Stellung von Hanna Schmitz in der Befehlshierarchie der Lager unklar bleibt, weiß man von Hermine Braunsteiner, dass sie zunächst stellvertretende Schutzhaftlagerführerin in Majdanek war und dann Oberaufseherin in Ravensbrück. Hanna Schmitz steht zwar wegen der Teilnahme an Selektionen für die Gaskammern vor Gericht, aber man erfährt nicht, für wie viele Tote sie sich insgesamt zu verantworten hat. Hermine Braunsteiner wird für die über 250 000 Toten von Majdanek mit zur Verantwortung gezogen, ihr wurde hundertfacher Mord und Totschlag nachgewiesen. Das Verhalten von Hanna Schmitz im Lager wird im Roman nicht konkret entfaltet und bleibt dadurch diffus. Von Hermine Braunsteiner weiß man wiederum, dass sie im Lager willkürlich Grausamkeiten verübt hat. **Sie schlug in Majdanek Kinder mit der Suppenkelle blutig, weil sie sich auf einen Essenskübel stürzten.** Sie er-

schoss einen jüdischen Jungen, der vor der Gaskammer fliehen wollte, und Frauen waren für sie ›wie Scheiße‹.[43] Ausdruck ihrer mordgierigen Grundhaltung ist sowohl der Umstand, dass sie Frauen die Kinder entrissen und in die Gaskammer abtransportiert habe, als auch der grausige Vorfall, dass sie auf einen Jungen einprügelte, der im Rucksack seines Vaters versteckt war.

Staatsanwalt Dieter Ambach sagt, dass er und sein Kollege Wolfgang Weber **alles Schreckliche in [sich] reingefressen** haben, weil sie **unbeteiligt tun** mussten.[44] Die Strafen, die das Gericht letztlich verhängte, seien **viel zu dünn** ausgefallen. Am Tag der Urteilsverkündung habe er das Gefühl gehabt, **die Reisen ins Ausland, die Vernehmung von über vierhundert Zeugen seien sinnlos gewesen.**[45]

Interessant ist in diesem Zusammenhang auch die Person des Vorsitzenden Richters. Günter Bogen, Richter a. D., sagt von sich, dass er bei der Urteilsverkündung gezittert habe und am Abend dieses Tages einen Zusammenbruch erlitten habe. Er empfindet es als **äußerst schmerzlich**, ein **verkehrtes Urteil** gesprochen zu haben, mit dem er **für den Rest [s]eines Lebens nicht fertig [werde]**. Von Hermine Ryan sagt Bogen, dass der Nationalsozialismus **die in ihr ruhende Monstrosität aktiviert** habe.[46]

Für SCHLINKS Modellierung der Hanna-Figur dürfte auch Martin Walsers Essay von 1965 eine Rolle spielen, der den Titel *UNSER AUSCHWITZ*[47] trägt und die **Neigung, die SS-Chargen für ›Teufel‹ und ›Bestien‹ zu halten,** problematisiert. Walsers Konsequenz, das Interesse von den kleinen Chargen der handfesten Tat weg auf das nationalsozialistische **Betriebssystem** zu verlagern, wird von SCHLINK jedoch weder realisiert noch geteilt.

1.3 Die Wahrnehmung der Lager

Zu den historisch-soziologischen Bezügen, die der Roman evoziert, gehört auch die Bedeutung der Konzentrationslager, die Frage nach deren Erhalt und Pflege. Am Beispiel des elsässischen Lagers Struthof werden die Veränderungen deutlich, die sich zwischen dem Sommer 1966 und den späten 80-er bzw. den beginnenden 90-er Jahren abzeichnen. Aus dem Roman geht hervor, dass bereits 1966 die ursprünglichen Baracken abgetragen worden waren, sodass nur die Grundmauern übrig blieben. Beim späteren Besuch verhindert die Schneedecke, dass der Besucher noch etwas vom Lager erkennt. Das sich einstellende Gefühl von Scheu führt der Erzähler jedoch nicht auf eine **echte [...] Empfindung** zurück, sondern auf **Überlegungen, wie man sich nach dem Besuch eines Konzentrationslagers zu fühlen habe.**[48] Denn, so SCHLINK im Gespräch mit Gunhild Kübler, das **Dokumentarische lebt ja nicht aus sich heraus.**

Selbst in Auschwitz gibt es nichts zu sehen als eine Reihe freundlicher Backsteinkasernen unter Bäumen. Wenn ich dort herumgehe, belebe ich den Ort mit meiner Fantasie, die sich ihrerseits vom Dokumentarischen nährt. Wenn die nächste Generation von dieser Vergangenheit erreicht werden soll, müssen ihr die Ereignisse auf allen Ebenen und in vielen Gestalten begegnen. Das ist der Stellenwert heutiger Fiktionalisierungen.[49]

Damit greift SCHLINK auf das zurück, was Peter Weiss 1964 – also etwa zu der Zeit, als Michael Berg das Konzentrationslager Struthof besucht – in *MEINE ORTSCHAFT* aus der Perspektive des Opfergedächtnisses thematisiert hat: dass sich beim Besuch in Auschwitz den Lebenden eine untergegangene Welt präsentiert, sodass sich dem Besucher trotz aller Kenntnis von Ziffern und Berichten verschließt, was in den Lagern geschah. In diese Reflexionslinie stellt sich auch Ruth Klüger in ihrer Autobiografie von 1992, wenn sie fragt, **ob man Gespenster in Museen bannen** könne und feststellt, dass Peter Weiss **damals die seinen vom Frankfurter Auschwitz-Prozeß nach Polen** [schleppte]. Wenn es Weiss am Ende doch gelinge, **in einer alten Baracke die Geister zu beschwören**, dann aus folgendem Grund:

Er sah das, was er mitgebracht hatte, in der neuen Konstellation des Ortes, die da heißt Gedenkstätte und Besucher, und was könnte weiter entfernt sein von der Konstellation Gefängnis und Häftling?[50]

Dabei sei Weiss, so Klüger, **der beste Besucher, den man sich wünschen** könne, gewesen, **denn er sah kein fertiges starres Mahnmal.**[51]

1.4 Erinnerungsliteratur

Diese Äußerungen zeigen, wie eng die Frage der Erinnerung und ihrer Weitergabe mit der Rezeption von Erinnerungsliteratur verbunden ist. Im Roman nennt der Erzähler unter Hinweis auf die Bibliothek, die Hanna im Gefängnis angelegt hat, einige seit den 60er-Jahren in der Bundesrepublik rezipierte wichtige Autoren:

Primo Levi, Elie Wiesel, Tadeusz Borowski, Jean Améry – die Literatur der Opfer neben den autobiographischen Aufzeichnungen von Rudolf Höss, Hannah Arendts Bericht über Eichmann in Jerusalem und wissenschaftliche Literatur über Konzentrationslager. (193)

Bei dieser Aufzählung wird deutlich zwischen der Gedächtnisperspektive der Opfer und der Täter unterschieden. Darin weist sich der Roman als Werk der 90er-Jahre aus.

Die Trennung von Opfer- und Tätergedächtnis beruht auf der Tatsache, dass es ein **universelles Gedächtnis an und für sich**[52] nicht gibt. Ihre Etablierung beruft sich auf Traditionsbestände und auf kollektive Prägungen des Gedächtnisses und seiner Narrative, die den Prinzipien und Maßgaben der Geschichtswissenschaft vorausgehen.[53] Ihr Ergebnis sind **Differenzen in der Geschichtsinterpretation.**[54] Bezogen auf die Geschichtsschreibung über den Holocaust, so merkt Diner an, wurde dieser Sachverhalt erstmals 1988 in der Debatte zwischen Martin Broszat und Saul Friedländer berührt.[55] Diner geht davon aus, dass bei der historiografischen Rekonstruktion des Holocaust die **partikularen Befangenheiten besonders gewichtig und folgenreich**[56] seien, und er bestimmt den Unterschied zwischen einer ›deutschen‹ und einer jüdischen Gedächtniskultur dahingehend, dass das deutsche Gedächtnis hinsichtlich der Verursachungsgeschichte des Holocaust einer **Nahsicht** folgt und das jüdische Gedächtnis auf einer **gewissen Fernsicht** des Geschehens beruht.[57] So resultiere aus der jüdischen Gedächtnisperspektive eine Tendenz zur **Monstrosität**, aus der deutschen zur **Banalität.**[58]

Im Rahmen der Literaturgeschichtsschreibung greift der Band *Gegenwartsliteratur* in Hansers Sozialgeschichte der deutschen Literatur diese Unterscheidung auf. Der erste von Klaus Briegleb verantwortete Teil mit dem Titel ›*Aufbruch 1968*‹. *Der Mythos vom Neuanfang* geht davon aus, **daß literarisches Operieren mit einer unbefangenen Vorstellung von deutsch-jüdischer Beziehung zur Zeit nicht möglich ist, konkretes Sich-einlassen vorausgesetzt**[59], und insistiert nachdrücklich auf der **Differenz zwischen deutscher und jüdischer Betrachtungsweise.**[60] Das *Vergangenheit in der Gegenwart* überschriebene Kapitel ist vor allem dem Umgang der zweiten Generation in der BRD der 70er- und 80er-Jahre mit Nazi-Zeit und Holocaust gewidmet. Unter dem Titel *Negative Symbiose* wird demgegenüber die Gedächtnisperspektive der Opfer betont.

2 Der Autor als Repräsentant der Zweiten Generation

2.1 Der Sohn

Als Sohn einer Schweizer Mutter und eines deutschen Vaters hebt Bernhard SCHLINK jene **protestantische Hälfte** seiner Person hervor, **für die Bach und Luther** stehen, und derer er sich **im katholisch geprägten Südwesten** Deutschlands **beraubt** fühlte.[61] Der Vater Edmund Schlink hatte als **Prediger und theologischer Lehrer**[62] der Bekennenden Kirche seine Stellung an der evangelisch theologischen Fakultät in Gießen verloren und war von 1937 bis 1939 an der Kirchlichen Hochschule in Bethel bei Bielefeld als Dozent und später als Pfarrverweser in Bielefeld tätig. Bernhard SCHLINK ist als Jüngstes von vier Kindern 1944 in Bethel geboren. Gleich nach dem Krieg, 1946, erhielt Edmund Schlink, bekannt insbesondere durch sein Werk über die lutherischen Bekenntnisschriften (1941), einen Ruf als Ordentlicher Professor für Systematische Theologie und Ökumenische Theologie nach Heidelberg. Hier besuchte der Sohn Bernhard das Humanistische Gymnasium und studierte dort auch einige Semester. Gegenüber der französischen Journalistin Martine Laval erwähnt SCHLINK die elterliche Bibliothek als prägend und nennt Albrecht Goes als einen von seinen Eltern geschätzten Autor. Wie sein Protagonist Michael Berg im *VORLESER* repräsentiert SCHLINK die Generation der Söhne und Töchter der Täter, entsprechend problematisiert er auch in Interviews und in der Rede anlässlich der Verleihung des Hans-Fallada-Preises 1997 sowohl sein Verhältnis zur eigenen Generation als auch das Verhältnis zwischen den Generationen und bezieht Position gegen eine Haltung der moralisierenden Überheblichkeit, die die Elterngeneration als ganze **zu Scham und Schuld** verurteilt hat.[63]

Die Frage nach der »Aufarbeitung der Vergangenheit« sucht Bernhard SCHLINK im Interview mit der ***Weltwoche*** vom 27.1.2000 dahingehend zu beantworten, **dass das Vergangene vergangen und für uns unerreichbar ist. Es** [**könne**] **nicht nachträglich in Ordnung gebracht oder bewältigt werden.** Man könne es lediglich **in seinen Folgen treffen, so dass es sich weniger oder anders auswirkt.** Und er fügt hinzu: **Je näher die Vergangenheit ist, desto drängender sind die moralischen Forderungen an die Zeitgenossen. Solidarität mit den Tätern verstrickt auch die Nichttäter in deren Verbrechen und Schuld.**[64] Diesen Sachverhalt bindet SCHLINK in besonderem Maß an die zweite Generation. Er attestiert ihr **insofern etwas Tragisches, als man die eigenen Eltern natürlich nicht einfach verstoßen kann**, als Folge aber **in ihre Schuld mit verstrickt wird.**[65] Damit unterstellt SCHLINK für die zweite Generation eine Kollektivschuld als **Realität, die sich in der dritten Generation verflüchtigen wird.**[66] Insofern betrachtet SCHLINK die Verstrickung in den Schuldzusammenhang letztlich als etwas Individuelles, das Habermas als **Personalisierung** von Schuld, als Sache **der privaten Rechenschaft**[67] bezeichnet. Dass ihn dabei auch die Rolle der dritten Generation beschäftigt, ist durch die Biografie des Autors gedeckt: Bernhard SCHLINK ist Vater eines – 1971 geborenen – Sohnes. Ausgehend von dieser Erfahrung konstatiert er bei der Jugend das Fehlen einer persönlichen Beziehung zu ihrer Vergangenheit, zu den Akteuren des Holocaust. Die Geschichte sei für die Jugendlichen etwas Abstraktes, Virtuelles geworden.[68]

2.2 Der Jurist

Nach den Heidelberger Semestern setzte Bernhard SCHLINK das Jura-Studium an der Freien Universität im damals noch geteilten Berlin fort und zeigte in der Wahl dieses Ortes die Suche nach Auseinandersetzung mit der deutschen Geschichte. Nach Assistentenjahren in Heidelberg, Darmstadt, Bielefeld promovierte er 1975 bei Adalbert Podlech über *ABWÄGUNG IM VERFASSUNGSRECHT*[69] und habilitierte sich 1981 – betreut von Ernst-Wolfgang Böckenförde (Bielefeld) – mit einer Arbeit über die *AMTSHILFE.*[70] 1982 übernahm er an der Universität Bonn eine Professur für Verfassungs- und Verwaltungsrecht und wurde 1987 Richter des Verfassungsgerichtshofes des Landes Nordrhein-Westfalen. Er wechselte 1991 zur Johann-Wolfgang-Goethe Universität in Frankfurt am Main und ging 1992 nach Berlin an die Humboldt-Universität, wo er bereits seit 1990 als Gastprofessor tätig war. Dort hat er den Lehrstuhl für Öffentliches Recht und Rechtsphilosophie inne. Seine Antrittsvorlesung hielt er am 14.4.1994 zum Thema *RECHTSSTAAT UND REVOLUTIONÄRE GERECHTIGKEIT*. Hier wird auf wissenschaftlicher Ebene im Hinblick auf die kommunistische Vergangenheit erörtert, was auch in einigen von SCHLINKS literarischen Texten ein zentrales Problem des Umgangs mit der nationalsozialistischen Vergangenheit darstellt: Vergangenheitsbewältigung durch Recht.[71]

Den von Habermas getroffenen Unterscheidungen zufolge befasst sich der Jurist SCHLINK vor allem mit dem Bereich der **Tribunalisierung**, sodass die **öffentlichen Selbstverständigungsdebatten** mit dem Ziel der **ethisch-politische[n] Aufarbeitung der Vergangenheit** und die **existentielle [...] Selbstverständigung des einzelnen**[72] nachrangig erscheinen.

Warum Bernhard SCHLINK, der während seines Studiums **viel Philosophie, Geschichte und Soziologie gehört** hat, – **zumal als Wissenschaftler – mit Jura am Ende glücklich geworden** ist, führt dieser darauf zurück, dass die **Sachen [...] immer wieder auf den Punkt, zur Entscheidung gebracht werden** müssen.[73] Weil er **nicht nur *ein* Leben leben** will[74] und weil ihm beim wissenschaftlichen Schreiben auf die Dauer etwas fehlte, wurde das literarische Schreiben für ihn zu einem zweiten Produktionsbereich. So hat er **sich zu entscheiden, welches die passende Form – der juristische Aufsatz oder die Erzählung – für ein ihm wichtiges Thema ist. Vom Wissenschaftler werde,** so SCHLINK, **nämlich eine Lösung von diagnostizierten Krisen verlangt, der Schriftsteller hingegen sollte die Spannung eines Problems hervorheben.**[75]

2.3 Der Literat

Folglich wären dem Bereich der Literatur jene Dinge zuzuordnen, **die einfach noch im Problematischen geblieben sind, für die es noch keine Antworten, noch keine Lösungen gibt.**[76]

Als Schriftsteller beschäftigt ihn auch der **literarische [...] Umgang mit der politisch-historischen Situation des Dritten Reichs und des Holocaust.**[77] In seiner Dankesrede zur Verleihung des Hans-Fallada-Preises 1997 der Stadt Neumünster unterscheidet SCHLINK dabei zwei Abschnitte,

> **entsprechend den zwei Generationen zunächst der Väter und Täter und dann ihrer Söhne und Töchter. Bei der ersten Generation geh[e] es um Verdrängung und Offenlegung, um Offenlegung als Bewältigung, bei der zweiten darum, sich zur ersten ins Verhältnis zu setzen, in ein wieder offenlegendes, aber auch anklagendes und verurteilendes Verhältnis und um die Verhältnisbestimmung als Bewältigung.**

Deshalb bezeichnet er

> **[d]ie Literatur der zweiten Generation [als] auf freilich vorsichtige Weise literarischer als die der ersten; sie [sei] es auch insofern, als sie auf wieder vorsichtige Weise stärker fiktional [sei], während die der ersten Generation fast völlig dokumentarisch [sei].**[78]

Ein Beispiel solcher Fiktionalisierung sind SCHLINKS Kriminalromane um den Privatdetektiv Gerhard Selb. Was Dr. Gerhard Selb von Michael Berg, dem Protagonisten im *VORLESER*, unterscheidet, ist seine Zugehörigkeit zur Generation der Täter. Als NS-Staatsanwalt fiel er nach 1951 unter die 131er-Regelung.[79] Statt von diesem Gesetz zu profitieren und in den Staatsdienst zurückzukehren, betreibt er in Mannheim eine Ein-Mann-Detektei. Der unter dem Titel *SELBS JUSTIZ*[80] verhandelte Fall führt zur Aufdeckung der massiven Instrumentalisierung der Justiz für die Interessen der chemischen Industrie während der NS-Zeit. Als schillernde Schlüsselfigur erscheint dabei der Generaldirektor der RCW, deren Ähnlichkeiten mit der BASF sicher nicht rein zufällig sind. Der zweite Selb-Krimi heißt *SELBS BETRUG*.[81] Er nimmt einen anderen neuralgischen Punkt der BRD-Geschichte ins Visier, den Umgang mit dem Terrorismus. Den die Trilogie abschließenden Fall hat SCHLINK als *SELBS MORD* angekündigt. Dieser

Roman soll im Kontext der deutschen Einigung von 1990 angesiedelt sein. Letztlich stehen alle drei Fälle im Brennpunkt der Nachgeschichte des Nationalsozialismus. Bemerkenswert ist im Zusammenhang des Aufarbeitungsdiskurses allerdings, dass SCHLINK konsequent die Gedächtnisperspektive der Täter aktualisiert. Sowohl im ***Spiegel***-Interview mit Volker Hage vom Januar 2000 als auch in der ***Weltwoche*** insistiert er denn auch auf der **menschliche[n] Sicht auf die Täter.** Ohne sie, so SCHLINK, **hätten wir kein Problem mit ihnen. Erst die menschliche Nähe zu ihnen mach[e] das, was sie getan haben, so furchtbar. Wir hätten doch mit den Tätern schon lange abgeschlossen, wenn es wirklich alles Monster wären, ganz fremd, ganz anders, mit denen wir nichts gemein haben.**[82] Diese Linie setzt SCHLINK auch in *DAS MÄDCHEN MIT DER EIDECHSE*, der Eröffnungserzählung in den *LIEBESFLUCHTEN*[83], fort, akzentuiert hier aber wie bereits im *VORLESER* das Dilemma der zweiten Generation im Verhältnis zur ersten. Demgegenüber thematisiert die fünfte Erzählung des Bandes, *DIE BESCHNEIDUNG*, das ambivalente Verhältnis zwischen Deutschen und Juden in der zweiten Generation. Das Thema der Identitätssuche, das im *VORLESER* nur implizit eine Rolle spielt, gewinnt hier deutliches Profil und wird zum eigentlichen Problem. Die Erzählung entfaltet das Problem auf zwei Ebenen, zum einen im Spannungsfeld zwischen individueller und kollektiver Identität, zum anderen im Spannungsfeld unterschiedlicher kollektiver Identitäten. Als identitätsstiftende Elemente kommen Religion, Sprache, regionale Herkunft und der damit verbundene Sammelbegriff Kultur zum Tragen. Dieses Thema liegt in der Luft[84] und profiliert die Frage, ob es eine symmetrische Beziehung zwischen einem nichtjüdischen deutschen jungen Mann und einer jungen jüdischen Amerikanerin geben kann, wenn es diese Symmetrie auf kollektiver Ebene zwischen Tätern und Opfern nicht gibt und diese Asymmetrie darüber hinaus in der Kultur des Staates Israel und der Bundesrepublik Deutschland dominant ist.[85] Was hier letztlich irritiert, ist eine doppelte Unbestimmtheit: erstens die fehlende Bestimmung der Bezugsgrößen für die zentralen identitätssichernden Größen, die in der Erzählung **seinesgleichen**[86] und das, **was man ist**[87], genannt werden, und zweitens die Schwebe, in der die Privatisierung und Individualisierung der vom Protagonisten gewählten Problemlösung belassen werden.

Auch wenn das Scheitern dieses Lösungsversuchs den hier gewählten Weg implizit in Frage stellt und vielleicht auch disqualifiziert, so ist doch damit zu rechnen, dass in der Ablehnung des Öffentlichen und religiös Rituellen durchaus problematische aktuelle Tendenzen getroffen sind, deren Bestätigung der Text allerdings auch nicht ausschließt. Vielleicht, so ließe sich nach der Lektüre der sieben Erzählungen resümieren, beruht gerade auf dieser Unentscheidbarkeit das Geheimnis von SCHLINKS Erfolg.

3 Die Rezeption des Romans

Unter dem Titel *Ein Buch geht um die Welt* gibt die *Die Weltwoche* vom 1. 4. 1999 Auskunft über Auflagenhöhe, Übersetzungen und Interessentenkreise des Romans. Demzufolge hat die deutschsprachige Auflage **soeben die Grenze von einer halben Million überschritten, in Frankreich die Auflage von 100 000, in Großbritannien von 200 000.**[88]

In den USA stand der Roman bereits auf Platz eins verschiedener Bestsellerlisten: der *New York Times*, des Branchenblatts *Publisher's Weekly* und des Internet-Buchhändlers Amazon. Im Februar 1999 hat Oprah Winfrey, **die Quotenqueen unter den amerikanischen Talkmastern**[89], den Roman zum Buch des Monats ernannt, und im März desselben Jahres stellte sie den Autor persönlich in ihrer Show vor. Damit war dem *Vorleser* der Platz als bestverkauftes Taschenbuch in Amerika gesichert. Der amerikanische Taschenbuch-Verlag Vintage ließ 600 000 Exemplare nachdrucken, nachdem bereits 115 000 verkauft worden waren.

Im Frühjahr 1999 liegen Übersetzungen des Romans in 25 Sprachen vor und die Verleihung des Prix Laure Bataillon für übersetzte Literatur bestätigt die Würdigung des Romans außerhalb des deutschen Sprachgebiets. Die Filmrechte sind an die Hollywood-Firma Miramax verkauft; als Regisseur ist Anthony Minghella, bekannt durch die Verfilmung von Michael Ondaatjes Roman *Der Englische Patient*, im Gespräch.

Zu dieser Erfolgsgeschichte passt, dass der Roman sowohl in der deutschsprachigen als auch in der französischen und anglo-amerikanischen Presse bis auf wenige Ausnahmen überaus gut aufgenommen wurde. Die deutschsprachigen Kritiken konzentrieren sich auf den Zeitraum zwischen Ende August und Anfang Dezember 1995, die französischen Kritiken folgen im Herbst 1996 und die englischen bzw. amerikanischen wieder ein Jahr später.

3.1 Die Rezeption des Romans in der Literaturkritik

Begeisterung zeigt sich bereits in der ersten mir vorliegenden Rezension von Mechthild Küpper in der *Wochenpost*. Sie nennt den *Vorleser* ein **bezwingendes Buch** und bezeichnet es als die **Überraschung des Herbstes.**[90] Wenig später spricht Tilman Krause von einem **Höhepunkt im deutschen Bücherherbst.**[91] **Mehrmals lesen** empfiehlt *Die Presse* aus Wien[92], in *Die Weltwoche*, Zürich, heißt es **ganz einfach ein Glücksfall**[93], und das Zürcher Magazin *Cash* sieht in dieser **Entdeckung [...] Balsam für Kritikerseelen.**[94]

Dieses euphorische Urteil stützt sich zum einen auf den Plot, den Tilman Krause als **eine aufregende Fallgeschichte** bezeichnet, die **so gezügelt wie Genuß gewährend erzählt**[95] werde. Zum anderen beruht das Urteil auf der gelungenen Verknüpfung einer **ungewöhnliche[n] Liebesgeschichte** mit einer **Vergangenheit, die nicht vergeht.**[96] Dass hier **zwei ineinander verschränkte Biographien [...] fern aller Political correctness [...] mit schnörkelloser, unerbittlicher Wahrhaftigkeit**[97] nachgezeichnet werden, macht für Rainer Moritz SCHLINKS Erzählkunst aus. Als weiteres Argument bringt Werner Fuld im *Focus* **das in der deutschen Literatur seltene Kunststück [...] ohne moralische Bevormundung des Lesers zu verfahren und dennoch durch die suggestive Präzision seiner Sprache ein Höchstmaß an Anschaulichkeit zu erreichen.**[98]

Positiv registriert wird auch SCHLINKS Sicht auf die **aufrecht Entrüsteten**[99] in der eigenen Generation, auf die **Selbstgerechtigkeit der Söhne, die allzu eilfertig triumphierend die Schuld der Väter hochhielten.**[100] Insgesamt beeindruckt, dass **die Schuldgemeinschaft der Tätergeneration und ihrer Kinder**[101] zum Thema wird.

Die großen Rezensionen aus Frankreich bewerten den Roman als **superbe** (***Le Monde***) und **magnifique** (***Télérama***; ***Marie France***). Darüber hinaus betonen sie seinen Beitrag zur ethisch-politischen Selbstverständigung der Deutschen. So wird der Roman als **allégorie de l'Allemagne d'aujourd'hui, face au passé nazi**[102], als Allegorie des heutigen Deutschlands angesichts der Nazi-Vergangenheit verstanden. Dies bezeugen nicht zuletzt Überschriften wie *ALLEMAGNE, MA DOULEUR*[103], Deutschland, mein Schmerz, *LE TERRIBLE SECRET*[104], das schreckliche Geheimnis, *LE DIABLE NAZI AU CORPS*[105], den Nazi-Teufel im Leib[106]. Im ***Nouvel Observateur*** zieht Frédéric Vitoux eine Parallele zu Frankreich, wo *LACOMBE LUCIEN*[107] in den 70er-Jahren eine verstörende Wirkung ausgelöst hat, weil der Film die Grenze zwischen Verstehen und Verurteilen aufzulösen schien. Vitoux stützt seine Leseempfehlung auf das Fazit, dass es nicht darauf ankomme, **das Unvereinbare zu vereinbaren, sondern in der Zerrissenheit zu leben.**[108]

Gleichfalls überzeugt zeigt sich 1997 die angelsächsische Kritik. Sie gründet ihr Lob allerdings auf im weitesten Sinn literarisch-ästhetische Kriterien. Christopher Hart attestiert dem Roman **enormous moral force**[109], George Steiner nennt ihn **a touchstone of moral literacy**[110] und der Schriftstellerkollege Philip Kerr sieht die exzellente Qualität des Romans nicht zuletzt in **the way it addresses the subject of guilt.**[111] Kerr bestärkt das Bemühen des Erzählers, die Täterin zu verstehen. In Differenz zur deutschen Rezeption tut er das jedoch aus poetologischen Gründen: weil er Beschränkungen des Schriftstellers nicht anerkennt. Das gilt sowohl für den Bereich der Imagination als auch für die Wahl des Sujets.

Bemerkenswert ist in diesem Zusammenhang die Aufnahme des Romans in Israel. Die hebräische Übersetzung erscheint im Frühjahr 1999. Im Vorgriff darauf bringt die Zeitung *Kol Ha'Ir* Ende 1998 eine Vorstellung des Romans. Der Verfasser Zéev Smilanski macht dabei auch seine Unsicherheit hinsichtlich der Intention und der Bewertung deutlich, indem er feststellt, dass es schwierig auszumachen sei, ob es sich hier um etwas Übles, etwas Unmögliches, um Kitsch handle.

Die folgenden Rezensionen dokumentieren insgesamt großes Interesse an SCHLINKS Text. Allein *Ha'Aretz* bringt im ersten Halbjahr 1999 vier Beiträge renommierter Autoren und zwar von Batya Gur, Amia Lieblich und Omer Bartov. Hervorgehoben werden vor allem die perspektivischen Besonderheiten des Romans, nämlich die Darstellung der Situation der zweiten Generation im Täterkollektiv. Bartov stellt seine umfassende Rezension unter den Titel *DEUTSCHLAND ALS OPFER* und interpretiert die Figur Michael Bergs als Metapher des heutigen Deutschlands, das in die Verbrechen des Holocaust verstrickt ist und dessen **Schmerz darin besteht, an die Verbrecher durch Liebe gebunden zu sein.**[112]

Während in *Ha'Aretz* der Roman durchgehend gewürdigt wird, bietet *Ma'Ariv* ein Forum für kontroverse Positionen. Orit Harel akzentuiert die Sicht der **anderen Seite** auf den Holocaust, der in Israel notwendig die Geschichte der Opfer ist. Harel äußert Sympathie für die Geschichte und Empathie mit ihren Protagonisten. Sie empfiehlt den Roman als **sehr dicht, überraschend, bereichernd.** [113]

Demgegenüber vertritt Iri Rikin eine kritische Position. Diese basiert darauf, dass der Roman Täter und Opfer auf dieselbe Ebene stellt. Dadurch erhalte die Verbrecherin gegen die Menschlichkeit ein menschliches Gesicht, und das sei vor allem deshalb gefährlich, weil der Leser mit einfachen – um nicht zu sagen: primitiven – literarischen Mitteln dazu gebracht werde, den Unterschied zwischen Opfern und Tätern einzuebnen. Ähnlich äußert sich Rikin auch in der pädagogischen Zeitschrift *Hed Ha'Chenoch.*

Die große Mehrheit der Rezensionen bescheinigt dem Roman jedoch, gut geschrieben zu sein – **direkt, klar, authentisch**[114] – und **einmalig in der Darstellung seiner Wahrheit.**[115] Als Schriftstellerkollegin und Krimi-Autorin würdigt Batya Gur auch die Leistung Roni Lobiankers als Übersetzer.

Insgesamt erscheinen die wenigen ablehnenden oder zurückhaltenden Kritiken sehr wertvoll, um den Blick für Probleme, die der Roman aufwirft, zu schärfen. Aus kritischer Perspektive erweist sich die Sicht auf die NS-Vergangenheit als zentrales Problemfeld des Romans. Die Einschätzung von Hanna Schmitz als Repräsentantin dieser Vergangenheit ist damit aufs engste verbunden. Das zeigen die Kritiken von Claus-Ulrich Bielefeld und Peter Michalzik. Bielefeld, der SCHLINK attestiert, aufgrund seines Sprachoptimismus gescheitert zu sein, stößt sich daran, dass SCHLINK **keine Sprache** gefunden habe, um **von der Hölle zu erzählen, die aus der Normalität entsteht.**[116] Er diagnostiziert **enervierende[…] Selbstgewißheit** des Autors und bezeichnet **die Reflexionen, ›die über das Schicksal meiner Generation‹ angestellt werden**, als **dürftig** und zudem **von erstaunlicher Selbstgerechtigkeit** zeugend. Peter Michalzik akzentuiert ein wenig anders, wenn er kritisiert, dass der Roman die Tradition des Schweigens fortschreibe, insofern er durch den Verzicht auf **Aussprache oder Konfrontation** selbst einer **Vermeidungsstrategie**[117] folge. Die Rezension veranlasst den Leser zu der Schlussfolgerung, dass [d]**ie Provokation des Buches**, nämlich der **positive Blickwinkel, aus dem Hanna […] beschrieben wird**[118], ihre Wirkung verfehle oder letztlich nicht gerechtfertigt sei, da sie nicht für eine wirkliche Auseinandersetzung mit dem Holocaust genutzt werde.[119]

Rezeptionsästhetisch interessant ist der Umstand, dass die positive oder negative Beurteilung der – auf Verstehen gerichteten – differenzierten Darstellung einer Nazi-Täterin durch die Literaturkritik von der politisch-ethischen Position der Rezensenten abzuhängen scheint. So hebt z. B. Marion Löhndorfs Rezension im Kontrast zu Michalzik hervor, dass der Erzähler **seine Geliebte** nie **zur Sympathiefigur** stilisiere, sondern sich dem **Konflikt zwischen Verständnis, Verurteilung und letzter Unsicherheit über das eigentlich Gewesene**[120] stelle. Zu einem differenziert abwägenden Urteil kommt F. Vitoux, der die **im Grunde sympathische Hanna** damit in Verbindung bringt, **dass der absolute Schrecken des Holocaust noch unerträglicher erscheint, weil er nicht von Monstern, sondern von eifrigen Funktionären, von ganz normalen Deutschen bewerkstelligt wurde.**[121]

Wo Bielefeld Selbstgerechtigkeit ausmacht, stellt Löhndorf fest, dass der Erzähler **es sich nie leicht mach**[e][122], und Uwe Wandrey wiederum spricht bezogen auf den Erzähler von einem **schonungslose**[n] **Gefühlsprotokoll** und einem **analytische**[n] **Selbstgericht**, formuliert aber zugleich ein Unbehagen am Motiv des Analphabetismus, da dieser **nicht unmittelbar zum Verbrechen führ**[e], [s]**owenig wie Belesenheit Verbrechen verhinder**[e].[123]

In den positiven Rezensionen werden auch die von Bielefeld inkriminierten Reflexionen und Kommentare entweder als **Kern** [**des**] **Buches**[124] bezeichnet oder, wie Rainer Moritz es tut, als Mittel der Distanznahme hervorgehoben, auch wenn diese **eine Spur zu eindeutig**[125] gerate. Ob die Erzählweise als **betulich und umständlich**[126] oder als durch **Bedächtigkeit, Ernsthaftigkeit und Disziplin**[127] geprägt wahrgenommen wird, ob sie durch **parabelnde Zeitlosigkeit**[128] bestimmt oder einfach als **schnörkellos**[129] erscheint, lässt sich auf die Wertschätzung dessen zurückführen, was der Roman zur Auseinandersetzung mit Auschwitz beiträgt. Soweit von einer kontroversen Rezeption in der Literaturkritik gesprochen werden kann, so macht sie deutlich, dass die ethisch-politische Ebene des Romans rezeptionsästhetisch gesehen die entscheidende ist.

3.2 Die literaturwissenschaftliche Rezeption des Romans

Dass der Roman im Vergleich zu seinem anhaltenden Verkaufserfolg und dem starken Presse-Echo literaturwissenschaftlich bislang wenig Berücksichtigung erfährt, mag wiederum mit seiner Einordnung als ›moral literacy‹ zu tun haben oder zumindest damit, dass er einen Wahrheitsanspruch vertritt und damit quer liegt zur postmodernen Literatur und deren Privilegierung der Ausdrucksebene. Wo sich allerdings literaturwissenschaftliches Interesse am *Vorleser* zeigt, wird es durch die moralische Dimension des Textes provoziert. Volker Hage stellt bereits 1995 in einem Essay[130] vier neue Romane zusammen, in denen es um eine Beschreibung des **Nachher** geht, der **Stunden und Jahrzehnte nach der Katastrophe.**[131] Indem Hage in seine Auswahl Texte sowohl aus der Gedächtnisperspektive der Opfer als auch der Täter aufnimmt, kann er in seiner Analyse deutlich darauf abheben, dass bei Schlink das Nachher **aus der Perspektive der Täterkinder** geschildert werde. Den Mittelpunkt des Romans sieht er im **Weiterwirken des ungeheuren Zivilisationsbruchs bis in unsere Tage.**[132] Für Hage ist Schlinks Roman eine Bestätigung, dass die Vergangenheit zwar nicht **in irgendeiner Form [zu] ›bewältigen‹** ist, dass sie die Nachgeborenen aber **auch nicht […] zum Verstummen und zur Lähmung zwingen**[133] muss.

Der zentrale Streitpunkt der Literaturkritik, die Darstellung der Hanna Schmitz als Analphabetin, wird von Adolf Höfer kritisch aufgegriffen, indem er den Roman im Kontext anderer Texte zum Thema der Auseinandersetzung mit dem Nationalsozialismus als Beitrag zur **endgültige[n] Entsorgung deutscher Vergangenheit**[134] bewertet. Höfers Fazit, der **Leser gewinn[e] mehr und mehr Interesse an der Liebesgeschichte, und die Konzentration auf das Thema der Judenvernichtung geh[e] Stück für Stück verloren**[135], ignoriert gerade das, was Hage als das Spezifische des Romans hervorgehoben hat, nämlich die Gedächtnisperspektive der Täter.

Peter Schneider, der selbst eine Erzählung aus der Perspektive der Nachgeborenen im Täterkollektiv veröffentlicht hat[136], hebt darauf ab, dass die Söhne und Töchter der Täter **nicht nur die Kinder von Marx und Coca Cola, sondern auch von Josef Mengele** waren. Schlink habe, so Schneider, **dieses bestgehütete und -verschlüsselte Geheimnis [s]einer Generation vom Panzer der Selbstgerechtigkeit befreit und auf ganz eigenwillige und überraschende Weise in die Literatur geholt.**[137]

3.3 Die literaturdidaktische Rezeption des Romans

Erstaunlich ist die schnelle Rezeption des Romans im schulischen Literaturunterricht. Claudia Kühner schreibt in der ***Weltwoche***, dass der Roman **längst [...] Unterrichtsstoff** sei. **Noch immer**, so die Autorin, **treffen täglich an der Zürcher Sprecherstrasse, dem Sitz des Verlags, Anfragen von Lehrern oder Schülern ein.**[138]

In der von Clemens Kammler 1998 unter DeutschlehrerInnen und LiteraturdidaktikerInnen durchgeführten Umfrage über Gegenwartsliteratur im Deutschunterricht ist *Der Vorleser* Spitzenreiter. Schon 1997 verweist der *Deutschunterricht* (Berlin) in einem ›Aktuellen Lesetipp‹[139] auf die Eignung des Romans für eine unterrichtliche Lektüre und die nämliche Zeitschrift veröffentlicht auch einen Bericht über eine *Interaktive Lesung mit Bernhard Schlink*[140], die von einem Deutschkurs initiiert und vorbereitet worden war.

Unterrichtserfahrungen mit dem Roman führten zur Veröffentlichung eines Unterrichtsmodells in der Reihe *EinFach Deutsch* im Schöningh Verlag.[141] Der Schwerpunkt dieser Publikation liegt auf der Anwendung produktions- und handlungsorientierter Arbeitsweisen. Dabei wird eine Lektüre befördert, die vor allem auf Rekonstruktion zielt und die Erörterung von Textproblemen weitgehend ausklammert. Zwar betont die Handreichung die Figur des Ich-Erzählers, das Phänomen des Analphabetismus und das Problem der Schuld in seiner Vielschichtigkeit, verzichtet aber darauf, die spezifische Perspektive des Romans zu thematisieren, nämlich die der Täterkinder.

Erkenntnisfördernder erscheint demgegenüber das von Gabrielle Steinbach[142] im Stark Verlag vorgelegte Unterrichtsmodell. Sie konzipiert ein Unterrichtsvorhaben von sechs Doppelstunden und legt dabei den Akzent auf den Themenkomplex der Schuld. Sie entfaltet diesen Aspekt sowohl im Hinblick auf die beiden Protagonisten als auch auf die gesellschaftliche Dimension des Umgangs mit den NS-Verbrechen und die daraus resultierende Schuld. Dabei bietet die Autorin eine Reihe sinnvoll ausgewählter Materialien und anregender Fragestellungen, die Tiefenschärfe in der Unterrichtsarbeit ermöglichen.

Unter dem Aspekt der Bildungsgeschichten von Michael Berg und Hanna Schmitz bietet Achim Geisenhanslüke für Lehrerinnen und Lehrer eine vergleichende Gegenüberstellung. Er interpretiert den Roman als Schilderung misslingender Identitätsfindung, insofern **[b]eide letztlich in ihrem individuellen Bildungsgang** scheiterten: **Michael Berg bleibt in seinen Liebesbeziehungen an Hanna gebunden – die Vergangenheit wird wiederholt, jeder neue Liebespartner muß Hanna ähneln. Umgekehrt**

endet Hannas Sozialisierungsprozeß im Gefängnis mit dem Selbstmord.[143]

Die Zeitschrift ***Der Deutschunterricht*** stellt 1999 das Heft 4 unter das Thema ›Gegenwartsliteratur‹[144] und widmet dem *Vorleser* einen Beitrag. Die unterrichtsbezogene Interpretation des Romans entfaltet eine Lesart, die die unterschiedlichen Phasen der Beziehung zwischen Michael Berg und Hanna Schmitz auch als Phasen des Umgangs mit Nationalsozialismus und Holocaust in der Bundesrepublik interpretiert.[145]

Auch die von Ria Proske und Adelheid Schmitz herausgegebene und didaktisch kommentierte Auswahlbibliografie von Jugendbüchern über Nationalsozialismus und Neonazismus empfiehlt den *Vorleser* für Jugendliche ab 16 Jahren. Begründet wird die Empfehlung im Hinblick auf **das Entsetzen, die Scham und die Verantwortung der Nachgeborenen, die mit den Tätern weiter zusammenleben, sie lieben und nach Erklärungen suchen.**[146]

3.4 Warum ist der Roman erfolgreich?

Versucht man, den fulminanten Erfolg des Romans in der Literaturkritik, auf dem Buchmarkt und im schulischen Literaturunterricht zu erklären, wird man neben dem **nicht unraffiniert[en]** Plot[147] die Perspektive des Tätergedächtnisses nennen. Dabei scheinen mir drei Punkte von besonderer Bedeutung zu sein.

1. Die Darstellung ist politisch korrekt, insofern die NS-Verbrechen ohne Einschränkung als Erinnerungskern betrachtet werden. An einem gravierenden Fall wird exemplarisch eine sachliche Bestandsaufnahme ohne Beschönigung vorgelegt. Allerdings, so ist hinzuzufügen, dient diese Bestandsaufnahme der Exploration des Täterprofils und erst in zweiter Linie der Wahrnehmung der Opfer. Hier wird deutlich, dass zu kollektiven Selbstverständigungsprozessen auch die Tribunalisierung gehört. Allerdings dürfte zum Erfolg des Romans gerade dessen prozesskritische Ebene beigetragen haben.

Was die Exploration des Täterprofils angeht, so bleibt Schlink zwar Adornos Diagnose fehlender Mündigkeit verpflichtet, aber – statt sich auf die vertrauten Merkmale des autoritären Charakters zu stützen – erfindet er ein ungewöhnlich erscheinendes Täterprofil, dessen Herausforderung in der Ambivalenz der Figur liegt. Die Beziehung Michael Bergs zu Hanna Schmitz spiegelt insofern das Verstricktsein der zweiten Generation in die Schuld der Elterngeneration, als die Liebesbeziehung zu einer Täterin den unreifen Jungen ähnlich verstrickt, wie es bei der Liebe eines Kindes zu seinen Eltern der Fall ist. Sich daraus zu lösen erweist sich in beiden Fällen unmöglich.

Auch wenn diese Gestaltung einer NS-Täterin aus der Perspektive eines Nachgeborenen, wie wir gesehen haben, kontrovers rezipiert wurde, so hat sie doch sicher zum Erfolg des Romans beigetragen. Denn gegen die Konvention, NS-Tätern menschliche Züge abzusprechen und nur ihre Monstrosität zu sehen, verstößt diese Darstellung allemal. Der eigentliche Schwerpunkt des Romans liegt jedoch auf der Auseinandersetzung der Zweiten Generation mit dem Holocaust und auf der kritischen Reflexion dieser Auseinandersetzung. Auch die Tatsache, dass die Abrechnung der 68er- mit der Tätergeneration einerseits gewürdigt wird, weil sie das Schweigen der Väter brach, und andererseits aber eine gewisse Revision erfährt, weil sie moralisierend und selbstgerecht war, wird die Attraktivität des Romans bewirkt haben.

2. Ein weiterer Grund für den Erfolg dürfte darin bestehen, dass die konstruktive Auseinandersetzung der Zweiten Generation auf die private Ebene beschränkt bleibt und die öffentliche politische Austragung ausgespart wird. Das heißt: dieser öffentliche kollektive Selbstverständigungsprozess kommt nur in der 68er-Bewegung und deren Kritik zur Sprache. Insofern ist auch die von Michalzik geäußerte Kritik an der fehlenden Auseinandersetzung durchaus erhellend, und mit Hannah Arendt wäre zu konstatieren, dass **die Welt erst, wenn sie Gegenstand des Gesprächs geworden ist, [...] menschlich** ist.[148]

3. Letztlich wäre es die Mischung aus Political Correctness hinsichtlich des Holocaust als Faktum, aus Tabu-Verletzung hinsichtlich der Darstellung der Täterfigur, aus Kritik an der juristischen und öffentlichen Auseinandersetzung mit dem Holocaust zugunsten der privaten Ebene der Auseinandersetzung, die den Erfolg des Romans garantiert. Was hier als Erklärung für die Erfolgsgeschichte des Romans vorgetragen wird, verlangte nach einer kritischen literaturwissenschaftlichen Reflexion.

Schlink selbst führt fünf Jahre nach dem Erscheinen des Romans den Welterfolg des Romans darauf zurück, dass [d]**as Buch** [...] **eine Reihe von moralischen Problemen auf**[werfe] **und** [...] **Leser** [...] **sich gern durch ein Buch gefordert** [sehen], **sich mit moralischen Problemen auseinander zu setzen:**[149]

> **Manche fanden die zeitgeschichtliche Dimension interessant, andere die Liebesgeschichte, wieder andere setzten sich mit dem Missbrauchsproblem eines Jugendlichen durch eine erwachsene Frau auseinander, andere mit dem Problem, was es bedeutet, eine Verbrecherin zu lieben, oder ob man jemandem helfen darf oder sogar muss, der sich nicht helfen lassen will.**[150]

4 Handlung, Raum, Zeit, Figuren

4.1 Die Handlungsstruktur in den Koordinaten von Zeit und Raum

Die Erzählstruktur folgt in den drei Teilen des Romans dem zentralen Handlungsstrang, nämlich den Phasen der Beziehung zwischen dem Ich-Erzähler Michael Berg und Hanna Schmitz. Diese drei Phasen der Beziehung haben ihre Entsprechung in der Dreiteiligkeit des Romans. In jedem der drei Teile des Romans wird der Anfang einer Lebensphase gestaltet, der jedoch mit einem Widerhaken versehen ist, sodass eine unproblematische Entwicklung verhindert wird.

Brennpunkt des ersten Teils ist die ungewöhnliche Liebesbeziehung zwischen dem 15-jährigen Gymnasiasten Michael Berg und der mehr als zwanzig Jahre älteren Straßenbahnschaffnerin Hanna Schmitz. Die ungleichen Partner lernen sich im Herbst 1958 kennen, als Hanna Schmitz dem Jungen hilft, der sich auf dem Heimweg von der Schule aufgrund einer Hepatitis übergeben hat. Nachdem der 15-jährige die Krankheit überstanden hat, bedankt er sich auf Anweisung seiner Mutter mit einem Blumenstrauß bei seiner Helferin in der Bahnhofstraße. Beim zweiten Besuch Michael Bergs nehmen die beiden im Februar 1959 die Beziehung auf und führen sie in Beschränkung auf das Ritual **Vorlesen, duschen, lieben und noch ein bißchen beieinanderliegen** (43). Als Hanna Schmitz im Sommer 1959 ohne Ankündigung und ohne Hinweis auf ihr Verbleiben aus der Stadt verschwindet, erfährt diese leidenschaftliche Beziehung ein abruptes Ende. Michael Berg bleibt in großer körperlicher und psychischer Verstörung zurück. Dieser ein dreiviertel Jahr umfassende Teil des Romans scheint reine Gegenwart zu sein. Vergangenheit ist lediglich in der vorgelesenen Literatur aus der Antike und dem 18./19. Jahrhundert präsent. Das heißt zugleich, dass die jüngere und jüngste Vergangenheit ausgespart bleibt.

Im Mittelpunkt des zweiten Teils steht der Prozess gegen Michael Bergs frühere Geliebte Hanna Schmitz. Dabei geht es um die öffentliche Aufdeckung von Hannas Verbrechen gegen die Menschlichkeit und auf privater Ebene um die plötzliche Einsicht des Ich-Erzählers, dass Hanna Schmitz weder lesen noch schreiben kann.

Vor Gericht kommt als Anklage zur Sprache, was in jenem Sommer 1959 unausgesprochen zwischen den beiden Akteuren stand: dass Hanna Schmitz im Konzentrationslager Selektionen vorgenommen hat, um

Frauen, die für die Fabrikarbeit nicht mehr tauglich erschienen, nach Auschwitz – und damit in den Tod – zurückzuschicken; dass Hanna Schmitz – anders als ihre Kolleginnen – besonders zarte und schwache junge Mädchen unter den Gefangenen zum Vorlesen heranzieht und sie dann selektiert; dass sie darüber hinaus auf dem Todesmarsch nach Westen mehrere hundert gefangene Frauen, die in eine Kirche eingeschlossen waren und von den fünf Angeklagten kontrolliert wurden, in einer Bombennacht verbrennen ließ, weil sie und ihre Kolleginnen die Kirchentür nicht aufschlossen, obwohl sie die Möglichkeit dazu gehabt hätten (vgl. 102). Michael Bergs Fixierung auf Hanna Schmitz führt dazu, dass er anders als seine Kommilitonen jeden Prozesstag im Gericht verbringt.

Dieser Teil bringt zwei zeitliche Ebenen zur Sprache und sprengt zugleich die Linearität des Erzählens, indem er den Raum der erzählten Zeit – der Prozess dauert etwa vier Monate – auf die Jahre 1943–45 ausweitet, sodass Vergangenheit zum Bezugspunkt der Gegenwart wird.

Der dritte Teil resümiert das Leben des Ich-Erzählers nach Hannas Verurteilung. Er umfasst eine Erzählzeit von mehr als zwanzig Jahren. Während zwischen dem ersten und zweiten Teil ein Einschnitt von etwa sieben Jahren liegt (vom Sommer 1959 bis Frühjahr 1966), schließt der dritte Teil unmittelbar an den zweiten an, indem er den Fortgang und den Abschluss von Michael Bergs Studium, von Heirat, Berufswahl, Geburt der Tochter und der Scheidung erzählt. Seine Höhepunkte hat dieser Teil jedoch zum einen in Hannas Nachricht, dass sie Lesen und Schreiben gelernt hat, und zum anderen in den Begegnungen des Ich-Erzählers

- mit Hanna im Garten des Gefängnisses, mit der Gefängnisleiterin in der Strafanstalt nach Hannas Selbstmord,
- mit der die ›Tochter‹ genannten jüdischen Frau, die den Kirchenbrand überlebt hat.

Der gesamte Roman ist räumlich in der Rhein-Main-Neckar-Region angesiedelt. Den drei Teilen des Romans ist dabei jeweils ein zentraler Raum zugeordnet. Auf jeden von ihnen lassen sich Räume zweiter Ordnung als Nebenschauplätze beziehen. Dabei sind Türen, Treppen, Fenster und Schwellen in allen drei Teilen von erheblicher Bedeutung, sodass sich daraus ein komplex organisiertes räumliches Netz ergibt.

Als Zentrum des ersten Teils lässt sich die Wohnung von Hanna Schmitz in der Bahnhofstraße betrachten. Genau genommen handelt es sich um ihre Wohnküche als Ort des Rituals und der beiden ersten Auseinandersetzungen. Die Räume zweiter Ordnung stellen demgegenüber die figurenspezifischen lebensweltlichen Umgebungen dar: für Hanna Schmitz die Straßenbahn, für Michael Berg die elterliche Wohnung, das Klassenzimmer und das Schwimmbad. Auch der kurze Aufenthalt in Amorbach, Ort des dritten Streits und der körperlichen Züchtigung Michaels, ist den Nebenschauplätzen zuzurechnen.

Die Wohnung von Hanna Schmitz befindet sich ebenso wie das Elternhaus von Michael Berg in einer Universitätsstadt im Rhein-Neckar-Gebiet, die den Straßennamen und Ortsangaben zufolge leicht als Heidelberg zu identifizieren ist. Der Stadtplan von Heidelberg bestätigt, dass Bahnhof- und Blumenstraße nahe beieinander liegen. Das Haus in der Bahnhofstraße, in dessen dritter Etage Hanna Schmitz eine kleine möblierte Wohnung gemietet hat, wird minutiös beschrieben und vom Ich-Erzähler in Beziehung zu seinen Bewohnern gesetzt.

> **Das alte Haus hatte [...] vier Stockwerke, ein Erdgeschoß aus diamantgeschliffenen Sandsteinquadern und drei Geschosse darüber aus Backsteinmauerwerk mit sandsteinernen Erkern, Balkonen und Fensterfassungen. Zum Erdgeschoß und ins Treppenhaus führten ein paar Stufen, unten breiter und oben schmaler, auf beiden Seiten von Mauern gefaßt, die eiserne Geländer trugen und unten schneckenförmig ausliefen. Die Tür war von Säulen flankiert, und von den Ecken des Architravs blickte ein Löwe die Bahnhofstraße hinauf, einer sie hinunter. [...]**
> **Schon als kleiner Junge hatte ich das Haus wahrgenommen. Es dominierte die Häuserzeile. [...] Innen stellte ich mir ein Treppenhaus mit Stuck, Spiegeln und einem orientalisch gemusterten Läufer vor, den blankpolierte Messingstangen auf den Stufen hielten. Ich erwartete, daß in dem herrschaftlichen Haus auch herrschaftliche Menschen wohnten. Aber da das Haus von den Jahren und vom Rauch der Züge dunkel geworden war, stellte ich mir auch die herrschaftlichen Bewohner düster vor, wunderlich geworden, vielleicht taub oder stumm, bucklig oder hinkend.** (8 f.)

Als Gegenstand eines wiederkehrenden Traums gewinnt dieses Haus auch Symbolfunktion (vgl. 8–13; vgl. auch Kap. 7.3). Die Wohnung selbst repräsentiert den Standard einfacher Leute: Wohn- und Schlafküche mit Badewanne und Badeofen. Dazu **ein kleines und enges Wohnzimmer** (13) und **ein fensterloses Klo** (13).

Die Hinweise auf die Wohnung in der Blumenstraße, die die Familie des Ich-Erzählers 1959/60 bewohnt, bestätigen Vorstellungen damaliger bürgerlicher Wohnkultur: Verbindung von Ess- und Wohnzimmer durch eine Flügeltür, separate Küche (vgl. 60), mindestens zwei Kinderzimmer (vgl. 31). Das Arbeitszimmer des Vaters, **in dem Hanna die Bücher mit dem Finger abgeschritten hat** (135; vgl. 60 f.), erfährt eine besondere Würdigung, weil es in gewisser Weise als Gegenwelt zu Hannas Küche entworfen ist. Ist die Küche mit der Badewanne und dem Sofa der Ort der sexuellen Lust, so ist das Arbeitszimmer des Vaters dem Denken und dem Geist gewidmet; und was er ihr dort aus einem Buch seines Vaters vorliest, unterscheidet sich von den literarischen Texten, deren Lektüre Bestandteil des erotischen

Rituals ist: **Ich nahm das Kant-Buch meines Vaters und las ihr daraus vor, eine Passage über Analytik und Dialektik, die sie und ich gleichermaßen nicht verstanden.** (61 f.) Überall da, wo der zentrale Raum der Wohnung in der Bahnhofstraße verlassen wird, stellen sich potenzielle Gefährdungen ein. Das gilt für die Begegnung in der Straßenbahn, Hannas Besuch im Hause Berg und vor allem für die Fahrradtour nach Amorbach.

Zugleich geben die den beiden Protagonisten zugewiesenen Räume den Rahmen für die sozialen Kontexte, in denen jene dargestellt werden. Bezogen auf die Darstellung des Raums sind im ersten Teil des Romans dem Ich-Erzähler Schule und Schwimmbad zugeordnet, während die Straßenbahn als Hannas Ort erscheint. Schule und Schwimmbad sind die Orte, an denen sich das gesellschaftliche Leben der Peer-group (vgl. 70) abspielt, und sie stehen in einer gewissen Konkurrenz zu Hannas Wohnung: **Ob ich lieber im Schwimmbad wäre als bei Hanna, habe ich mich lange nicht zu fragen gewagt** (70).

In der »Straßenbahnszene« dringt Michael in Hannas Lebenswelt ein, allerdings mit der Absicht, **Privatheit, eine Umarmung, einen Kuß** (45) zu finden. Umgekehrt bricht Hanna in die Lebenswelt Michaels ein, als sie am Tag vor ihrem Verschwinden plötzlich im Schwimmbad erscheint (vgl. 78).

Eine räumliche Ausweitung über die Stadt Heidelberg hinaus ist in diesem Teil des Romans durch die österliche Fahrradtour (Amorbach, vgl. 54) gegeben, die die beiden zusammen unternehmen. Mit dieser Öffnung des engen räumlichen Rahmens ist eine im alltäglichen Kontext unmögliche Kontinuität des Zusammenseins gegeben und beide Veränderungen bergen die Gefahr, dass Hannas Analphabetismus offenkundig wird. Das zeigt sich in dreifacher Weise: in ihrer Unfähigkeit, die Route auf der Landkarte zu verfolgen (vgl. 52), den Meldezettel auszufüllen (vgl. 54), und – was zur konflikthaften Zuspitzung führt – in ihrem Unvermögen, die von Michael hinterlassene Nachricht zu lesen (vgl. 54 ff.). Das letztgenannte Problem ist jedoch primär Folge des Miteinanderlebens während dieser Reise, nicht der räumlichen Veränderung.

Der zweite Teil hat als zentralen Ort ein Gerichtsgebäude in einer Stadt, die etwa eine Autostunde von Heidelberg entfernt liegt. Assoziationen zu Frankfurt am Main als Ort der großen Auschwitzprozesse in den Jahren 1963–1968 (1976) bieten sich an. Als Nebenschauplatz steht dem Gericht die Landschaft am Neckar gegenüber, wo sich Michael Berg das Geheimnis des Analphabetismus erschließt. In der Erzählgegenwart treten vor allem die Räume hinzu, in denen die Gespräche mit den Repräsentanten der Tätergeneration stattfinden: das Arbeitszimmer des Vaters, das Dienstzimmer des Vorsitzenden Richters und der Mercedes, mit dessen Fahrer Michael Berg das Gespräch über die Wehrmachtsverbrechen führt. Zuzuordnen sind das Gasthaus im Elsass und das Konzentrationslager Struthof, dem in der Retrospektive die Lager entsprechen, in denen Hanna Schmitz tätig war.

Bei der Darstellung des Gerichtssaals spielen sowohl das Gebäude selbst als auch das Innere eine Rolle. Das Gerichtsgebäude wird als **Bau der Jahrhundertwende** dargestellt, **ohne den Pomp und die Düsternis, die damalige Gerichtsbauten oft zeigten** (90). Von dem **Saal, in dem das Schwurgericht tagte**, heißt es, dass er **links eine Reihe großer Fenster** [**hatte**], **deren Milchglas den Blick nach draußen verwehrte** (90 f.). Dieses Merkmal ist insofern interessant, als der Wiederholungstraum des Ich-Erzählers das Haus in der Bahnhofstraße und das Gerichtsgebäude überblendet, wenn er von dem Haus im Traum sagt: **Das Haus ist blind.** (10)

Die opake Abgeschlossenheit des Gerichtsaals und der damit verbundene Mangel an Transparenz finden eine gewisse Entsprechung im Mangel an Anschauung, den Michael Berg beim Besuch im Struthof empfindet:

> **Ich erinnerte mich an meinen damaligen vergeblichen Versuch, mir ein volles Lager und Häftlinge und Wachmannschaften und das Leiden konkret vorzustellen. Ich versuchte es wirklich, schaute auf eine Baracke, schloß die Augen und reihte Baracke an Baracke. Ich durchmaß eine Baracke, errechnete aus dem Prospekt die Belegung und stellte mir die Enge vor.** [...] **Aber es war alles vergeblich, und ich hatte das Gefühl kläglichen, beschämenden Versagens.** (149)

Dass sich am Ende dieses Besuchs bei Michael Berg ein Gefühl großer Leere einstellt, **als hätte** [**er**] **nach der Anschauung nicht da draußen, sondern in** [**sich**] **gesucht und feststellen müssen, daß in** [**ihm**] **nichts zu finden ist,** bestätigt die These von der Unzugänglichkeit der vergangenen Welt, wenn man sie nicht bereits in sich trägt.

Insofern Hannas Prozess Vergangenheit aufdeckt, erscheint die brennende Kirche als Ort, an den Hannas Verbrechen gebunden ist (vgl. 116 ff.). Der zweite Anklagepunkt lautet, die brennende Kirche nicht aufgeschlossen und damit das Leben mehrerer hundert Frauen gerettet zu haben. Wenn in der Beschreibung des Wiederholungstraums zweimal von den **Brandmauern** (10) des Hauses die Rede ist, dann lässt sich darin ein Bezug zum **Brand in der Kirche** (119) herstellen.

Die Ereignisse des dritten Teils lassen sich um das Gefängnis als zentralen Ort gruppieren. Wie die Wohnung in der Bahnhofstraße ist das Gefängnis Hannas Ort. Im Gegensatz zur Isolation in ihrer Wohnung in der Bahnhofstraße ist es ein Ort sozialen Umgangs, an dem es **gesellig und geschwätzig** zugeht (196). Zugleich erhält das Gefängnis seine Bedeutung aus der Abgeschirmtheit des Orts nach außen. Hier kann Hanna Schmitz sich in einer bis dahin nicht gekannten Weise sozial und intellektuell entwickeln. Die Gefängnisleiterin setzt das Leben in der Haftanstalt auch in Beziehung zum Leben **in einem Kloster** (196) und sieht es als Ort der Arbeit und der Meditation. Ans Gefängnis adressiert Michael Berg die Kassetten als Träger seiner Lesungen, dort lernt Hanna Lesen und Schreiben und dort vollzieht sich Hannas Veränderung, die im Vergleich ihrer Zelle mit der früheren Wohnküche Evidenz erhält. Es ist der Ort der einzigen Begegnung von Michael Berg und Hanna Schmitz nach dem Prozess. Zuletzt ist das Gefängnis der Ort, an dem Hanna Schmitz sich das Leben nimmt. Von Hannas Zelle heißt es:

> **Bett, Schrank, Tisch und Stuhl, an der Wand über dem Tisch ein Regal und in der Ecke hinter der Tür Waschbecken und Klo. Statt eines Fensters Glasbausteine. Der Tisch war leer. Im Regal standen Bücher, ein Wecker, ein Stoffbär, zwei Becher, Pulverkaffee, Teedosen, das Kassettengerät und in zwei niedrigen Fächern die von mir besprochenen Kassetten.** (193)

Für das Gefängnis gilt in besonderem Maße, dass die Raumgestaltung von den Oppositionen ›innen versus außen‹, Stadt bzw. Zivilisation versus Natur bestimmt ist:

> **Ich wurde am Eingang kontrolliert, und auf dem Weg wurden mehrere Türen auf- und zugeschlossen. Aber der Bau war neu und hell, und im inneren Bereich standen die Türen auf und bewegten die Frauen sich frei. Am Ende des Gangs ging eine Tür ins Freie, auf eine belebte kleine Wiese mit Bäumen und Bänken.** (184)

Orte zweiter Ordnung sind in diesem Teil der Friedhof, auf dem die Beerdigung des Professors stattfindet, die für Hanna nach ihrer Entlassung eingerichtete Wohnung und die Wohnung der Tochter in New York. Mit der Reise in die USA erfährt die räumliche Bewegung des Ich-Erzählers im dritten Teil des Romans ihre größte Ausweitung. Er verlässt den europäischen Kontinent, während Hanna Schmitz durch ihre lebenslängliche Haft an den Raum der Strafanstalt gefesselt war.

In New York gewinnt ein weiteres Gebäude Bedeutung, nämlich das Haus, in dem die den Kirchenbrand überlebende Jüdin wohnt. Ebenso wie das **Haus in der Bahnhofstraße** (8) ist dieses Haus aus **Sandstein** (200) gebaut. Hier wie dort führen **Treppen** (200) zum Eingang des Hauses, und dieses Merkmal wird sowohl im o. g. Wiederholungstraum hervorgehoben – **Ich kehre um, gehe zum Haus zurück und die Stufen hinauf** (10) – als auch in jenem Traum des Ich-Erzählers im Zug auf dem Weg nach New York, wo Hanna sich **in einem Haus in den herbstbunten Hügeln** Amerikas befindet und er sie **durch den Garten ins Haus gehen** und vor sich **die Treppe hinaufsteigen** (199 f.) sieht.

Über diese Merkmale, die das Haus in der Bahnhofstraße auf unterschiedliche Weise mit für die beiden anderen Teile des Romans zentralen

Gebäuden verbinden, werden die Täterin und das Opfer über die Kontinente hinweg in Beziehung gesetzt. Vermittelt durch die Träume des Ich-Erzählers überblenden diese Merkmale das Haus, in dem die Täterin acht Jahre ihres Lebens verbracht hat, mit dem Gerichtsgebäude, in dem ihr der Prozess gemacht wird, und mit dem Ort, an dem sie ihr Verbrechen begangen hat.

4.2 Konfigurationen

Die Anordnung der Figurengruppen steht in engem Bezug zum Ich-Erzähler. Denn Hanna Schmitz erscheint weitgehend ohne sozialen Kontext. Sieht man vom beruflichen Kontakt mit dem Straßenbahnfahrer (vgl. 45) ab, so erhält sie lediglich im Kreis der Mitangeklagten einen sozialen Ort. Michael Berg ist demgegenüber in ein soziales Umfeld aus Familie und Schule bzw. Universität eingebunden, in dem er sich allerdings zunehmend isoliert.

4.2.1 Die Familie

Die Familie Berg wird im Rahmen jenes Abendessens porträtiert, währenddessen Michael seinen Abschied von der Kindheit vollzieht (vgl. 29–32). Die kleine Gesellschaft **um den runden Tisch unter dem fünfarmigen, fünfkerzigen Leuchter aus Messing** (31) wirkt wie die Fortschreibung der bildungsbürgerlichen Familie des 19. Jahrhunderts. Der Vater ist **Professor für Philosophie**, dessen Leben in erster Linie **Denken und Lesen und Schreiben und Lehren** (31) ist. Demgegenüber hätte es der Ich-Erzähler gerne, **daß [...] seine Familie** der Lebensinhalt des Vaters wäre (31). Hinsichtlich der Rolle, die der Vater **im Dritten Reich gespielt** hat, sagt der Erzähler, dass der Vater **nicht über sich reden** wollte (87 f.). Zugleich wird gerade das Reden als der in der Familie übliche Weg der Konfliktlösung bezeichnet (vgl. 55). Diese Feststellung unterstützt die Annahme, dass die NS-Zeit am Familientisch kein Thema ist.

Haushalt und Kinder sind die Domäne der Mutter. Sie ist es, die bei Krankheit der Kinder den Arzt holt (vgl. 7), die auf Umgangsformen achtet, indem sie darauf dringt, dass Michael sich seiner Helferin präsentiert und als Dank von seinem Taschengeld einen Blumenstrauß kauft (vgl. 7). Sie sorgt sich, als Michael nicht rechtzeitig zum Abendessen nach Hause kommt. In der Erinnerung des erzählenden Ichs an seine frühe Kindheit erscheint sie als Hüterin des Herdfeuers (vgl. 28) und steht dadurch auch in Kontrast zu den modernen Frauen, die einen Beruf außerhalb des Hauses ausüben. Die Erinnerung des Erzählers **an das wohlige Gefühl der Wärme und an den Genuß, den es [ihm] bereitete, in dieser Wärme gewaschen und angekleidet zu werden** (29) stellt die Mutter als verwöhnende in eine

Linie mit Hanna, macht sie ein wenig zu deren Vorläuferin. In diesen Zusammenhang gehört auch, dass sie es ist, die ihren Sohn zu Hanna schickt. Andererseits wird sie scharf gegen Hanna abgegrenzt:

> **Wenn sie mit mir unterwegs war und wir Schulkameraden begegneten, hatte ich Angst, für ein Muttersöhnchen gehalten zu werden. Aber mich mit Hanna zu zeigen, die, obschon zehn Jahre jünger als meine Mutter, meine Mutter hätte sein können, machte mir nichts aus** (41).

Während der Vater auch für den Jurastudenten als Gesprächspartner eine Rolle spielt (vgl. Kap. 4.2.3), tritt die Mutter im weiteren Verlauf der Handlung völlig in den Hintergrund. Entsprechend bemerkt auch eine der späteren Freundinnen Bergs, **daß [s]eine Mutter in [s]einer Geschichte kaum vorkomme** (166).

Die große Schwester, das älteste der vier Geschwister, studiert im Winter 1958/59 Germanistik. Sie wohnt als Studentin noch in der elterlichen Wohnung und verreist gemeinsam mit den Eltern und dem zweitältesten Bruder (vgl. 58). Ihr bescheinigt der Ich-Erzähler den prüfenden Blick, der anzeigt, dass sie seinen Ausreden vom Verirren misstraut. Letztlich ist sie aber vor allem deshalb von Interesse, weil sie zu dem, was den Ich-Erzähler vordringlich beschäftigt, einen Beitrag leistet, indem sie von dem Streit berichtet, **ob Herr von Goethe und Frau von Stein eine Liebesbeziehung hatten** (40).

Die kleine Schwester des Erzählers, die Jüngste der Vier, spielt insofern eine besondere Rolle, als sie bestochen werden muss. Der Wunsch nach modischer Kleidung, **Jeans** und **eine[m] Nicki** (59), in Verbindung mit einer gewissen kriminellen Energie – »**Dann klau sie!**« (59) – kennzeichnen sie zumindest als unkonventionell. Freche Unbekümmertheit kommt auch in ihrer Vorliebe fürs Trampen zum Ausdruck (31).

Zwischen den Schwestern sind die beiden Jungen mit drei Jahren Altersunterschied voneinander positioniert. Mit dem älteren Bruder verbinden Michael handfeste Rivalitäten: **Als kleine Jungen hatten mein Bruder und ich uns ständig geprügelt, später verbal bekämpft.** Später habe Michael dessen **kämpferischen Einsatz ins Leere laufen lassen**, sodass er sich **aufs Nörgeln** beschränkte (30). Der Bruder zeigt gegenüber Michael jene ironische Distanz, die zwischen Geschwistern bürgerlicher Herkunft häufig anzutreffen ist. Michaels Entschluss, er gehe morgen wieder zur Schule, kommentiert er vor dem Hintergrund jenes ominösen Wegs zur Molkenkur: **Dann paß gut auf in Geographie. Es gibt Norden und Süden, und die Sonne geht …** Und als die Mutter auf die noch fälligen drei Wochen Rekonvaleszenz verweist, sagt er: **Wenn er über den Ehrenfriedhof nach Nußloch und wieder zurück laufen kann, kann er auch in die Schule gehen. Ihm fehlt's nicht an Kraft, ihm fehlt's an Grips.** (30)

Insgesamt bestätigt die Analyse der Geschwisterkonstellation die Annahme, dass Michael als das jüngere der beiden mittleren Kinder nicht nur dem Druck der zwei älteren ausgesetzt ist, sondern in der kleinen Schwester mit einer Person konfrontiert ist, die sich nicht einfach der natürlichen Geschwisterrangfolge unterordnet, sondern eine durchaus ebenbürtige Partnerin ist im Kampf um die eigene Position im familialen Gefüge.

Warum die Familie präsentiert wird, erlaubt mehrere Deutungen. Zunächst wird konkret, dass **vier Kinder ein Rudel [sind], bei dem die Aufmerksamkeit der Eltern nicht allen gelten kann** (59). Dadurch wird verständlich, warum Michael seinen Wunsch, dass die Familie für seinen Vater das Leben sein solle, in andere Bahnen lenkt. Zugleich bietet sie ein Szenario, das ihm erlaubt, sich angesichts des bevorstehenden Abschieds von der Kindheit der Liebe zu den Eltern und den Geschwistern zu versichern: **Aber an dem Abend hatte ich sie alle plötzlich furchtbar lieb** (31). Darüber hinaus wird die Präsentation der Herkunftsfamilie zum Hintergrund für die von Michael Berg selbst gegründete Familie. Vergleicht man die beiden Familien miteinander, dann lässt sich eine Passage aus dem dritten Teil des Romans als Kontrafaktur zu der oben erwähnten Tischszene lesen:

> **Als Julia fünf war, haben wir uns scheiden lassen. [...] Gequält hat mich, daß wir Julia die Geborgenheit verweigerten, die sie sich spürbar wünschte. [...] Sie wünschte sich ein Brüderchen und hätte sich wohl auch über mehr Geschwister gefreut. [...] Wenn ich ging und sie aus dem Fenster sah und ich unter ihrem traurigen Blick ins Auto stieg, brach es mir das Herz. Und ich hatte das Gefühl, daß das, was wir ihr verweigerten, nicht nur ihr Wunsch war, sondern daß sie ein Recht darauf hatte.** (165)

4.2.2 Die Peers

Hier sind zunächst die Mitschüler und Mitschülerinnen am Gymnasium zu nennen und dann die Kommilitonen des Jura-Studenten Michael Berg.

Namentlich erwähnt werden im ersten Teil Michaels **Freund Matthias** (51), ferner aus Michaels Schulklasse **Rudolf Bargen, ein schwergewichtiger, ruhiger, verlässlicher Schach- und Hockeyspieler, mit dem** [er][...] **bald gut Freund war** und seine Banknachbarin **Sophie** (64). Während die Namen der beiden Jungen lediglich bezeugen, dass Michael Berg kein Einzelgänger ist, spielt Sophie eine besondere Rolle (vgl. Kap. 4.2.4 (2)). Sie zeigt Empathie und Kommunikationsbereitschaft. Mit ihr verbindet ihn das gleiche Alter, die Sozialisation, eine ähnliche Sensibilität und im Zusammenhang damit auch die Krankheit (vgl. 84). Michaels Interesse an Sophie zeigt sich beim Übersetzen der *Odyssee*. Als **Nausikaa, den Unsterblichen an Wuchs und Aussehen gleichend**, erwähnt wird, weiß er nicht, ob er sich **dabei Hanna oder Sophie vorstellen** soll (66). Insofern Sophie als attraktive Partnerin gezeichnet wird, erscheint sie als die nicht realisierte Alternative zu Hanna. Gut drei Jahre nach Hannas Verschwinden werden sie und Michael miteinander schlafen, ohne dass es ihm dann wirklich um sie zu tun gewesen wäre (vgl. 85).

Die Peergroup der Studierenden bietet ebenso wie die Schulklasse den sozialen Raum, in dem Michael Berg das Gefühl der Zugehörigkeit entwickeln kann: **Wir Studenten des Seminars entwickelten eine starke Gruppenidentität. Wir vom KZ-Seminar** [...] (88). Konkret spielt die Gruppe während des Prozesses selbst nur als **Fahrgemeinschaft** (155) eine Rolle. In einem Bericht des dritten Teils erwähnt er die Begegnung mit einem Kommilitonen aus diesem Seminar, der seine Tätigkeit als Anwalt aufgegeben hat und Kneipier geworden ist (vgl. Kap. 6.2.2). Der Erzähler erwähnt dessen gutmütigen und lauernden Blick, ferner, dass dieser **erzählte und erzählte** (169), um am Ende noch einmal nach dem Grund für Michaels Interesse an **der einen Angeklagten** zu fragen (170). In den Reflexionen des dritten Teils kommt zur Sprache, dass Michael nach dem Prozess Kontakte zu anderen Studierenden vermeidet und dass er dennoch aufgefordert wird, **mit einer Gruppe von Studenten über Weihnachten auf eine Skihütte** mitzukommen (159). In dieser Gruppe lernt er seine Frau, Gertrud, kennen, die ebenfalls Juristin ist.

Bei der Abgrenzung zur Gruppe der Peers handelt es sich um eine selbstgewählte Distanz, die Michael als Privileg genießt, solange die Beziehung zu Hanna besteht. Sie zeigt sich im ersten Teil vor allem darin, dass er den Freunden und Sophie nicht von Hanna erzählt, dass er später kommt und früher geht. Später wird diese Distanz zu einem Problem, das er nicht mehr steuern kann, insofern Hanna unwillkürlich zwischen ihn und seine Generation tritt: [**Ich**] **spürte** [...] **eine solche Distanz zu den anderen Studenten, daß ich nicht mit ihnen agitieren und demonstrieren wollte** (160). **Gleichwohl**, so fügt er hinzu, **hätte es mir damals gutgetan, wenn ich mich meiner Generation hätte zugehörig fühlen können.** (163)

4.2.3 Die Täter-Generation

Zur Welt jener Studentenjahre gehören Repräsentanten der Täter-Generation. Zu unterscheiden wäre dabei zwischen den veritablen Tätern und unmittelbaren Opfern und den Mitläufern und Zuschauern.

Zunächst treten die fünf angeklagten Frauen ins Licht und die überlebende jüdische Frau als Zeugin der Anklage. Unter den Angeklagten nimmt Hanna in ihrer Naivität oder auch Borniertheit und aufgrund ihres Willens zu fairer Argumentation (vgl. z. B. 105) eine gewisse Ausnahmestellung ein. In der Wahrnehmung Michael Bergs erscheint sie sympathischer als die vier anderen Frauen. Diese scheinen einem anderen Genre anzugehören und Michael Berg zeichnet sie im Verbund mit ihren Anwälten als strategisch geschickt und berechnend (vgl. 110), als gehässig (vgl. 111) und ohne Problemeinsicht: **Nein, der Bericht verkenne ganz und gar, was sie in der Nacht gemacht, geleistet und gelitten hätten** (120). Die vier Frauen verbindet der Wille, die Hauptschuld an Hanna zu delegieren: **Sie hat den Bericht geschrieben. Sie ist an allem schuld, sie allein, und mit dem Bericht hat sie das vertuschen und uns reinziehen wollen** (121). Während Hannas Anwalt ein junger, vom Vorsitzenden bestellter Pflichtverteidiger ist ohne die von der Situation geforderte **Erfahrung und Sicherheit** (105), sind die anderen **alt, einige [...] alte Nazis.** Der Erzähler bescheinigt jenem **eine[n] hastigen Eifer, der seiner Mandantin ebenso schadete, wie die nationalsozialistischen Tiraden seiner Kollegen deren Mandantinnen** (92). Ins Gewicht fällt vor allem, dass Hannas Anwalt die entscheidende Frage nach dem Grund für die Wahl der Zarten und Schwachen als Vorleserinnen nicht stellt (vgl. 112 f.). Letztlich zeigen sich die Nazi-Anwälte vor Gericht erfolgreicher als der unbelastete jüngere Anwalt. Das erlaubt den Schluss, dass der Roman trotz des rechtsstaatlichen Verfahrens eine deutliche prozesskritische Ebene enthält.

Stärkere Beachtung durch den Erzähler finden jene männlichen Vertreter dieser Generation, mit denen Michael Berg während der Zeit des Prozesses ins Gespräch kommt. Während Michael im Lauf des Prozesses weder mit Hanna noch mit deren Anwalt in persönlichen Kontakt tritt, werden in den Kapiteln 12, 14 und 16 des zweiten Teils zentrale Gespräche mit Vertretern der so genannten Ersten Generation dokumentiert: mit dem Vater[151], mit dem Mercedes-Fahrer und mit dem Vorsitzenden Richter. Bezogen auf den Erzähler repräsentieren diese drei Männer drei Typen des Umgangs mit Nationalsozialismus und Holocaust, nämlich den des beobachtenden Intellektuellen, des aktiven Teilnehmers und des instrumentalisierbaren Vertreters der Justiz.

Nur von Professor Berg, dem Vater des Erzählers, wissen die Leser, dass er nicht zu den aktiven Mitläufern gezählt hat, sondern dass **er seine Stelle als Dozent der Philosophie wegen der Ankündigung einer Vorlesung über Spinoza verloren und sich und uns als Lektor eines Verlags für Wanderkarten und -bücher durch den Krieg gebracht** hat (88). Hinsichtlich des Mercedes-Fahrers erlaubt sich Michael Berg einige Vermutungen (vgl. 146 f.), und was den Vorsitzenden Richter angeht, so erfährt man nur, dass dieser überzeugt ist, **alles richtig gemacht** zu haben (154). Analogien zwischen der Beschreibung des Vorsitzenden Richters (vgl. 154) und dem vom Mercedes-Fahrer evozierten Offizier (vgl. 146) legen jedoch die Annahme nahe, dass auch der Vorsitzende Richter als Vertreter der Täter-Generation in den Nationalsozialismus verstrickt gewesen ist, ohne dass diese Verstrickung Gegenstand der Aufarbeitung würde. Diese impliziten Bezüge werden in Kap. 6.2.2 dieser Arbeit ausführlich behandelt.

Was den Umgang mit der NS-Vergangenheit angeht, so spielt diese im Gespräch mit dem Vater nur indirekt eine Rolle: »**Es hat mit dem Prozeß zu tun, nicht wahr?**« (135) Was den Sohn beeindruckt, ist seines **Vaters Mischung aus Abstraktion und Anschaulichkeit** (137). Kennzeichnend für das Gespräch ist die moralphilosophische Argumentation des Vaters und seine verantwortungsethische Position:

> »[...] **Natürlich muß man handeln, wenn die von dir beschriebene Situation eine Situation zugewachsener oder übernommener Verantwortung ist. Wenn man weiß, was für den anderen gut ist und daß er die Augen davor verschließt, muß man versuchen, ihm die Augen zu öffnen. Man muß ihm das letzte Wort lassen, aber man muß mit ihm reden, mit ihm, nicht hinter seinem Rücken mit jemand anderem.**« (137 f.)

Der Mercedes-Fahrer, der Michael im Elsass als Tramper mitnimmt, führt die NS-Verbrechen unter verächtlichem Lachen auf das Unbeteiligtsein derjenigen zurück, die die Gräuel ausführten: »**Nein, ich rede nicht von Befehl und Gehorsam. Der Henker befolgt keine Befehle. Er tut seine Arbeit, haßt die nicht, die er hinrichtet, rächt sich nicht an ihnen [...] Sie sind ihm so gleichgültig, daß er sie ebensogut töten wie nicht töten kann.**« (146) Er zeigt allerdings keine kritische Distanz dazu, sodass Michael bemerkt: **Ich wollte nicht wieder nicken. Was er sagte, stimmte, aber nicht, wie er es sagte** (145).

Für den Vorsitzenden Richter ist die Auseinandersetzung mit den NS-Verbrechen eine Sache der richterlichen Profession. Im Rahmen der tribunalisierenden Auseinandersetzung nimmt er seine Funktion korrekt wahr. Das nach einer Sitzung stattfindende Gespräch zwischen ihm und dem Studenten beschränkt sich auf eine Plauderei darüber, was die **Seminargruppe über das Verfahren denke, was [der] Professor mit den Protokollen vorhabe** (154), und auf Fragen nach dem Studium ganz allgemein.

Eine besondere Position nimmt der Jura-Professor ein, der als **einer der wenigen, die damals über die Nazi-Vergangenheit und die einschlägigen Gerichtsverfahren arbeiteten** (86), das den Prozess begleitende Seminar veranstaltet. Mit ihm hat Michael Berg nur als Teil eines Kollektivs zu tun, nämlich der Seminargruppe (86 f.) und der Trauergesellschaft bei der Beerdigung des Professors (168 f.). Der Erzähler führt ihn ein als **ein[en] alte[n] Herr[n], aus der Emigration zurückgekehrt, aber in der deutschen Rechtswissenschaft ein Außenseiter geblieben.** Er habe **an diesen Diskussionen mit all seiner Gelehrsamkeit und zugleich mit der Distanz dessen teil[genommen], der für die Lösung eines Problems nicht mehr auf Gelehrsamkeit setzt.** »**Sehen sie sich die Angeklagten an – Sie werden keinen finden,**

der wirklich meint, er habe damals morden dürfen.« (86 f.) Damit ist der Wissenschaftler zugleich der Repräsentant derer, die durch Emigration ihren Dissens gegenüber dem NS-Regime zum Ausdruck brachten.

4.2.4 Die Frauen

Unter dem Aspekt der Konfiguration steht der dritte Teil des Romans im Zeichen der Frauen. Was Michael Bergs Gespräche mit den Frauen angeht, so wird darauf in Kapitel 6.2.2 ausführlich eingegangen.

(1) Die Frauen im Umfeld des Prozesses
Hier sei festgehalten, dass auf das Gespräch mit Hanna im Gefängnisgarten (185–188) noch zwei Gespräche mit anderen Frauen folgen: das Gespräch mit der Gefängnis-Leiterin und das mit der überlebenden jüdischen Frau in New York.

Die Gefängnis-Leiterin erscheint als Vertreterin eines Strafvollzugs, der auf Resozialisierung gerichtet ist und die Strafgefangenen als Individuen sensibel wahrnimmt. Bei Hanna hat sie z. B. Folgendes registriert:

> **»Sie hat mit Ihnen lesen gelernt. Sie hat sich in der Bibliothek die Bücher geliehen, die Sie auf Kassette gesprochen haben, und Wort um Wort, Satz um Satz verfolgt, was sie gehört hat. Das Kassettengerät hat das viele Ein- und Ausschalten, Vor- und Zurückspulen nicht lange ausgehalten, ging immer wieder kaputt, mußte immer wieder repariert werden, und weil's dafür Genehmigungen braucht, habe ich schließlich mitgekriegt, was Frau Schmitz macht.** […]« (195)

Gegen Ende des Gesprächs sagt sie zu Michael Berg, dass Hannas Tod sie treffe und dass sie im Moment zornig sei, auf Hanna und auch auf ihn (vgl. 197).

Einzig der jüdischen Frau, von deren Buch der Erzähler sagt, dass es **selbst Distanz schafft**, dass es **nicht zur Identifikation ein**[lädt] **und** […] **niemanden sympathisch** [macht], **weder Mutter noch Tochter, noch die, mit denen beide in verschiedenen Lagern und schließlich in Auschwitz und bei Krakau das Schicksal geteilt haben** (114), erzählt er seine Geschichte mit Hanna. Ihr attestiert er das **Vermögen, zu registrieren und zu analysieren** und stellt fest, dass sie sich nicht hat **korrumpieren lassen, nicht durch Selbstmitleid und nicht durch das Selbstbewußtsein, das sie spürbar daraus gezogen hat, daß sie überlebt und die Jahre in den Lagern nicht nur verkraftet, sondern literarisch gestaltet hat** (115). Sie schreibe, so der Erzähler, **über sich und ihr pubertäres, altkluges und, wenn es sein muß, durchtriebenes Verhalten mit derselben Nüchternheit, mit der sie alles andere beschreib**[e] (115). Vor Gericht nimmt Michael Berg sie als reflektiert und abwägend wahr, wenn sie Hannas Rekrutierung von Vorleserinnen einerseits als **besser** für die Mädchen einschätzt, **als wenn sie sich an dem Bau zu Tode gearbeitet hätten** (112), und andererseits diese Einschätzung vor Gericht in Zweifel zieht. Auch bei der Übergabe von Hannas Vermächtnis stellt Michael Berg die Tochter als überaus sachlich dar:

> **Sie fragte nicht freundlich und nicht unfreundlich; der Ton war von äußerster Sachlichkeit. Alles an ihr wirkte sachlich, Haltung, Gestik, Kleidung. Das Gesicht war eigentümlich alterslos [...] vielleicht war es auch unter dem frühen Leid erstarrt – ich versuchte vergebens, mich an ihr Gesicht während des Prozesses zu erinnern.** (200 f.)

Sie ist es, die Hannas Beziehung zu dem Fünfzehnjährigen als brutalen Akt interpretiert und zugleich Empathie mit dem Schicksal Michael Bergs zeigt: »**Hatten Sie, wenn Sie in den letzten Jahren mit ihr Kontakt hatten, jemals das Gefühl, dass sie wußte, was sie Ihnen angetan hat?**« (202). Indem die Tochter am Ende die von Hanna hinterlassene Teedose behält und es Berg überlässt, das hinterlassene Geld angemessen zu verwenden, verweigert sie Hanna zwar die Absolution, gibt ihr aber abgelöst davon **die Anerkennung ohne die Absolution** (201). Diese großzügige Geste mag in Zusammenhang damit stehen, dass Berg der Tochter seine Geschichte mitgeteilt hat.

(2) Die Liebespartnerinnen
Während Sophie[152] als versäumte reale Alternative zu Hanna entworfen ist (Nausikaa), wird die Ehe mit Gertrud als misslungener Versuch beschrieben, sich von Hanna zu befreien: **Ich wollte von Hanna frei sein. Aber das Gefühl, dass es nicht stimmte, hat sich nie verloren** (165). Michael Berg nennt Gertrud **gescheit, tüchtig und loyal** (164). Die Beziehung scheitert, weil er nie hat **aufhören können, das Zusammensein mit Gertrud mit dem Zusammensein mit Hanna zu vergleichen, und immer wieder [...] hatte ich das Gefühl, daß es nicht stimmt, daß sie nicht stimmt, daß sie sich falsch anfaßt und anfühlt, daß sie falsch riecht und schmeckt.** (164 f.)

Obwohl Berg in den folgenden Beziehungen mit Frauen darauf achtet, **daß eine Frau sich ein bißchen wie Hanna anfassen und anfühlen, ein bißchen wie sie riechen und schmecken muß** (165 f.), obwohl er diesen Frauen von Hanna und auch mehr von sich erzählt, mag das Misslingen dieser Beziehungen auf seine anhaltende libidinöse Bindung an Hanna zurückzuführen sein. Auf dieser Folie ließe sich bezogen auf Helen, Gesina und Hilke (vgl. 166) vermuten, dass es ihm, so wie er über die Beziehung zu Sophie sagt, **nicht wirklich um sie zu tun war** (85).

4.2.5 Die Protagonisten

Die beiden Figuren könnten nicht unterschiedlicher sein. Das gilt zunächst für den Altersunterschied von 21 Jahren. Hanna Schmitz ist eine erwachsene Frau, Michael Berg ein Junge in der Pubertät. Der Ich-Erzähler spricht von ihrem **sehr kräftigen und sehr weiblichen Körper, üppiger als die Mädchen, die [ihm] gefielen und denen [er] nachschaute** (17). An ihrer Gestalt hebt er **den breiten Rücken und die kräftigen Arme** (91) hervor. Er erinnert sich, **daß ihr Körper, ihre Haltungen und Bewegungen manchmal schwerfällig wirkten**, als habe sie sich weltvergessen **in das Innere ihres Körpers zurückgezogen** (17). Ihr Gesicht beschreibt er als ein **großflächiges, herbes, frauliches Gesicht**, das er **schön fand.** Im Einzelnen erwähnt er die **[h]ohe Stirn, hohe Backenknochen, blaßblaue Augen, volle, ohne Einbuchtung gleichmäßig geschwungene Lippen, kräftiges Kinn** (14). Immer wieder ist die Wahrnehmung des Erzählers auf **ihr schulterlanges, aschblondes Haar** (14) gerichtet, das sie 1959 **im Nacken mit einer Spange gefaßt** (14) hat, vor Gericht straff **zum Knoten geschlungen [...]** trägt (91), aus dem sich **[m]anchmal [Haarsträhnen] stahlen** (96). Während der Gefangenschaft wird ihr Haar ergrauen (vgl. 184). Unveränderliches Kennzeichen ist ein **Muttermal an der linken oberen Schulter** (96). Auf Hannas Veränderung im Gefängnis wird im Kapitel 5.2 dieser Arbeit genauer eingegangen.

Sich selbst zeichnet der Ich-Erzähler als einen Jungen, der – gemessen an der **Koordination [s]einer Bewegungen – zu lange Arme und zu lange Beine hat, der die eleganten Anzüge auf[trug], die ein reicher Onkel hinterlassen hatte**, ebenso wie extravagante Schuhe (39). Insgesamt zeigt sich das pubertätstypische Bild eines Jugendlichen, dem die rechten Proportionen fehlen. Seine **Brille war ein billiges Kassenmodell** und sein Haar – trotz aller Bemühungen – **ein zauser Mopp** (39). In seiner Rolle als Schüler bezeichnet er sich als unauffällig (vgl. 39). Er erinnert sich, dass er weder sein Aussehen und seine Bewegungen noch seine Leistungen und seine Geltung bei anderen mochte. Und dennoch sei soviel **Energie in [ihm]** gewesen, soviel **Vertrauen, eines Tages schön und klug, überlegen und bewundert zu sein**, soviel **Erwartung, mit der [er] neuen Menschen und Situationen begegnet** ist (39). Hanna habe demgegenüber **nicht aus einem Versprechen** gelebt, **sondern aus der Situation und nur aus ihr** (40).

Das zentrale Begehren des jungen Michael Berg ist das aller Adoleszenten, nämlich erwachsen zu sein und, bezogen auf seine Familie, die Spannung von **noch da und schon weg** (32) aufzulösen. Das Zusammensein mit Hanna ermöglicht ihm nicht nur **Selbständigkeit** (58), sondern lässt ihn auch das Ungeschickte und Unproportionierte ablegen, sich **in seinem**

Körper wohl[fühlen] (41) und die Angst vor den Mädchen in der Klasse verlieren (vgl. 64).

Die soziale Herkunft von Hanna Schmitz ist unklar, aber da ihr Analphabetismus nicht auf unterdurchschnittlicher Intelligenz beruht – dann hätte sie nicht im Gefängnis lesen gelernt –, ist an eine bildungsferne Schicht zu denken, an kurzen oder gar keinen Schulbesuch in Siebenbürgen. Michael Berg kommt aus einer Professorenfamilie mit vier Kindern, die in einer geräumigen Wohnung mit bildungsbürgerlicher Ausstattung lebt. Dem Ich-Erzähler und seiner Welt steht Hanna Schmitz *weltlos* gegenüber. Im ersten Teil erscheint sie während ihrer Schaffnerinnentätigkeit einmal in Gesellschaft des Straßenbahnfahrers (vgl. 45 f.), im zweiten Teil bilden die Mitangeklagten ihre Peergroup, im dritten Teil die Mitgefangenen, sodass sie hier auf den Bereich von Schuld und deren juristischer Aufarbeitung bezogen bleibt. Ihre sozialen Beziehungen beschränken sich auf den Bereich des Gerichts und des Strafvollzugs, normale gesellschaftliche Kontakte fehlen.

Ebenfalls *weltlos* ist die Beziehung der beiden Partner in ihrer Beschränkung auf das Ritual ihrer Treffen, das in **[v]orlesen, duschen, lieben und noch ein bißchen beieinander liegen** (43) besteht. Das Ritual wird vor allem auf Hannas Weisung strikt vom Alltag getrennt:

> **Ich habe nie erfahren, was Hanna machte, wenn sie weder arbeitete noch wir zusammen waren. Fragte ich danach, wies sie meine Frage zurück. Wir hatten keine gemeinsame Lebenswelt, sondern sie gab mir in ihrem Leben den Platz, den sie mir geben wollte.** (75)

Ihre irritierende Reaktion auf Michaels Anwesenheit in der Straßenbahn (vgl. 45–49) ließe sich dann nicht nur darauf zurückführen, dass er die Trennung der Bereiche nicht wirklich aufgehoben hat, weil er, statt in den ersten Wagen zu steigen, den abgetrennten leeren Wagon gewählt hat, sondern auch darauf, dass Michael hier die Trennung der Bereiche verletzt und in ihren Arbeitsbereich eindringt. Der von Hanna geäußerte Vorwurf, sie nicht gekannt haben zu wollen (vgl. 47), entspräche dann der ersten Deutung: die Trennung der Bereiche nicht wirklich aufgehoben zu haben, was auf Hannas unbewussten Wunsch schließen lässt, der allerdings im Widerspruch zu dem von ihr gezeigten Verhalten steht.

Umgekehrt zeigt sich die Unfähigkeit Michael Bergs, den Wunsch nach Aufhebung der Trennung der Bereiche zu realisieren, auch in dessen Unfähigkeit, auf Sophies Gesprächsangebot einzugehen (vgl. 73) oder im Schwimmbad spontan auf Hanna zuzugehen und sich damit zu ihr zu bekennen (vgl. 78).

Diese Trennung von Ritual und Alltag zeigt erstens, dass die Entwicklungsmöglichkeiten dieser Beziehung, aufgrund des fehlenden lebensweltlichen Kontextes, sehr begrenzt sind. Dass es gerade die lebensweltlich verankerte Schulklasse ist, an die Michael Hanna verrät oder verraten zu haben glaubt, bestärkt den Eindruck mangelnder Perspektiven. Zweitens ermöglicht der Befund der Trennung von Lebenswelt und Ritual die Beantwortung der Frage, ob der Ich-Erzähler in dieser Phase überhaupt Verrat an Hanna begangen hat. Wenn nämlich der Liebesverrat darin besteht, dass der Ich-Erzähler sich nicht öffentlich zu seiner Geliebten bekennt und damit den lebensweltlichen Kontext nicht herstellt, dann entspricht er damit dem *Gesetz der Beziehung*, der Trennung von *Ritual* und *Lebenswelt*. Dass der Ich-Erzähler sich dennoch schuldig fühlt, weil er glaubt, er hätte diese Trennung der Bereiche aufheben müssen, dafür mag sein implizites Liebeskonzept verantwortlich sein (vgl. 72), das allerdings die Beziehung nicht bestimmt.

Im zweiten Teil des Romans wird das Beziehungsmuster modifiziert. Zwar führt Michael Bergs Fixierung auf Hanna Schmitz dazu, dass er anders als seine Kommilitonen jeden Prozesstag im Gericht verbringt. Aber mit der Wahrnehmung Hannas als Verbrecherin ist die Distanzierung Michaels verbunden. **[D]ie erinnerten Bilder von Hanna** werden zersetzt und verbinden **sich mit den Bildern vom Lager, die [er] im Kopf hatte** (142). Kommunikation zwischen Hanna und ihm findet außer in sporadischem Blickkontakt nicht statt.[153] Weder die geteilte Kenntnis des Verbrechens noch Michael Bergs Aufdeckung von Hannas Analphabetismus bringen diesen dazu, das Gespräch mit Hanna zu suchen, wie er es in der ersten Phase tut (vgl. 75): **in der Zelle [war sie] raus aus meiner Welt, raus aus meinem Leben** (93). Die Definitionsmacht über die Beziehung liegt nun bei Michael Berg, bei der zweiten Generation.

Hannas zentrales Bestreben ist nach wie vor auf das Verbergen ihres Gebrechens gerichtet und deshalb schützt sie sich bei drohender Aufdeckung durch die Flucht. Das ist 1943 der Fall, als sie die Aufstiegsmöglichkeit zur Vorarbeiterin bei Siemens hat und sich stattdessen **für den Einsatz im Wachdienst** (92) bei der SS meldet; ähnlich verhält es sich 1959, als sie angesichts des Angebots, zur Straßenbahnfahrerin ausgebildet zu werden (vgl. 80), den Wohnort wechselt. Im Rahmen des Gerichtsverfahrens wählt sie die Flucht nach vorn, indem sie **zug[ib]t, den Bericht geschrieben zu haben** (130). Dass sie damit vor Gericht die **Bloßstellung als Verbrecherin** einer **Bloßstellung als Analphabetin** (127) vorzieht, disqualifiziert sie auch in den Augen Michael Bergs. Zugleich erscheint vor diesem Hintergrund Hannas Alphabetisierung als Durchbrechung dieses Musters und damit als ihre wesentliche Tat.

Was beide Figuren verbindet, ist die Tendenz zur Scham.[154] Der Fünfzehnjährige schämt sich seiner krankheitsbedingten Schwäche, des physischen Kontrollverlusts, als er sich auf der Straße erbricht (vgl. 5 f.). Nicht uninteressant ist in diesem Zusammenhang, dass das Hepatitis A-Virus im Unterschied zu Hepatitis B[155] durch die Atemluft übertragen wird und epidemisch ist. Das Schamempfinden des jungen Michael Berg wird jedenfalls an einen durch Ansteckung erworbenen biologischen Prozess gebunden.

In der Reflexion von Hannas Analphabetismus gibt der Erzähler zu erkennen, dass er selbst **Scham als Grund für ausweichendes, abwehrendes, verbergendes und verstellendes, auch verletzendes Verhalten** kennt, allerdings nicht nachvollziehen kann, wie man aus **Angst vor der Bloßstellung als Analphabetin das Verbrechen** wähle (127).

Die Jahre, die Hanna Schmitz im Gefängnis verbringt, stellen hinsichtlich der Beziehung zu Michael Berg eine Art Moratorium dar, innerhalb dessen er zwar die Definitionsmacht über die Beziehung hat, dessen Ende aber durch Hanna selbst mit dem Freitod bestimmt wird. Zwischen 1974 und 1984 hält der Ich-Erzähler den Kontakt mit Hanna Schmitz durch die Übersendung von Tonkassetten aufrecht, auf denen er seine Lesungen literarischer Texte registriert hat. Er ist es, der die Auswahl der Texte trifft und den Zeitpunkt der Sendung bestimmt. Er entscheidet, auf Hannas Grüße nicht zu reagieren, der Aufforderung, sie zu besuchen, nicht nachzukommen. Hanna nutzt ihren Entscheidungsspielraum, indem sie lesen und schreiben lernt, statt ihrer Rückkehr in die Gesellschaft den Selbstmord wählt und den Abschiedsbrief nicht an Michael Berg, sondern an die Gefängnisleiterin richtet.

Nach Hannas Tod realisiert Michael Berg den **Vorsatz, Hannas und [s]eine Geschichte zu schreiben** (206). Das gelingt ihm, nachdem er seinen Frieden mit dieser Geschichte gemacht hat, sodass sie **zurückgekommen ist, Detail um Detail** (206).

5 Themen des Romans

Anders als die Themen der Auseinandersetzung mit NS und Holocaust und der Schuldproblematik, die an die Beziehung der beiden Protagonisten gebunden bleiben, sind die Themen Adoleszenz und Analphabetismus mit jeweils *einem* der beiden Protagonisten verknüpft: Adoleszenz mit Michael Berg, der Analphabetismus mit Hanna Schmitz. Unter dem Aspekt einer solchen Trennung der Themen kann man **etwas vereinfachend sagen, [d]er Roman schilder[e], wie ein Junge die Sexualität entdeckt und wie eine Frau lesen lernt.**[156]

Die Frage nach Schuld und deren Verarbeitung spielt im Roman eine zentrale Rolle. Sie bezieht sich nicht nur auf das Thema der Auseinandersetzung mit dem Nationalsozialismus, sondern auch auf die beiden anderen Themen. Auf unterschiedlichen Ebenen interpretiert der Roman Adoleszenz und Analphabetismus als Erscheinungsformen der Unreife. Damit wäre komplementär das Motiv des Reifens verbunden.[157]

5.1 Adoleszenz

Die Lebensphase der Adoleszenz hat im *Vorleser* erhebliches Gewicht. Denn stärker als andere Lebensphasen ist die Adoleszenz mit Identitätsbildung verknüpft.[158] Ihren Kern haben die Adoleszenzkonflikte in den Fragen: Wer bin ich – wer bin ich nicht? Wer bin ich in diesem sich verändernden Körper? Was hat es mit der Sexualität auf sich? Wer bin ich in der Beziehung zur eigenen Gruppe und in Beziehung zu ›den Anderen‹? Als konkrete Problemfelder ergeben sich daraus

- Fragen der sexuellen Identität
- Fragen der intellektuellen Entwicklung bzw. der Arbeitsorganisation
- Fragen der Integration in gesellschaftliche und gesellschaftspolitische Zusammenhänge.

Damit das Identitätsproblem nicht unerledigt und konfliktbelastet bleibt, muss es aus psychoanalytischer Sicht am Ende der Adoleszenz **seine Integration als relativ konfliktfreier psychosozialer Kompromiß finden.**[159]

Dieser enge Konnex von Identitätsbildung und Adoleszenz wird im *Vorleser* überzeugend vorgeführt. An der Figur Michael Bergs, der seine 21 Jahre ältere Geliebte als 15-Jähriger kennen lernt und mit gerade 16 auf für ihn traumatische Weise verliert, zeigt der Roman einen gestörten und bis weit ins Erwachsenenalter andauernden Prozess der Identitätsentwicklung.

Die folgende Analyse profiliert, dass Michael Berg in der Beziehung zu

Hanna Schmitz zwar einen erheblichen Schub in seiner psychosozialen Entwicklung erfährt, dass er aber durch das konsequente Schweigen seiner Geliebten und der ihn umgebenden Gesellschaft über die Vergangenheit in seiner Identitätsentwicklung empfindlich gestört wird.

Während Michael Berg beim Ausbruch der Gelbsucht wegen seiner körperlichen Schwäche **Scham** (5 f.) empfindet, also ein Gefühl peinlicher Identitätsbewusstheit, führt die Entwicklung seiner sexuellen Identität dazu, [s]**ich in** [s]**einem Körper wohl** zu fühlen (41).

Die ersten sexuellen Erfahrungen mit einer Partnerin werden als idealtypisch geschildert:

> **Ich hatte Angst: vor dem Berühren, vor dem Küssen, davor, daß ich ihr nicht gefallen und nicht genügen würde. Aber als wir uns eine Weile gehalten hatten, ich ihren Geruch gerochen und ihre Wärme und Kraft gefühlt hatte, wurde alles selbstverständlich. Das Erforschen ihres Körpers mit Händen und Mund, die Begegnung der Münder und schließlich sie über mir, Auge in Auge, bis es mir kam [...].** (27)

Auch folgende Erfahrung gehört nicht zum Repertoire der Adoleszenten, sondern erscheint eher Wunschvorstellungen nachempfunden:

> **Auch wenn wir uns liebten, nahm sie selbstverständlich von mir Besitz. Ihr Mund nahm meinen, ihre Zunge spielte mit meiner, sie sagte mir, wo und wie ich sie anfassen sollte [...] Aber sie tat es zu ihrem spielerischen Vergnügen, bis ich lernte, auch von ihr Besitz zu ergreifen.** (33 f.)

Die Beziehung zu Hanna Schmitz ermöglicht es dem Jungen, seinen Zugewinn an kognitiven Fähigkeiten in den Dienst seines Begehrens zu stellen. Das zeigt sich zunächst in seinen **Überlegung**[**en**], ob er ein weiteres Mal zu Frau Schmitz geht, nachdem er mit rotem Kopf vor der halb entkleideten Frau geflohen war (21), das zeigt sich in seiner Argumentation beim Verkauf seiner Briefmarkensammlung, in der Planung der österlichen Fahrradtour in allen Details (vgl. 52) und in der Erfindung plausibler Lügen für seine Eltern (vgl. 29 f., 51, 58). Durch die Lügen werden einerseits Autoritätskonflikte verdeckt, andererseits verweisen sie auch auf ein allgemeines Anpassungsproblem bei der Übernahme von Normen. Dadurch, dass der jugendliche Protagonist die Konflikte mit dem Elternhaus eher verdeckt realisiert, indem er den Eltern und der Familie insgesamt keinen Einblick in seine neuen Lebensvollzüge gewährt, erscheint seine Identitätsentwicklung primär auf Kontinuität gerichtet.

Dass das sich bildende Identitätsgefühl als psychosoziales Wohlbefinden erlebt wird, zeigt sich deutlich in den Empfindungen des Fünfzehnjährigen. Er geht nach der überwundenen Krankheit wieder in die Schule, weil er sich **kraftvoll und überlegen** fühlt und seinen **Mitschülern und Lehrern mit dieser Kraft und Überlegenheit gegenübertreten** will (29). Er erwähnt die **Sicherheit** gegenüber Lehrern und Mädchen (41) und die **Selbständigkeit**, die **durch die Begegnung mit Hanna in [ihm] gewachsen** ist (58).

Trotz der hohen Ambivalenz der Beziehung (vgl. Kap. 5.3.2) stabilisiert und entwickelt sich die sexuelle Harmonie: **Wir liebten uns anders. Lange hatte ich mich ganz ihrer Führung, ihrem Besitzergreifen überlassen. Dann hatte auch ich von ihr Besitz zu nehmen gelernt. Auf und seit unserer Fahrt haben wir nicht mehr nur Besitz von einander ergriffen** (57). Die Verse des folgenden Gedichts binden den Gewinn von Ich-Identität an den sexuellen Akt, der seinerseits nicht nur als gegenseitiges sich [Ö]**ffnen** vorgestellt wird, sondern auch als – tödliches – [V]**ersinken** und [V]**ergehen** ineinander (57). Darin evozieren die Verse eine Intimität, die für die sexuelle Entwicklung im frühen Erwachsenenalter kennzeichnend ist, aber auch die adoleszenztypische Engführung von Liebe und Tod. Weder diese Intimität noch das psychosoziale Wohlgefühl entwickeln sich stetig weiter. Die Peer-group wird altersentsprechend wichtig und tritt in deutliche Konkurrenz zur isolierten Zweisamkeit:

> **[Im Schwimmbad] fand das gesellschaftliche Leben der Klasse statt, und es bedeutete mir viel, dabeizusein und dazuzugehören. […] Ob ich lieber im Schwimmbad wäre als bei Hanna, habe ich mich lange nicht zu fragen gewagt.** (70)

Durch die Verheimlichung der Beziehung nicht nur vor der gesamten Peer-group, sondern auch vor Sophie tritt neben sein Selbstbewusstsein ein Schuldgefühl, das er als Ergebnis jener **Halbherzigkeit** interpretiert, **aus der heraus [er] sie verleugnet, verraten** zu haben glaubt (80). Möglicherweise trifft Michael Berg in seiner Beziehung zu Hanna eine unbewusste inzestuöse Wahl. Denn die in Kap. 4.2.1 genannten Parallelen zwischen der Mutter und Hanna (vgl. 28 f.) verweisen auf eine altersspezifische Wiederbelebung der ödipalen Situation. Daraus würde die starke Neigung zu Schuldgefühlen erklärbar.

Die durch das abrupte Ende der Beziehung ausgelöste Erschütterung im Bereich der Sexualität und Partnerschaft hat Rückwirkung nicht nur auf seine spätere Ehe und weiteren Beziehungen zu Frauen, sondern auch auf die Bereiche der Arbeit und des sozialen Lebens. Während sich für den fünfzehnjährigen Schüler die alterstypische Schulsituation, nämlich **nicht gut und nicht schlecht** zu sein (39), durch die Ausbildung seiner sexuellen Identität schnell in die Situation eines reifen Schülers verwandelt (vgl. 41 f.), sodass Liebe und Arbeit in engem Verbund einen Entwicklungsschub erhalten (vgl. 42), findet Michael Berg seine Leistungsform und Arbeitsidentität als junger Erwachsener erst spät und zwar im Bereich der Rechtsgeschichte. Er tut sich schwer mit der drängenden Berufsentscheidung und sieht sich **in keiner der Rollen, in denen [er] beim Prozeß Juristen erlebt** hat (171). Den

Entschluss, nach dem Referendariat als Rechtsgeschichtler an die Universität zurückgekehrt zu sein, interpretiert er als Flucht:

> **Ich floh und war erleichtert, fliehen zu können. [...] der ersten Flucht folgte die nächste, als ich von der Universität an eine Forschungseinrichtung wechselte und dort eine Nische suchte und fand, in der ich meinen rechtsgeschichtlichen Interessen nachgehen konnte, niemanden brauchte und niemanden störte.** (172)

Was zunächst als Wahl einer negativen Identität erscheint, wird rückblickend vom Erzähler ins Positive gewendet. Für den 50-Jährigen heißt **Geschichte treiben [...] Brücken zwischen Vergangenheit und Gegenwart schlagen und beide Ufer beobachten und an beiden tätig werden** (172).

Die Tatsache, dass der junge Student **niemanden brauchte und niemanden störte** (172), verweist jedoch auf deutliche Probleme im Bereich des sozialen Lebens. Hatte für den Schüler das Leben mit der Peergroup trotz seiner partiellen Isolierung (vgl. 70; 73 f.) große Bedeutung (vgl. 70), so vermeidet der Student nach dem Prozess Kontakte und stößt **die wenigen Bekannten, die [ihn] im Lesesaal oder bei gelegentlichen Kinobesuchen ansprachen**, zurück (159). Rückblickend sieht sich der Erzähler im Dissens mit seiner Generation und realisiert die Auseinandersetzung mit dem Nationalsozialismus auf der Ebene der privaten Rechenschaft und der des juristischen Urteils. Zur ethisch-politischen Aufarbeitung durch seine Generation bleibt er in kritischer Distanz. Sowohl seine riskante Neigung zu **Stürze[n] und Brüche[n]** (159) als auch der Verlust der schützenden Temperaturwahrnehmung (vgl. 159 f.) lassen sich als latenter Todeswunsch interpretieren und dieser wiederum als Prolongierung der Adoleszenz ins frühe Erwachsenenalter bzw. als Hinweis auf drohende Identitätsdiffusion.

Die Rolle der Gesellschaft bei der Ausbildung der Ich-Identität der Heranwachsenden besteht darin, dass die Gesellschaft einen geographisch-geschichtlichen Rahmen für die entstehende Identität des jungen Menschen bieten muss.[160] Damit das heranwachsende Ich als Glied in der Kette der Generationen sich der Vergangenheit stellen kann, um **eine neue Synthese von Vergangenheit und Zukunft [zu] finden**[161], hat die Gesellschaft dem jungen Menschen in der expliziten oder impliziten Form einer Ideologie ein System von Idealen zu präsentieren. Bei einer solchen Synthese gilt es, die Vergangenheit zu integrieren, aber auch – ebenso wie die Identität es tut – zu transzendieren. Das heißt: Gesellschaft hat über Angebote, die die Integration von Vergangenheit und Zukunft betreffen, den Heranwachsenden Kontinuität zu ermöglichen.[162] Gegenüber dem jugendlichen Michael Berg werden alle Hinweise auf die durch den Zivilisationsbruch problematisch gewordene Kontinuität jedoch konsequent ausgeklammert. Der Roman bestätigt zwar in der Beziehung der Protagonisten, dass **die ältere Generation die jün-**

gere genauso [braucht], wie die jüngere von der älteren abhängig ist[163], aber er zeigt zugleich, dass die ältere Generation ihrem Auftrag, die Jugendlichen bei der Aneignung der Vergangenheit zu unterstützen, nicht gerecht wird. Vom Vater heißt es, dass er, obwohl er sich wenig vorzuwerfen hat, nicht über sich sprechen will (vgl. 88), Hanna weicht bei Nachfrage aus und erzählt, **als sei es nicht ihr Leben, sondern das Leben eines anderen, den sie nicht gut kennt und der sie nichts angeht** (40). Der schulische Unterricht ist auf die weiter zurückliegende Vergangenheit gerichtet, wie die Lektüre Homers, Lessings und Schillers zeigt. Erst im Prozess wird er schockartig mit der nationalsozialistischen Vergangenheit als eigener Geschichte konfrontiert.

Obwohl Michael Berg durch die Beziehung zu Hanna Schmitz sich seiner sexuellen Identität und Rolle durchaus schnell vergewissern kann und zunächst von der neuen Selbstgewissheit profitiert, wird dieser Gewinn vom Ende der Beziehung her und vor allem durch das Schweigen über die Vergangenheit unterminiert. Dass Michael Berg am Ende Schriftsteller wird und die Geschichte seiner Identitätsbildung schreibend zu verarbeiten sucht, ist Folge einer offenen psychischen Struktur, deren natürlicher Repräsentant der Heranwachsende ist.

Die besondere Rolle der Adoleszenz im Rahmen der Romanhandlung lässt sich abschließend folgendermaßen differenzieren:

- Adoleszenz ist die Phase, für die der komplizierte *Prozess der Identitätsbildung* spezifisch ist, und Identität ist vor dem Hintergrund der NS-Vergangenheit das zentrale Thema des Romans. Es geht um Selbstverständigung in den zentralen Bereichen des Lebens: Liebe, Arbeit, Gesellung. Der Heranwachsende wird zur emblematischen Figur einer krisenhaften Subjektivität. Die Störung der Identitätsentwicklung wird adoleszenzspezifisch mit der Ausbildung sexueller Identität verknüpft.
- Adoleszenz macht die *wechselseitige Abhängigkeit zwischen den Generationen* deutlich und ermöglicht die Darstellung des spezifischen Verhältnisses zwischen der Tätergeneration und den Nachgeborenen.
- Adoleszenz ist die Lebensphase, in der die *Gesellschaft* am stärksten für Angebote zu sorgen hat, mit deren Hilfe die Heranwachsenden sich zwischen Vergangenheit und Zukunft orientieren können.
- Adoleszenz erlaubt die gleichsam natürliche Gestaltung einer offenen psychischen Struktur, die ermöglicht, dass der Protagonist letztlich Raum für seine *imaginären Aktivitäten* erhält.

5.2 Analphabetismus

Adoleszenz und Analphabetentum sind über das Merkmal fehlender Mündigkeit verknüpft. Handelt es sich bei der Adoleszenz jedoch um eine natürliche Entwicklungsphase, an deren Ende das Erwachsensein steht, so ist das Analphabetentum ein zivilisatorischer Mangel, dessen Überwindung ungewiss ist. Die Überwindung verlangt erhebliche psychische und mentale Anstrengung, sofern sie nicht aus Scham überhaupt unterbleibt. Scham wiederum ist als **Gefühl, sich vorzeitig und lächerlich exponiert zu haben**[164], Ausdruck einer peinlich empfundenen Identitätsbewusstheit.

Dass **Hanna [...] nicht lesen und schreiben** kann (126), wird von Michael Berg aus einer Reihe von Indizien erschlossen, die er bei der Aufdeckung dieses Geheimnisses als erklärende Argumente formuliert:

> **Deswegen hatte sie sich vorlesen lassen. Deswegen hatte sie mich auf unserer Fahrradtour das Schreiben und Lesen übernehmen lassen und war am Morgen im Hotel außer sich gewesen, als sie meinen Zettel gefunden, meine Erwartung, sie kenne seinen Inhalt, geahnt und ihre Bloßstellung gefürchtet hatte. Deswegen hatte sie sich der Beförderung bei der Straßenbahn entzogen; ihre Schwäche, die sie als Schaffnerin verbergen konnte, wäre bei der Ausbildung zur Fahrerin offenkundig geworden. Deswegen hatte sie sich der Beförderung bei Siemens entzogen und war Aufseherin geworden. Deswegen hatte sie, um der Konfrontation mit dem Sachverständigen zu entgehen, zugegeben, den Bericht geschrieben zu haben.** (126 f.)

Die von Michael Berg genannten Verhaltensweisen sind zum einen Hannas Strategien zur Kompensation ihres Gebrechens. Da ihr die Lektüre einer Speisekarte zum Problem wird, überlässt sie ihrem Begleiter nicht nur die Wahl der Gasthöfe, sondern auch die Wahl des Essens (vgl. 54). Ihre Begründung: **Ich mag's, mich mal um nichts zu kümmern** (54). Zum anderen identifiziert Michael Berg Hannas Vermeidungsstrategien. Wie bei anderen Analphabeten bestehen sie darin, Situationen zu vermeiden, in denen Lesen und/oder Schreiben verlangt wird, und im Extremfall die Flucht zu wählen. Als schlimmster Fall erscheint die Bloßstellung als Analphabetin.

Im ersten Teil des Romans finden sich noch weitere versteckte Hinweise auf Hannas Gebrechen: dass sie Michael Bergs Namen nicht kennt, obwohl die mit Namensschild versehenen Schulbücher offen auf dem Tisch liegen. Ihr Verhalten angesichts der Bibliothek im Hause Berg, wo sie **mit dem Finger die Bücherrücken entlang**[fährt] und mit müdem Blick fragt, ob das die Bücher seien, die Michael Bergs Vater **nur gelesen oder auch geschrieben hat** (61) bestätigt diesen Befund ebenso wie die wahllosen Kinobesuche (vgl. 76). Ebenfalls typisch für Analphabeten ist es, angesichts unbekannter Situationen Nervosität zu zeigen (vgl. 52; 76). Wie viele Analphabeten kann sie jedoch mit ihrem Namen unterschreiben (vgl. 54).

Die **Ängstlichkeit, mit der der Analphabet vorgegebenen Mustern und bewährten Routinen folgt** (178), überwindet Hanna Schmitz, indem sie im Gefängnis lesen und schreiben lernt. Der Ich-Erzähler sieht Mut in diesem Akt. Da er Analphabetismus als **Unmündigkeit** interpretiert, bedeutet

Hannas Alphabetisierung für ihn **den Schritt aus der Unmündigkeit** und damit **einen aufklärerischen Schritt** (178). Als Preis für diesen Schritt nennt er viel **Kraft und Kampf** (178). Er reflektiert die Bedeutung dieser Mündigkeit für Hanna und kann nicht entscheiden, ob sie einen späten Gewinn darstellt – und damit **allemal besser als ›nie‹** sei – oder ob er **zu spät** komme, weil **die rechte Zeit verpaßt ist** (178).

Aus dieser Kommentierung des Erzählers ergeben sich in Bezug auf den Analphabetismus zwei Problemfelder. Das Erste erscheint als das gewichtigere und bezieht sich auf die Frage, ob die NS-Verbrechen durch die Verknüpfung mit dem Analphabetismus eine Entschärfung erfahren. Diese Frage wird vom Erzähler nicht explizit gestellt. Sie klingt allenfalls an im Dilemma des Erzählers, nicht zugleich verstehen und verurteilen zu können (vgl. 151). Das zweite Problemfeld bezieht sich auf die Überwindung des Analphabetismus. Der Erzähler kommt selbst explizit darauf zu sprechen, indem er die Annahme in Frage stellt, dass eine Befreiung aus schuldhafter Verstrickung mit Kraft und Kampf jederzeit möglich sei.

Was die Funktion des Analphabetismus im Kontext des Holocaust angeht, so ist die Einführung des Motivs des Analphabetismus und dessen Bewertung als Unmündigkeit in Literaturkritik und Literaturwissenschaft widersprüchlich rezipiert worden, ohne dass daraus allerdings eine Debatte entstanden wäre. P. Michalzik sieht im Analphabetismus den Grund für den **positiven Blickwinkel, aus dem Hanna, ein Mensch, den die Zeitungen damals als Monster bezeichnet hätten, beschrieben wird**[165], und macht damit dieses Merkmal für die **Provokation des Buches**[166] verantwortlich. Noch schärfer urteilt U. Wandrey, wenn er dem Roman **Sympathy for the devil** unterstellt und zu Recht darauf insistiert, dass **Analphabetismus [...] nicht unmittelbar zum Verbrechen**[167] führt. An diese Linie schließt A. Geisenhanslükes Feststellung an, dass Hanna Schmitz **weitgehend durch ihren Analphabetismus entschuldigt**[168] werde, und A. Höfer geht so weit, in der Einführung dieses Motivs einen Beitrag zur endgültigen Entsorgung der Vergangenheit zu sehen.[169] Demgegenüber deutet V. Hage Hannas Umgang mit ihrem Analphabetismus dahingehend, dass **diese Täterin nicht einmal annähernd verstanden hat und versteht, was damals geschehen ist. Hannas Unfähigkeit zu lesen ist wörtlich und gleichermaßen im weiteren Sinne zu verstehen: Sie kann sich, was sie erlebt und verursacht hat, nicht buchstabieren.**[170] Diese Deutung wird von SCHLINK selbst unterstützt, wenn er sagt, dass viele Straftäter Analphabeten seien.[171]

Da der Roman die Frage nach der Entlastungsfunktion des Analphabetismus zwar provoziert, aber nicht diskutiert, ist zunächst nach dem Text impliziten Bewertungen zu fragen. Für eine Entlastungsfunktion sprechen vor allem zwei Befunde. Die Bewertung des Analphabetismus als **Unmün-**

digkeit und seiner Überwindung als **aufklärerischen Schritt**, als **Schritt aus der Unmündigkeit zur Mündigkeit** (178), wie der Erzähler sie vornimmt, ist bereits genannt worden. Mit dieser Bewertung schließt der Roman an die Forderung Adornos nach Erziehung zu Entbarbarisierung und Mündigkeit an. Mündigkeit nennt Adorno **die selbständige bewußte Entscheidung jedes einzelnen Menschen**[172] und sieht in ihr die in einer Demokratie selbstverständliche Forderung. Denn Demokratie, so Adorno, **beruht auf der Willensbildung jedes Einzelnen, wie sie sich in der Institution der repräsentativen Wahl zusammenfaßt. Soll dabei nicht Unvernunft resultieren, so sind die Fähigkeiten und der Mut jedes Einzelnen, sich seines Verstandes zu bedienen, vorausgesetzt.**[173] Demgegenüber repräsentiert Hanna Schmitz als Analphabetin insofern Barbarei, als **im Zustand der höchst entwickelten technischen Zivilisation die Menschen in einer merkwürdig ungeformten Weise hinter ihrer eigenen Zivilisation zurückgeblieben sind.**[174]

Darüber hinaus erweckt gerade der Umstand, dass Hannas Analphabetismus vor Gericht keine Berücksichtigung findet und sie gegenüber den anderen Angeklagten die größte Schuld und das härteste Urteil erhält, bei den Rezipienten die Forderung, den Analphabetismus als entlastend zu berücksichtigen. Dies befördert, mit Michael Berg für jene Interpretation zu plädieren, der zufolge Hanna **sich nicht für das Verbrechen entschieden**, sondern **sich gegen die Beförderung bei Siemens entschieden** hat und **in die Tätigkeit als Aufseherin hineingeraten** ist (128). Jedoch verweisen die Überlegungen Michael Bergs nach der Entdeckung des Analphabetismus auch auf die enge Verquickung von Analphabetismus und Schuld und damit gegen die Entlastungsfunktion:

> **Hatte sie deswegen ihre Schützlinge nach Auschwitz geschickt? Um sie, falls sie was gemerkt haben sollten, stumm zu machen? Und hatte sie deswegen die Schwachen zu ihren Schützlingen gemacht?** (126)

Auch das Wort des Jura-Professors spricht gegen eine Entlastung durch den Analphabetismus, insofern er das Tötungsverbot als universal begreift und keine Ausnahme für Unmündige vorsieht: **Sehen Sie sich die Angeklagten an – Sie werden keinen finden, der wirklich meint, er habe damals morden dürfen** (87). Ebenso spricht die Tatsache, dass Hanna Schmitz sich in der Nacht vor ihrer Entlassung aus dem Gefängnis das Leben nimmt und darin an ihre Tat fixiert bleibt[175], implizit gegen die Entlastungsthese.

Insgesamt bleibt der Textbefund hinsichtlich der Funktion des Analphabetismus letztlich zwiespältig und erlaubt nicht, dem Text eine eindeutige Option zuzusprechen. Bezogen auf den Auschwitz-Diskurs lassen sich beide Bewertungen folgendermaßen einordnen. Die ablehnende Kritik an der Verknüpfung von NS-Verbrechen und Analphabetismus geht davon aus, dass durch die Einführung dieses Erklärungsmoments die Verantwortung der Täter reduziert und die Schuld relativiert werde, insofern das Verbrechen nicht primär auf freier Entscheidung beruht, sondern als Folge von mangelnder Einsicht in den Handlungsspielraum und die Folgen der Entscheidung erscheint. Für die Vertreter der kritischen Position erhält die Verknüpfung der NS-Verbrechen mit dem Analphabetismus den Charakter einer tragischen Verstrickung, die sowohl gesellschaftliche als auch individuelle Wurzeln hat. Die Orientierung an der Verurteilung der Täter betont die Gerechtigkeit für die Opfer und ist – bezogen auf die Nachgeborenen – auch mit der Versuchung verbunden, sich selbst mit den Opfern zu identifizieren und die eigene Verstrickung außer Acht zu lassen.

Demgegenüber ist die akzeptierende Sicht darauf gerichtet, dass die Täterin aus der Monstrosität herausgeholt wird, indem sie ein Merkmal gewöhnlicher Straftäter erhält. Diese Sicht setzt auf den Abbau der Distanz zu den Tätern und auf Reduktion der Abwehr, die Tätergeschichte als die eigene Geschichte zu akzeptieren. Während die kritische Sicht die Verurteilung der Täter im Blick hat und dazu die Täter externalisieren muss, kann die auf Erklärung des Täterverhaltens gerichtete Sicht ethisch-politische Selbstverständigungsprozesse ermöglichen. Die Intention dieser Sicht will nicht Verständnis für die Täter erzeugen, sondern die Bereitschaft der Nachgeborenen wecken, für die NS-Verbrechen zu haften.[176] So wichtig für das kollektive Gedächtnis der Deutschen eine erklärungsbezogene Auseinandersetzung mit den Tätern auch ist, so darf diese Perspektive nicht den Blick verstellen auf die Leiden der Opfer und deren absolute Unterwerfung unter das Diktat der Täter.

Welche der beiden Bewertungsperspektiven man auch akzentuiert, immer bleibt der Analphabetismus eine mentale Beschränkung, die gegenüber Schriftstücken und dem gedruckten Wort Abwehrverhalten provoziert. Soziale Isolation erscheint als Folge der Isolation vom gedruckten Wort.[177] Die dem Analphabetismus entsprechende psychische Struktur steht somit in deutlichem Kontrast zu der mit der Adoleszenz verbundenen Offenheit. Auf dieser Folie erscheint das Vorlesen als komplementäre Funktion des Analphabetismus. Als Vorleser ist Michael Berg auch Hannas Vormund, der einerseits Verantwortung für sein Mündel, andererseits auch Macht über es hat. Vorlesen bedeutet für Michael Berg, Auswahlentscheidungen zu treffen und damit den Horizont abzustecken. In diesem Zusammenhang ist es sicher von Bedeutung, dass keine Holocaust-Literatur zum Vorleseprogramm gehört, sondern dass diese sich nur in Hannas Bibliothek findet.

Dem zweiten Problemfeld, der Überwindung des Analphabetismus, wird im Roman große Bedeutung zugesprochen. Während des Prozesses beginnt Hanna selbst einen Konnex zwischen dem Analphabetismus und ihren Verbrechen herzustellen. Das kann aus ihrer Äußerung geschlossen werden, die sie am Ende der **Vernehmung zu den Selektionen im Lager** (106) anstellt: **Also hätte ich ... hätte nicht ... hätte ich mich bei Siemens nicht melden dürfen?** (108)

Während der Akt der Alphabetisierung im Gefängnis als realistisch zu bezeichnen ist und Hannas Einsicht in den Zusammenhang von Analphabetismus und Schuld dokumentiert, erscheint der Aufbau einer Bibliothek, in der sich **die Literatur der Opfer neben den autobiographischen Aufzeichnungen von Rudolf Höss, Hannah Arendts Bericht über Eichmann in Jerusalem und wissenschaftliche Literatur über Konzentrationslager** (193) findet, jedoch als provokativer Zug. Wenn man wie A. Geisenhanslüke darin eine Auseinandersetzung mit dem Holocaust sieht, die Hanna im Gegensatz zu Michael Berg unternimmt[178], dann sollte zugleich bedacht werden, dass Ex-Analphabeten erfahrungsgemäß nicht zu großen Lesern werden und dass ehemalige KZ-Aufseherinnen in der Realität solche Konversionen nicht zeigen. Das gilt exemplarisch für Hermine Ryan, geb. Braunsteiner[179], die auch nach zwanzig Jahren Haft Indifferenz gegenüber ihrer Schuld zeigt. Die Konversion einer NS-Täterin, wie der Roman sie darstellt, macht durch solche Unwahrscheinlichkeiten evident, dass die verstehende Position bzw. die Absicht, Nazi-Tätern gegenüber Empathie zu zeigen, ein schwieriges, mitunter gewagtes Unterfangen ist. Der Roman erhält durch Einführung dieser Konversion etwas Unrealistisches, das entweder als – gleichwohl unwahrscheinliche – vorbildhafte Alternative zur realen Geschichte in der BRD zu deuten oder aber als literarische Schwäche zu verbuchen ist.

5.3 Auseinandersetzung mit NS und Holocaust

Die Diskussion über die Funktion des Analphabetismus verweist bereits auf das zentrale Thema des Romans, die Auseinandersetzung mit Nationalsozialismus und Holocaust in der BRD. Als **kritische Aufarbeitung der eigenen Geschichte aus der Sicht der in sie verstrickten Generationen**[180] macht der Roman die Gedächtnisperspektive der Täter produktiv. Das bedeutet jedoch zugleich, dass die Leiden der Opfer nicht im Zentrum stehen. Indem er Gerechtigkeit für die Täter thematisiert, erhebt er einen Anspruch, dem Brisanz innewohnt, der – aus welchen Gründen auch immer – auf hohe Akzeptanz stößt, obwohl er notwendigerweise die Gerechtigkeit für die Opfer hintan stellt.

Mit der existenziellen Selbstverständigung eines Einzelnen und der – kritischen – Darstellung eines nach der **Strafprozeßordnung ablaufenden Verfahrens** sowie eines Gerichtsurteils als dessen Ergebnis werden **Perso-**

nalisierung und Tribunalisierung[181] als Formen der Auseinandersetzung mit NS und Holocaust gewählt. Darüber hinaus hat der Roman eine justizkritische Dimension, und zwar dergestalt, dass er die Kritik an der Verstrickung der bundesdeutschen Justiz in den Nationalsozialismus mit der Kritik an der Praxis juristischer Aufarbeitung in Form der Prozessführung und des Urteils verbindet.

Folglich erfährt die **öffentlich ausgetragene ethisch-politische Selbstverständigung** als zentrale Dimension der **Aufarbeitung der Vergangenheit**[182] in der kritischen Kommentierung der Studentenbewegung von 1968 lediglich eine kritische Reflexion, wird aber nicht in Handlung überführt. Vielmehr erscheint die Entwicklung der privaten Beziehung zwischen dem Ich-Erzähler und Hanna Schmitz als exemplarisch für den bundesrepublikanischen Umgang mit Nationalsozialismus und Holocaust.

Die Zweite Generation, als deren Repräsentant Michael Berg erscheint, wird durch ihre enge Beziehung zur Generation der Täter in deren Schuldzusammenhang involviert. Das ist die zentrale These des Romans. Im Fall Michael Bergs handelt es sich jedoch nicht primär um ein Eltern-Kind-Verhältnis[183], sondern um eine libidinöse Beziehung. Bezogen auf das Thema der Auseinandersetzung mit dem Nationalsozialismus lässt sich die Entwicklung dieser Beziehung als exemplarisch für den bundesrepublikanischen Umgang mit Nationalsozialismus und Holocaust verstehen. Die unterschiedlichen Phasen der Beziehung sind zugleich auch als Phasen des Umgangs mit Nationalsozialismus und Holocaust in der BRD interpretierbar.[184]

5.3.1 Die unbewusste Verstrickung der Zweiten Generation und die Latenz der Vergangenheit

Rekonstruiert man, was den Ich-Erzähler im Sommer 1959, der ersten Phase der Beziehung, mit Hanna Schmitz verbindet, dann kommt dem Ritual ihrer Treffen **vorlesen, duschen, lieben und noch ein bißchen beieinander liegen** (43) größtes Gewicht zu. Das Element des Wassers (vgl. Kap. 7.1) als Mittel der Reinigung bzw. Erneuerung und als Medium der Initiation steht am Beginn der Erzählung und erhält im Ritual besondere Bedeutung.[185] Interessant ist in diesem Zusammenhang, dass Initiation **in der Begegnung mit dem verbal und rituell symbolisierten Tod** die **Nachwachsenden zu Nachfolgern […] prägt.**[186] Wenn der Ich-Erzähler von der letzten sexuellen Begegnung der beiden sagt, **es war, als wolle sie mit mir zusammen ertrinken** (77)[187], dann kommt darin stärker die **Todesdrohung** zum Ausdruck als eine darauf folgende **Wiedergeburt.**[188] Das Ritual hat seinen festen raum-zeitlichen Rahmen, die **übliche[n] Stunde[n]** (79) in Hannas Küche. Eine geistige Ausweitung erfährt diese Begrenzung innerhalb des Rituals selbst durch das **Vorlesen**, das der Ich-Erzähler auch als **eine ferne Reise** [**tun**] (68) bezeichnet. Eine räumliche Ausweitung jenseits des Rituals vollzieht sich sowohl durch Hannas Besuch im Hause Berg während der Abwesenheit der Familie (vgl. 66 ff.) als auch durch die gemeinsame österliche Fahrradtour (vgl. 51 ff.). Diese beiden Episoden deuten jedoch bereits die Gefahren an, die eine lebensweltliche Kontextuierung des Rituals mit sich brächte: die Aufdeckung von Hannas Geheimnissen.

Als weitere Gemeinsamkeit zwischen den Partnern ließe sich noch nennen, dass – unter Berücksichtigung der Bedeutung, die Türen in diesem Roman gewinnen – beide sich in einer ›Latenzperiode‹ bzw. in einer ›Schwellensituation‹ befinden: der Ich-Erzähler vor dem Erwachsenwerden, Hanna Schmitz vor dem Aufdecken ihrer Geheimnisse.

Ausgeschlossen aus dieser Beziehung bleibt der Alltag jenseits des Rituals. Zu diesem Ausschluss trägt bei, was beide trennt: die soziale Schicht, das Lebensalter. Vor allem aber ist es das scheinbar Nicht-Kommunizierbare: seitens des Ich-Erzählers ist es die Beziehung selbst (vgl. 72 ff.), aus Hannas Warte ist es ihr Verbrechen, das mit ihrem Gebrechen, dem Analphabetismus auf problematische Weise verquickt ist (vgl. 40). Damit wird zugleich deutlich, dass der erste Teil des Romans durch die Ausklammerung von Vergangenheit und Zukunft bestimmt ist (vgl. 40 f.). Dass diese Ausklammerung von Michael Berg als problematisch empfunden wird, zeigt sich in seinen Fragen nach Hannas Vergangenheit (vgl. 40). Die Vergangenheit jedoch, die von Hanna Schmitz wie etwas Fremdes betrachtet wird, ist untergründig präsent: sowohl in Hannas Erscheinung (Uniform, Muttermal) als auch in der Bedeutung des Wassers.

5.3.2 Die Aufdeckung des Vergangenen und das Dilemma der Zweiten Generation

Der zweite Teil des Romans deckt Hannas Teilnahme an Verbrechen gegen die Menschheit und damit die NS-Vergangenheit für Michael Berg plötzlich auf. Im Prozess werden die Verbrechen Gegenstand eines nach der Strafprozessordnung ablaufenden Verfahrens. Obwohl Michael Berg – anders als seine Kommilitonen – jeden Prozesstag bei Gericht verbringt und mit seinen Gedanken auf sie fixiert bleibt, kommunizieren beide lediglich durch sporadischen Blickkontakt. Das unerwartete Wissen über eine Vergangenheit, die die Zweite Generation persönlich betrifft, ist für Michael Berg als deren Vertreter so überwältigend, dass er nicht angemessen reagieren kann. Weder die geteilte Kenntnis des Verbrechens noch die Aufdeckung von Hannas Analphabetismus bringen Michael Berg dazu, das Gespräch mit Hanna zu suchen: **in der Zelle** [**war sie**] **raus aus meiner Welt, raus aus meinem Leben** (93). Auch räumlich schafft die **Gerichtsbank** (95;

112) Distanz. Er sitzt in ihrem Rücken (vgl. 95), während bei der Badeszene zu Beginn der Beziehung sie in seinem Rücken steht (vgl. 26). Evidenz erhält die Unfähigkeit zur wirklichen Auseinandersetzung darin, dass beide, wie der Ich-Erzähler es **Täter[n] und Opfer[n]**, **Richter[n]** und **Schöffen**, **Staatsanwälte[n]** und **Protokollanten** (99) bescheinigt, in einem **Betäubtsein**[189] (97) befangen und in ihm **gewissermaßen versteinert** sind (99). Diese Gemeinsamkeit schafft jedoch keine Nähe, sondern lässt **das Verhalten teilnahms- und rücksichtslos** (98) werden. So heißt es von Hanna: **Sie saß da wie gefroren** (96) und von sich selbst sagt der Ich-Erzähler wiederholt, dass er nichts fühlte (vgl. 96 f.). Eine Vorform solcher Betäubung ist bei ihm bereits nach Hannas Verschwinden aus der Stadt aufgetreten – **ich präsentierte mich als einen, den nichts berührt, erschüttert, verwirrt** (84) – und im Winter nach dem Prozess äußert sich die Betäubung als Verlust des Kältegefühls (vgl. 159 f.). Eine ausführliche Analyse dieses Phänomens findet sich in Kapitel 7.2 dieses Bandes.

Exemplarische Textanalysen

In der Reise zum Konzentrationslager Struthof, die der Ich-Erzähler während einer Prozesspause allein unternimmt, bleibt er der individuellen und der kollektiven Vergangenheit auf der Spur. Insofern mit der Fahrt zum Struthof sowohl die Bindung des Ich-Erzählers an Hanna Schmitz als auch dessen Distanznahme verbunden sind, repräsentiert diese Fahrt sein Dilemma, das das Dilemma seiner Generation ist:

> **Ich wollte Hannas Verbrechen zugleich verstehen und verurteilen. Aber es war dafür zu furchtbar. Wenn ich versuchte, es zu verstehen, hatte ich das Gefühl, es nicht mehr so zu verurteilen, wie es eigentlich verurteilt gehörte. Wenn ich es so verurteilte, wie es verurteilt gehörte, blieb kein Raum fürs Verstehen. Aber zugleich wollte ich Hanna verstehen; sie nicht zu verstehen, bedeutete, sie wieder zu verraten. Ich bin damit nicht fertiggeworden. Beidem wollte ich mich stellen: dem Verstehen und dem Verurteilen. Aber beides ging nicht.** (151 f.)

Wenn die eine Sackgasse in diesem Integrationswunsch besteht, dann besteht die andere im Entweder–Oder, denn die Nachwachsenden scheitern sowohl an der Option für eine Verurteilung der Tätergeneration als auch an der Option für deren Verstehen. Denn indem die Generation des Ich-Erzählers, ihres **aufklärerischen und anklägerischen Auftrags** (88) gewiss, die Generation ihrer Eltern vor Gericht stellt und verurteilt, wird sie der Schwere der Verbrechen gerecht, mag auch der Eifer, mit dem das geschah, der rückblickenden Reflexion problematisch erscheinen (vgl. 87 ff.). Indem aber die Nachgeborenen dabei den kollektiven Zusammenhang nicht wahrnehmen, den Erziehung und geteiltes Leben der Beliebigkeit entzogen haben, leugnen sie ihre eigene Verstrickung. Dominiert umgekehrt die affektive Bindung an das Herkunftskollektiv, sodass – wie in der Perspektive Michael Bergs – der Wunsch, zu verstehen, mehr Mitleid mit einer Täterin als mit deren Opfern erwecken könnte, dann steht diese Bindung im Widerspruch zu der den Opfern geschuldeten Gerechtigkeit.[190] Auf die Unvereinbarkeit beider Optionen könnten auch die zwei unterschiedlichen Träume des Ich-Erzählers verweisen, die dessen Erinnerung rahmen (vgl. Kap. 7.3).

Während die Osterreise in der ersten Phase der Beziehung die Gefahren andeutet, die eine lebensweltliche Öffnung des Beziehungsrituals mit sich brächte, verweist diese zweite Reise auf Gefahren des Umgangs mit Nationalsozialismus und Holocaust: auf Klischeebildung infolge des Mangels an Anschauung (vgl. 144 f.). Dass der Besuch der Stätten als solcher nicht die gewünschte Anschauung bringt, wird im Kommentar des Ich-Erzählers deutlich:

> **Ich erinnerte mich an meinen damaligen vergeblichen Versuch, mir ein volles Lager und Häftlinge und Wachmannschaften und das Leiden konkret vorzustellen. [...] Aber es war alles vergeblich, und ich hatte das Gefühl kläglichen, beschämenden Versagens.** (149)

Vielmehr sind es Erfahrungen an den Rändern dieser Reise, die das Klischee sowohl des Täters (vgl. 144–147) als auch des Opfers (vgl. 150 f.) in Frage stellen.[191]

Im Gespräch mit dem Mercedes-Fahrer (vgl. Kap. 6.2.2) wird das Klischee des Täters als einer durch Intentionen und Affekte geleiteten Person abgelöst durch den Typus des gleichgültigen Menschen:

> **»Was wollen Sie eigentlich verstehen? Daß man aus Leidenschaft mordet, aus Liebe oder Haß oder für Ehre oder Rache, verstehen Sie?« Ich nickte. »Sie verstehen auch, daß man mordet, um reich zu werden oder mächtig? Daß man im Krieg mordet oder bei einer Revolution?« Ich nickte wieder. [...] »Wollen Sie sagen, daß es keinen Grund zum Haß gab und keinen Krieg?« Ich wollte nicht wieder nicken. [...] »Sie haben recht, es gab keinen Krieg und keinen Grund zum Haß. Aber auch der Henker haßt den, den er hinrichtet, nicht und richtet ihn doch hin. Weil es ihm befohlen wurde? Sie denken, daß er es tut, weil es ihm befohlen wurde? Und Sie denken, daß ich jetzt von Befehl und Gehorsam rede und davon, daß den Mannschaften in den Lagern befohlen wurde und daß sie gehorchen mußten?« Er lachte verächtlich. »Nein, ich rede nicht von Befehl und Gehorsam. Der Henker befolgt keine Befehle. Er tut seine Arbeit, haßt die nicht, die er hinrichtet [...] Sie sind ihm völlig gleichgültig. Sie sind ihm so gleichgültig, daß er sie ebensogut töten wie nicht töten kann.« Er sah mich an. »Kein ›aber‹? Kommen Sie, sagen Sie, daß ein Mensch einem anderen so gleichgültig nicht sein darf. Haben Sie das nicht gelernt? Solidarität mit allem, was Menschenantlitz trägt? Würde des Menschen? Ehrfurcht vor dem Leben?«** (145 f.)

Für Michael Berg wird dieses Täterprofil durch die Beschreibung einer konkreten Person in einer konkreten Situation vorstellbar. Obwohl dieses Täterbild die Täter gerade nicht dämonisiert, sondern sie als [g]**anz normale Männer**[192] erscheinen lässt, erklärt es nicht die **Initiative beim Töten, de[n] Eifer, mit dem die Täter ihre nationalsozialistische Überzeugung unter Beweis stellten** und auch nicht die **Grausamkeit der Täter gegen ihre Opfer.**[193]

Gewisse Schwierigkeiten für eine Interpretation bietet jene Episode in einer Gaststube beim Struthof, wo **ein kleiner alter Mann** in **kurze[n] Hosen**, mit einem **Holzbein** und einem **viel zu großen kahlen Schädel** (150) von Karten spielenden Männern mit Zigarettenkippen aus dem Aschenbecher beworfen wird. Da niemand etwas sagt, springt Berg, der **vor Empörung zittert[...]**, auf und sagt zu den Quälgeistern: **Hören Sie auf!** (151). Bis hierhin ist die Episode als Beispiel für das Eingreifen eines Einzelnen lesbar und damit als Kontrafaktur zur Gleichgültigkeit der Täter. Der Fortgang der Episode lässt solches Eingreifen jedoch als unangemessen und damit peinlich erscheinen, denn

> [i]**n dem Moment humpelte der Mann in hüpfenden Sprüngen heran, nestelte an seinem Bein, hatte das Holzbein plötzlich in beiden Händen, schlug es krachend auf den Tisch, daß die Gläser und Aschenbecher tanzten, und ließ sich auf den freien Stuhl fallen. Dabei lachte er mit zahnlosem Mund ein quiekendes Lachen, und die anderen lachten mit, ein dröhnendes Bierlachen. »Hören Sie auf«, lachten sie und zeigten auf mich, »hören Sie auf.«** (151)

Irritierend ist in diesem Zusammenhang zunächst das Verhalten des Opfers. Die Erwartung, dass das Opfer die hier gezeigte Solidarität würdigt, wird nicht erfüllt. Vielmehr zeigt sich der Angegriffene zum einen als durchaus wehrhaft, indem er seine Prothese zur Waffe macht, zum anderen wird die feindliche Gegenüberstellung als gemeinsames Spiel offenbar, denn Täter und Opfer finden sich am Ende an einem Tisch, lachen gemeinsam über die Intervention des jungen Mannes und imitieren ihn.

Diese Szene trägt groteske Züge. Sucht man sie im Kontext der Auseinandersetzung mit Nationalsozialismus und Holocaust zu lesen, dann bieten sich zwei Deutungen an. Eine Möglichkeit besteht darin, im Verhalten des Opfers jene Strategien transparent zu machen, mit denen Opfer ihrem Ausgeliefertsein zu entgehen suchen – nämlich durch Abwehr und durch Verbündung mit dem Aggressor. In diesem Fall würde Michael Bergs Erfahrung, dass sein Eintreten für einen Menschen, den andere in seiner Würde verletzen, vom Opfer selbst nicht angenommen, d. h. zurückgewiesen wird und dass das Opfer sich zudem mit den Aggressoren verbündet, bei ihm die klischeehafte Vorstellung von einem Opfer erschüttern.

Die andere Deutungsmöglichkeit beruht auf einer parabolischen Lektüre. Da die Überzeugung, dass der Mann mit dem Holzbein das Opfer kollektiver Aggression ist, durch die darauf folgende Wahrnehmung, dass das Opfer au fond der Kumpan seiner Quäler ist, heftig infrage gestellt wird, erscheint die Entscheidung, ob es sich bei diesem Mann um ein Opfer oder um einen Täter handelt, überaus schwierig. Sieht man in der Gemeinschaft der Kippenwerfer und des Einbeinigen ein Bild für die Tätergemeinschaft der fünf Angeklagten, unter denen Hanna durch ein besonderes Merkmal charakterisiert ist, dann verweist diese Episode auf Probleme, die sich ergeben, wenn Michael Berg Hanna Schmitz aufgrund der Evidenz, die der Analphabetismus für ihn gewonnen hat, vor allem als Opfer wahrnimmt und ihre Zugehörigkeit zur Gruppe der Täterinnen übersieht. Die Episode wird zum Bild dafür, dass Hannas Opferstatus als eine Art Falle erscheint. Interessant ist, dass Hanna ihr Analphabetentum offensiv aufdecken könnte, so wie der Mann sein Holzbein für alle wahrnehmbar auf den Tisch schlägt, dies aber nicht tut. Umgekehrt liegt aber auch die Vermutung nahe, dass Michael Bergs Eintreten für Hanna Schmitz – zur Verhinderung eines Fehlurteils – bei ihr ebenso Abwehr provozieren könnte wie bei dem Mann mit dem Holzbein.

Da die Attacke mit den Zigarettenkippen durch die Aufdeckung der Tätergemeinschaft nicht weniger grausam wird, lenkt sie den Blick auf diejenigen, die derartige Praktiken ohne Sanktionen zulassen. Entsprechend bewirkt der Umstand, dass Hanna unwidersprochen die Hauptschuld zugewiesen bekommt, im Kontext des Prozesses eine justizkritische Dimension im Rahmen der Auseinandersetzung mit dem Nationalsozialismus.

Insgesamt macht der zweite Teil des Romans hinsichtlich der Auseinandersetzung mit der Vergangenheit zwei Dinge deutlich: dass Aufdeckung des Vergangenen nicht schon dessen Aufarbeitung im Sinne Adornos bedeutet, dass vielmehr die Distanz zu den Tätern aufgegeben werden muss, ohne durch Kumpanei mit ihnen ersetzt zu werden. Das Aufbrechen klischeehafter Vorstellungen sowohl von Tätern als auch von Opfern wird dabei zur Voraussetzung für das notwendige Verhältnis von Nähe und Distanz zwischen den Generationen. Die von Michael Berg während des Prozesses gesuchte Distanz verschleiert die Bindung an Hanna Schmitz und führt zu problematischen Formen des Umgangs mit der NS-Vergangenheit, die eine angemessene Auseinandersetzung verhindern: zum externalisierenden Verurteilen der Täter, zum identifizierenden Verständnis für diese und zur Handlungsunfähigkeit in der Betäubung, die nicht zuletzt auch aus der Unmöglichkeit, gleichzeitig zu verurteilen und zu verstehen, resultiert.

5.3.3 Der Vergangenheit einen Platz im Leben einräumen

Um zu klären, was der dritte Teil des Romans zur Auseinandersetzung mit der Vergangenheit beiträgt, bieten sich drei Aspekte an: das Verhalten des Ich-Erzählers gegenüber Hanna während ihrer Strafhaft, die Entwicklung, die Hanna in dieser Zeit nimmt, und die Veränderung des Ich-Erzählers nach Hannas Tod. Hannas Tod erscheint als Voraussetzung dafür, dass der Ich-Erzähler seiner Vergangenheit mit Hanna und damit der deutschen NS-Vergangenheit einen Platz in seinem Leben geben kann.

Die Verweigerung von Besuchen und brieflicher Korrespondenz könnte als Ausdruck der Verurteilung Hannas durch den Ich-Erzähler interpretiert werden, zugleich auch als Versuch einer Distanznahme, durch die er Befreiung aus seiner Abhängigkeit von Hanna anstrebt. Denn dass die Abhängigkeit nach wie vor besteht, geht aus zahlreichen Details hervor (vgl. 164 ff.; 184 ff; 191). Die Entscheidung, auf Kassetten vorzulesen, lässt sich zunächst als Wiederaufnahme jenes Teils ihres Rituals deuten, der als geistige und von Michael Berg kontrollierte Tätigkeit dessen Aktivität in der Beziehung repräsentiert. Das Vorlesen stellt aber auch erinnernden Bezug zu den jungen Mädchen im Konzentrationslager her, die Hanna Schmitz zu ihren Vorleserinnen machte. Indem der Ich-Erzähler seine Vorleser-Rolle beibehält, bindet er Hanna an die ihre und damit an ihre Schuld. An Vergangenes anknüpfend schafft er Nähe, durch den Gebrauch des technischen Geräts jedoch Distanz. Interessanterweise ist es dieses Medium, das bei Hannas Erwerb der Lesefähigkeit produktiv wird und Distanz zum dumpfen Zustand des Analphabetentums bringt (vgl. dazu 178).[194] Auf Distanzierungsbemühungen des Ich-Erzählers ist auch zu schließen, wenn er bei seinem einzigen Besuch im Gefängnis kurz vor der geplanten Entlassung Hannas feststellt, dass er **sie auf eine Nische reduziert**, ihr aber **keinen Platz in [s]einem Leben** (187) zugebilligt habe. Das Stichwort ›Platz im Leben‹ (vgl. 75; 93) verknüpft den dritten mit dem ersten Teil des Romans, sodass die Abspaltung der Lebenswelt für die Beziehung in allen Phasen konstitutiv erscheint.

Sowohl die Lektüre des Wiedersehens-Kapitels (184–188) als auch der Bericht der Gefängnisleiterin (192–198)[195] erlauben die Rekonstruktion der Entwicklung, die Hanna im Gefängnis gemacht hat. Als zentrale Befunde wären neben ihrer Alphabetisierung und dem daraus folgenden Aufbau einer Handbibliothek (193) zum Thema Aufarbeitung der NS-Vergangenheit vor allem ihre körperliche Vernachlässigung zu erheben. Warum dies der Fall ist, wird im Roman nicht explizit beantwortet. Eine mögliche Antwort könnte die Freigabe Michaels sein. Hannas Selbstmord lässt sich als Bestätigung dieser Absicht interpretieren.[196] Dann hätte Hanna gerade das vernachlässigt, was ihre Qualität darstellte und womit sie ihren Vorleser an sich gebunden hat: körperliche Attraktivität. Dann mag die Alphabetisierung, die ihr eine bis dahin unzugängliche Welt des Geistes eröffnet hat, für sie den Charakter einer Initiation in die Welt der Mündigen gewonnen haben, in der der Körper und seine Instinkte nicht mehr absolut gesetzt zu werden brauchen.

Der Schluss des Romans erzählt die Reise des Ich-Erzählers in die USA und wirft die Frage auf, warum der Ich-Erzähler der Tochter, einer der beiden Überlebenden des Kirchenbrands, als einziger Person seine Geschichte mit Hanna anvertraut. Mit der Tochter verbindet ihn, dass sie beide – in unterschiedlicher Weise und Schwere – Hannas Opfer geworden sind. Während der Ich-Erzähler aus der Perspektive des Beteiligten Verantwortung für das, was ihm angetan wurde, trägt (vgl. 162), ist die jüdische Frau von solcher Verstrickung frei. Damit ist hinsichtlich des Opfer-Status' der entscheidende Unterschied gesetzt.

Jeden von beiden verbindet eine Art ›Übergangsobjekt‹ mit Hanna Schmitz. Für Michael Berg ist es der Kassettenrekorder, der repräsentiert, was er ihr gegeben hat. Für die namenlos bleibende jüdische Frau ist es die Teedose stellvertretend für das, was die Deutschen ihr genommen haben: **Als Mädchen**, erklärt die Tochter, **hatte ich eine Teedose für meine Schätze.** [...] **Ich habe sie bis ins Lager gebracht, dort wurde sie mir eines Tages gestohlen.** [...] **nicht wegen des Inhalts. Die Dose selbst und was man mit ihr machen konnte, war im Lager viel wert** (202f.). Die Tochter behält die Dose, die die Gefängnisleiterin mit einem Teil von Hannas erspartem Geld dem Ich-Erzähler für die Tochter übergibt, so wie es in dem von Hanna hinterlassenen Brief steht (vgl. 196). Die Überweisung des Geldes an diejenige jüdische Einrichtung, die ihn am meisten überzeugt, überlässt die Tochter Michael Berg (vgl. 203). Es handelt sich um die **Jewish League Against Illiteracy** (206), obwohl die Tochter **Analphabetismus** [...] **allerdings nicht gerade ein jüdisches Problem** (203) nennt.

Damit schärft die Begegnung auf der dritten Reise Michael Bergs den Blick für die Unterschiede zwischen Opfer- und Täterkollektiv. Das jüdische Opfer erscheint als die einzige Person, die ein Recht darauf hat, zu erfahren, dass das mit Hannas Aufseherinnenexistenz verbundene Vorlesen am Ende dazu geführt hat, dass sie wusste, **was sie anderen im Lager und auf dem Marsch angetan hat** (202).

5.4 Die Schuldproblematik

In welcher Weise ist der Roman ein Diskurs über Schuld? Die Frage nach der Schuld, das heißt, nach dem Schuldigwerden, erscheint im Roman als komplizierte Angelegenheit.

5.4.1 Die Schuld von Hanna Schmitz

Dass Hanna Schmitz schuldig ist, bestreitet der Roman mit keinem Wort. Sowohl die Anklageschrift als auch der Urteilsspruch bestätigen dieses Fakt aus juristischer Perspektive bzw. auf der Ebene des Tribunals. Zugleich provoziert Hannas Analphabetismus bei der Frage nach ihrer Mündigkeit auch die nach ihrer Schuldfähigkeit. Indem der Roman nicht nur ihre Verbrechen gegen die Menschlichkeit verhandelt, sondern auch ihre Weigerung sich zu alphabetisieren, wird die Schuldfrage auch auf die Ebene von Hannas Selbstkonzept verlagert, sodass sich daraus ein diversifiziertes Bild von Schuld ergibt. Damit ist eine deutliche Reduktion des Monströsen verbunden. Eine Klärung der Funktion dieses Zusammenhangs hätte nicht nur die Entlastung der Täterin zu problematisieren, wie es wenig differenziert bei A. Höfer[197] geschieht, sondern darin auch eine Strategie für den Abbau von Täterklischees zu entwickeln. Dann ginge es darum, auf das Monströse zu verzichten zugunsten eines realistischeren Blicks auf die NS-Verbrechen. Denn gerade das Monströse bezeichnet SCHLINK als **Schutz vor wirklicher Konfrontation. Man habe kein Problem damit, es sei auch nicht bedrohlich, da man in sicherer Distanz auf der anderen Seite stehe. Das Bedrängende f[ange] dort an, wo die Distanz geringer ist.**[198] SCHLINK weist darauf hin, dass viele Straftäterinnen Analphabeten sind – auch wenn ihm eine NS-Täterin, auf die das zutrifft, nicht bekannt sei.[199] Von hier aus mag die Bewertung des Urteils einen weiteren Bezugspunkt erhalten. **Wenn**, so SCHLINK im Gespräch mit einer SchülerInnengruppe, **im (richterlichen) Schuldspruch [...] nicht irgendetwas vom Wissen um die Gefährdung der eigenen moralischen Existenz enthalten ist, wird er der Sache nicht gerecht.**[200]

Als Kehrseite dieser Sicht erscheint ein Gemisch aus tragischer und krimineller Schuld. Denn die aus Hannas Gebrechen resultierende Zwangsläufigkeit des Verbergens und der Flucht verbindet sich ununterscheidbar mit der Untat des Verbrechens gegen die Menschlichkeit, mit dem Bösen. Insofern das Gericht bei der Beurteilung von Hannas Verbrechen nur die kriminelle Tat berücksichtigt und die Frage der Verantwortungsfähigkeit ausblendet, weil Hannas Analphabetismus nicht bekannt ist, bleibt der Schuldspruch defizitär.

Es ist Michael Berg, der Hannas Schuld reflektiert und problematisiert. Er konstatiert das Dilemma der Täter-Nachkommen, die Verbrechen verurteilen zu müssen und die Täter verstehen zu wollen. Dieses Dilemma bewirkt bei den Nachgeborenen eine Ambivalenz, die die Wunde der Vergangenheit schmerzlich offen hält.

Demgegenüber zeigen jedoch sowohl die Rezeption des Romans als auch der Vergleich mit der Reportage über die *Stute von Majdanek* (Mat. 4 dieses Bandes), dass der Text auf affektiver Ebene auf Verstehen ausgelegt ist. Denn die Frage nach einem angemessenen Urteilsspruch für die fünf angeklagten Frauen zeigte in einer Reihe von Diskussionen mit SchülerInnen, dass kaum jemand dafür plädierte, alle Angeklagten lebenslänglich zu inhaftieren. Die Optionen der Diskussionsteilnehmer sahen entweder vor, Hanna Schmitz wie die anderen Angeklagten mit kürzeren Haftstrafen zu belegen oder Hanna aufgrund ihres Gebrechens weniger schwer zu bestrafen als die anderen Frauen. Das literarische Gespräch unter LeserInnen zeigt jedenfalls deutlich die Tendenz, die Schwere des Verbrechens hinter die Anteilnahme am Schicksal von Hanna Schmitz zurück treten zu lassen und so das Dilemma zu Gunsten des Verstehens aufzulösen.

Zwar ist in jedem Fall die Thematisierung und Gestaltung der Ambivalenz der Nachgeborenen im Hinblick auf die Schuld der Täter-Generation zu würdigen. Aber die Spezifik des Romans besteht nicht nur in der Etablierung dieser Ambivalenz, sondern auch darin, sie auf affektiver Ebene zu unterlaufen. Sind die sich überlagernden Bilder von Hanna Ausdruck des ambivalenten Bilds, das die Nachgeborenen von der Eltern-Generation haben – **die erinnerten Bilder von Hanna** werden zersetzt und verbinden **sich mit den Bildern vom Lager, die [er] im Kopf hatte** (142) –, so wird insgesamt eben doch das Bild einer nicht unsympathischen Frau evoziert – **[s]ie kämpfte immer und hatte immer gekämpft** (128) –, die für den Schriftsteller Michael Berg **die Instanz [wird], für die [er] noch mal alle [s]eine Kräfte, alle [s]eine Kreativität, alle [s]eine kritische Phantasie bündelte** (176). Hinter diesem Täterbild steht wiederum die These, dass es nur kleiner Verschiebungen der Gewichte bedarf, um aus einem normalen Menschen einen Verbrecher gegen die Menschlichkeit zu machen.

Moralität wird in diesem Zusammenhang jedoch zu einer Sache des Intellekts und das Verständnis der Moralität als einer anthropologischen Konstante wird damit zumindest stark reduziert.

5.4.2 Die Schuld von Michael Berg

Zur Universalisierung von Schuld trägt der Roman auch dadurch bei, dass Michael Berg permanent seine eigene Schuld und die seiner Generation thematisiert. Scham spielt, wie bereits dargestellt, angesichts seiner durch Ansteckung erworbenen Hepatitis-Infektion eine Rolle. Schuld steht nicht nur im Hintergrund seiner Frage, woher er **die Courage nahm, zu Frau Schmitz zu gehen**, und der Überlegung, ob **sich die moralische Erziehung gewissermaßen gegen sich selbst [kehrte]** (20), sondern ist auch die Folie seiner Reflexion über Denken und Handeln (19–22), die dem Handeln etwas vom Verstand nicht Kontrolliertes zuspricht: **das Handeln vollzieht**

nicht einfach, was davor gedacht und entschieden wurde. Es hat seine eigene Quelle und ist auf ebenso eigenständige Weise mein Handeln, wie mein Denken mein Denken ist, und mein Entscheiden mein Entscheiden (22). Diese Trennung erlaubt es, das Handeln beider Protagonisten auf einer Ebene zu sehen.

Als schuldhaft empfindet Michael Berg auch die Tatsache, dass er sich in seiner Lebenswelt nicht offen zu Hanna Schmitz bekennt. Er interpretiert diese Unterlassung als Verrat (vgl. 72; 83). Verrat setzt allerdings einen Kontrakt voraus, dessen Verletzung den Verrat ausmacht.[201] Hier ist es von Interesse, ob Michael Berg eine Abmachung verletzt, die zwischen den beiden Partnern getroffen wurde, oder ob er eine Norm verletzt, die er selbst gesetzt hat (vgl. Kap. 5.3.2). Da Hanna und Michael keine Absprache darüber getroffen haben, ihre Beziehung in der jeweiligen Lebenswelt öffentlich zu machen, verletzt er die von ihm erhobene Norm.

Als schuldhaft bewertet er aber auch die Tatsache, dass er Hanna geliebt hat: **Also blieb ich schuldig. Und wenn ich nicht schuldig war, weil der Verrat einer Verbrecherin nicht schuldig machen kann, war ich schuldig, weil ich eine Verbrecherin geliebt hatte** (129). Und an späterer Stelle sagt er:

> **Das aber, was andere aus meinem sozialen Umfeld getan hatten und womit sie schuldig geworden waren, war allemal weniger schlimm, als was Hanna getan hatte. Ich mußte eigentlich auf Hanna zeigen. Aber der Fingerzeig auf Hanna wies auf mich zurück. Ich hatte sie geliebt. Ich hatte sie nicht nur geliebt, ich hatte sie gewählt. Ich habe versucht, mir zu sagen, daß ich, als ich Hanna wählte, nichts von dem wußte, was sie getan hatte. Ich habe versucht, mich damit in den Zustand der Unschuld zu reden, in dem Kinder ihre Eltern lieben. Aber die Liebe zu den Eltern ist die einzige Liebe, für die man nicht verantwortlich ist.**
> **Und vielleicht ist man sogar für die Liebe zu den Eltern verantwortlich.**
> (162)

Michael Berg bezeichnet sich also in jedem Fall als schuldig und vermischt auf diese Weise Hannas kriminelle Schuld mit seiner moralischen.[202] Unter moralischer Schuld rubriziert er auch das selbstgerechte Auftrumpfen seiner Generation (162 f.) und die Tatsache, dass diese die Eltern-Generation pauschal zu Scham verurteilt habe (vgl. 87 f.).

Insofern Michael Berg bei sich selbst sehr hohe moralische Maßstäbe anlegt, Hanna aber – infolge der mit dem Analphabetismus gegebenen Unmündigkeit – unter das Gesetz des teilautonomen instinktgeleiteten Handelns stellt, gerät der Roman im Hinblick auf den Zusammenhang von Verbrechen und Schuld in eine Schieflage. Die Söhne und Töchter der Täter-Generation haben ebenso wie die folgenden Generationen die Last von Nationalsozialismus und Holocaust zu tragen und sind in einen Schuldzusammenhang verstrickt, der für die Nachgeborenen nicht dadurch relevant wird, dass sie ihn als leibhaftigen erfahren, sondern dass sie ihn als Erbschaft verstehen. Die *Naturalisierung* der Schuld durch Geburt oder sexuelle Intimität erscheint nicht zuletzt deshalb problematisch, weil der Schuldzusammenhang auf sozialer Ebene hergestellt wird.

Sowohl im Interview mit Gunhild Kübler als auch in der Dankesrede zum Fallada-Preis unterscheidet SCHLINK zwischen der schuldhaften und der politischen Erfahrung **im Vermächtnis der Furchtbarkeiten des Dritten Reichs.**[203] Während für die erste und zweite Generation der individuelle Zugang zu den Furchtbarkeiten **durch eine zugleich kollektiv und individuell erfahrene Schuld, in die man als Deutscher eben verstrickt ist, immer schon gestiftet** sei, wird er **bei der dritten und bei den folgenden Generationen [...] vielmehr immer wieder neu hergestellt werden müssen.**[204] SCHLINK unterstellt für die dritte Generation das Ende des Schuldzusammenhangs:

> **Es gibt die erste und die zweite, aber es gibt keine dritte Schuld. Das breite Spektrum von echter Betroffenheit über taktvolle Höflichkeit, Zurückhaltung, Gleichgültigkeit, Ablehnung bis zum Flirt mit faschistischen Versatzstücken, dem wir bei der dritten Generation begegnen, hat entscheidend mit dem Ende des Schuldzusammenhangs zu tun.**[205]

In seiner Wahrnehmung der nachwachsenden Generationen orientiert sich SCHLINK an deren Erscheinungsvielfalt und bleibt dadurch dicht am Phänomen. Die Folge ist, dass er – jenseits der individuellen Auseinandersetzung – den Umgang mit der NS-Vergangenheit auf der Ebene der öffentlichen politischen Selbstverständigung nicht konzeptualisiert.

Die Frage, warum sich Michael Berg als in jedem Fall schuldig betrachtet, wird im Text nicht explizit beantwortet. Aufgrund des Textes lassen sich drei Begründungszusammenhänge entwickeln:

1. Solidarische Identifikation mit Hanna als Konsequenz aus seinem Liebeskonzept. Diese Annahme stützt SCHLINK selbst durch den Hinweis **auf die alten germanischen Stämme. Bei ihnen**, so SCHLINK, **war das Recht so gebaut, dass, wenn einer aus ihren Reihen einen Angehörigen eines anderen Stammes getötet hatte, der Stamm die Möglichkeit hatte, den Täter auszustoßen. Wenn er ihn aber in seiner Solidarität hielt, wurde er mithaftbar gegenüber dem anderen Stamm.**[206] Interessant ist dabei, dass SCHLINK Solidargemeinschaft als aktive Solidarität zwischen konkreten Individuen konzipiert und nicht als abstrakte Solidarität von Bürgern mit ihrem Volk oder ihrer Nation, sodass eine deutliche Individualisierung im Umgang mit historischer Schuld erkennbar wird.

2. Fortführung der durch Hanna bewirkten Konditionierung, in Konfliktsituationen klein beizugeben. Auch Hanna weist ihm im Streit die Posi-

tion des Schuldigen zu und sich selbst die Rolle der Verzeihenden, sodass Michael Berg von sich sagt: **Ich habe alles auf mich genommen. Ich habe Fehler zugegeben, die ich nie begangen hatte, Absichten eingestanden, die ich nie gehegt hatte.** (50)

3. Kompensation von Hannas fehlender Schuldeinsicht. In diesem Fall wäre das Beharren auf seiner Schuld Resultat der Abgrenzung von Hanna und Ausdruck des Wunsches ihr etwas vorauszuhaben. Diese Tendenz ist allerdings im Zusammenhang der Beziehung der beiden sonst nicht zu erkennen.

6 Erzählweise

Für Peter Schneider ist SCHLINK **eher der Chronist denn der Sprach- und Literaturerneuerer.**[207] Insofern *DER VORLESER* die Inhaltsebene gegenüber der Ausdrucksebene privilegiert, stellt SCHLINK, so Schneider, **seine Kunst ganz in den Dienst seines Gegenstandes.**[208] Die den Lebens- und Beziehungsphasen folgende prinzipielle Linearität des Erzählens, die allerdings durch den Einbruch der Vergangenheit in die Gegenwart des Erzählten eine Irritation erfährt, kommt der Chronistenrolle in besonderer Weise entgegen.

Das erlebende Ich diagnostiziert den **Mangel an Anschauung** (145) und die Erstarrung der **paar Bilder** aus dem Fundus der **alliierten Photographien und Häftlingsberichte** [...] **zu Klischees** (142), und es versucht diesem Befund durch **die Bewegung der Phantasie** (143) und **echte**[...] **Empfindung** (150) zu begegnen. Damit stellt der Erzähler sich in gewisser Weise in die Tradition jener Moralisten, deren Kritik an Abstraktion im Dienst der Erkenntnisproduktion stehen sollte und zwar auf dem Weg der Beobachtung und Analyse der einzelnen Erscheinungen in ihrer Einmaligkeit.

Eine Option für traditionelles Erzählen und den mit diesem verbundenen Wahrheitsanspruch bzw. den Bezug auf den Wahrheitsbegriff[209] resultiert auch aus der programmatischen Abgrenzung des Ich-Erzählers gegen **experimentelle Literatur**, gegen Literatur, die **mit dem Leser experimentiert**, gegen **Literatur, in der ich die Geschichte nicht erkenne und keine der Personen mag** (176). Diesem auf Mimesis gerichteten Postulat entspricht die besondere Gestaltung von Bericht und Szene. Um diesen Wahrheitsanspruch zu vertreten, wird ein starker und Authentizität[210] verbürgender Ich-Erzähler etabliert, der zentrale Merkmale wie Geburtsmonat, Familiensituation, regionale Herkunft, Bildungsgang und berufliche Entwicklung mit dem Autor teilt. Den autobiografischen Anteil am Erzählten hält SCHLINK jedoch bewusst in der Schwebe. Einerseits setzt er durch die genannten Bezüge deutliche Signale, die die Frage nach autobiografischen Spuren provozieren, andererseits steht auf dem Umschlag ebenso deutlich der Untertitel Roman. Im Interview mit Volker Hage antwortet SCHLINK auf die **Frage nach dem Autobiografischen**, dass das [n]**atürlich immer hinein**[**spiele**], **aber wenn** [**er**] **›Roman‹ drauf schreibe,** [**sei**] **es eben Fiktion.**[211] Während Peter Schneider in der *LAUDATIO* darauf abhebt, dass die **hohe Kunst** gerade darin bestehe, **erlebte oder ›wahre‹ Geschichten so zu erzählen, daß sie auch wahrscheinlich klingen**[212], sieht Martin Lüdke den Erfolg des SCHLINK'schen Erzählens gerade darin, dass es **›aufrichtig‹** und

ohne ausgestellte Kunstfertigkeit daherkomme und damit **die ›Authentizität‹ der großen Erzähler des frühen 19. Jahrhunderts** suggeriere.[213] Zugleich stellt sich aber auch die Frage, ob der Plot ohne den Kunstgriff, den Schein der Authentizität zu erwecken, glaubwürdig erschienen wäre oder wahrscheinlich geklungen hätte.

Der Erzeugung von Authentizität sind auch bewährte Mittel realistischen Erzählens verpflichtet, besonders die szenische Darstellung durch Gespräch und Beschreibung sowie die distanzierende Reflexion.

Die das Dargestellte begleitenden Reflexionen und Kommentare sind von der Kritik zum Teil heftig attackiert worden. Sie sind Ausdruck eines überlegen arrangierenden Erzählers, der **das Geschehen auf höchst persönliche, d. h. subjektive Weise leitet und kommentiert.**[214] Zugleich konstatiert der Ich-Erzähler die subjektive Begrenztheit seiner Perspektive. Dies geschieht zum einen im Verweis auf seine persönliche Situation in Abgrenzung zu seinen Kommilitonen (vgl. 162 f.), zum anderen in der Reflexion seines Unvermögens zu wissen, was in Hanna vorgeht (vgl. 67). Dadurch wird – bei gleichzeitiger Annäherung an die auktoriale Erzählsituation – **die Fixierung des *point of view* der Darstellung im Bewußtsein einer Romangestalt**[215] hervorgehoben.

6.1 Das Ich als Reflektor

Die Differenz zwischen erlebendem und erzählendem Ich macht zwei Arten der Reflexion unterscheidbar: Reflexionen, die Einblick ins Innere des erlebenden Ichs geben, und Reflexionen des Erzähler-Ichs. Diese wiederum können die Diskrepanz der beiden Ichs betonen oder deren Annäherung dokumentieren. So entsteht ein Konfliktfeld, innerhalb dessen das erlebende Ich – als Figur der dargestellten Welt – als Subjekt eines Identifikationsprozesses profiliert wird und das erzählende Ich dieses Subjekt in Spannung zu sich selbst bringt. Dadurch wird ein **dialektische[s] Verhältnis zwischen erzählendem Ich und erlebendem Ich wirksam.**[216] Insofern bietet der Roman in allen drei Teilen Einblick sowohl ins Innere des erlebenden als auch des erzählenden Ichs. Zwar kann jedes der beiden das jeweils andere Ich beeinflussen oder in Diskrepanz zu diesem stehen, aber das erlebende Ich bleibt dem erzählenden untergeordnet. Darauf weist auch Peter Schneider in seiner *Laudatio* hin, wenn er feststellt, dass Schlink der Falle entgehe, seine Geschichte für mehr zu halten als für **bestenfalls eine Version der Wahrheit:**

> **Keinen Augenblick lang läßt er dem Leser die Illusion die erzählte Geschichte sei mit der erlebten identisch. Kapitel für Kapitel bricht er die Perspektive des Fünfzehnjährigen, indem er sie an der des schreibenden, sich erinnernden und Erinnerungen abwehrenden Erwachsenen sich reiben läßt.**[217]

6.1.1 Die Reflexionen des erlebenden Ichs

Ein unvermitteltes Aufscheinen der Innenperspektive des erlebenden Ichs findet folglich nicht statt. Seine Äußerung von Gedanken und Gefühlen werden durch eine Vermittlung des erzählenden Ichs eingeleitet. Das gilt vornehmlich für die Anfänge der Kapitel. Im ersten Teil des Romans geht z. B. der Überlegung, ob Michael sich bei der unterrichtlichen Beschäftigung mit Nausikaa **Hanna oder Sophie vorstellen** solle und dass es **eine von beiden sein** müsse (66), die Feststellung des Erzähler-Ichs voraus, dass es die *Odyssee* **bis heute** liebe (vgl. 66).

Obwohl in diesem Teil das erzählende Ich um der Ereignisspannung willen vom erlebenden Ich in Schranken gehalten wird und sein Wissen nicht preisgeben darf, macht es sich im Verweis auf die Ambivalenz der Beziehung in den Reflexionen des erlebenden Ichs bemerkbar:

> **Ob ich lieber im Schwimmbad wäre als bei Hanna, habe ich mich lange nicht zu fragen gewagt. Aber an meinem Geburtstag im Juli wurde ich im Schwimmbad gefeiert und nur bedauernd gehengelassen und von einer erschöpften Hanna schlecht gelaunt empfangen. Sie wußte nicht, daß mein Geburtstag war. […] Sie war auch nicht schlechter gelaunt als sonst, wenn sie erschöpft war. Aber mich ärgerte ihre schlechte Laune, und ich wünschte mich weg, ins Schwimmbad, zu den Klassenkameradinnen und -kameraden, zur Leichtigkeit unseres Redens, Scherzens, Spielens und Flirtens. Als auch ich schlecht gelaunt reagierte, wir in Streit gerieten und Hanna mich wie Luft behandelte, kam wieder die Angst, sie zu verlieren, und ich erniedrigte und entschuldigte mich, bis sie mich zu sich nahm. Aber ich war voll Groll.** (70 f.)

Das für das erlebende Ich im Zusammenhang des Prozesses erlangte neue Wissen bewirkt, dass das Ich im zweiten Teil des Romans Zwiesprache mit sich selber hält:

> **Seltsam berührte mich die Diskrepanz zwischen dem, was Hanna beim Verlassen meiner Heimatstadt beschäftigt haben mußte, und dem, was ich mir damals vorgestellt und ausgemalt hatte. Ich war sicher gewesen, sie vertrieben, weil verraten und verleugnet zu haben, und tatsächlich hatte sie sich einfach einer Bloßstellung bei der Straßenbahn entzogen.** (129)

Zugleich erlaubt die Introspektion des erlebenden Ichs während der Gerichtsverhandlung, die eigene Verwicklung zu erkennen und zu reflektieren:

> **Allerdings änderte der Umstand, daß ich sie nicht vertrieben hatte, nichts daran, daß ich sie verraten hatte. Also blieb ich schuldig. Und wenn ich nicht schuldig war, weil der Verrat einer Verbrecherin nicht schuldig machen kann, war ich schuldig, weil ich eine Verbrecherin geliebt hatte.** (129)
> **[…]**
> **Ich war Zuschauer gewesen und plötzlich Teilnehmer geworden, Mitspieler**

> und Mitentscheider. Ich hatte diese neue Rolle nicht gesucht und gewählt, aber ich hatte sie, ob ich wollte oder nicht, ob ich etwas tat oder mich völlig passiv verhielt. (131)

Solche Reflexion des erlebenden Ichs gestaltet den Versuch eines Menschen, sich **selbst zu begreifen, sich zu definieren, von seiner Umwelt abzugrenzen.**[218]

Im dritten Teil des Romans sind erlebendes und erzählendes Ich so weit angenähert, dass die Reflexionen des erlebenden Ichs etwas unvermittelter erscheinen. Exemplarisch dafür erscheint die Reaktion des vierzigjährigen Michael Berg auf Hannas ersten Brief:

> Ich las den Gruß und war erfüllt von Freude und Jubel. »Sie schreibt, sie schreibt!« Was immer ich in all den Jahren über Analphabetismus hatte finden können, hatte ich gelesen. Ich wußte von der Hilflosigkeit […], von der Ängstlichkeit, mit der der Analphabet vorgegebenen Mustern und bewährten Routinen folgt, von der Energie, die das Verbergen der Lese- und Schreibunfähigkeit erfordert und vom eigentlichen Leben abzieht. Analphabetismus ist Unmündigkeit. Indem Hanna den Mut gehabt hatte, lesen und schreiben zu lernen, hatte sie den Schritt aus der Unmündigkeit zur Mündigkeit getan, einen aufklärerischen Schritt. (178)

6.1.2 Die Reflexionen des erzählenden Ichs

Besonders der erste Teil ist durch die implizite Diskrepanz zwischen der Unwissenheit des Jungen und dem Wissen des erwachsenen rückblickenden Erzählers bestimmt. Im Räsonnement des erzählenden Ichs darf dessen Wissen nicht explizit zur Sprache kommen. Deshalb bezieht sich die große Erzähler-Reflexion im ersten Teil auch auf ein so allgemeines Problem wie das Verhältnis von **Denken und Handeln** (21), wenn die Entscheidung, erneut **zu Frau Schmitz zu gehen**, kommentiert wird:

> So habe ich damals vernünftelt, aus meiner Begierde den Posten eines seltsamen moralischen Kalküls gemacht und mein schlechtes Gewissen zum Schweigen gebracht. […] Aber ich erkenne heute im damaligen Geschehen das Muster, nach dem sich mein Leben lang Denken und Handeln zueinander gefügt oder nicht zueinander gefügt haben. Ich denke, komme zu einem Ergebnis, halte das Ergebnis in einer Entscheidung fest und erfahre, daß Handeln eine Sache für sich ist und der Entscheidung folgen kann, aber nicht folgen muß. (21 f.)

Die Erzähler-Reflexionen des zweiten Teils stehen im Zeichen der Aufdeckung der Vergangenheit. Eine Analyse dieser Reflexionen zeigt bezogen auf das Verhältnis der beiden Ichs, dass das erzählende Ich einerseits in Diskrepanz zum erlebenden Ich steht, dass es aber andererseits sich dessen Bann auch nicht entziehen kann.

Die Diskrepanz zwischen beiden Ichs wird in der großen Reflexion zu Beginn des zweiten Teils am Thema der ›Aufarbeitung der Vergangenheit‹ (87–89) offenkundig. In der dem Gerichtsverfahren vorauslaufenden Reflexion erscheint das erzählende Ich für das erlebende als revidierende kritische Instanz. Die Rede von der Aufarbeitung der Vergangenheit knüpft deutlich an Adornos berühmten Vortrag von 1959 an und verweist auf dessen nachhaltige Rezeption. Die pathetische Art und Weise, in der der Ich-Erzähler den Terminus Aufarbeitung präsentiert, signalisiert eine kritische Bewertung dieses Unternehmens:

> **Aufarbeitung! Aufarbeitung der Vergangenheit! Wir Studenten des Seminars sahen uns als Avantgarde der Aufarbeitung. Wir rissen die Fenster auf, ließen die Luft herein, den Wind, der endlich den Staub aufwirbelte, den die Gesellschaft über die Furchtbarkeiten der Vergangenheit hatte sinken lassen. Wir sorgten dafür, daß man atmen und sehen konnte. [...] Die Generation, die sich der Wächter und Schergen bedient oder sie nicht gehindert oder sie nicht wenigstens ausgestoßen hatte, als sie sie nach 1945 hätte ausstoßen können, stand vor Gericht, und wir verurteilten sie in einem Verfahren der Aufarbeitung und Aufklärung zu Scham.** (87)

Während das erlebende Ich den **Eifer, der die Studenten des Seminars ergriff,** teilen will, um **dazuzugehören** (89), disqualifiziert der Erzähler im Rückblick jenen **Eifer, mit dem** die Studenten des Seminars **Furchtbarkeiten zur Kenntnis nahmen und anderen zur Kenntnis bringen wollten**, als **tatsächlich abstoßend** und zeigt darin seine Distanznahme von der Realisierung des **aufklärerischen und anklägerischen Auftrags** an (88).

Trotz dieser deutlichen Diskrepanzen gibt auch das erlebende Ich das erzählende nicht frei. Hinsichtlich der Bewertung der Nazi-Verbrechen durch das erzählende Ich folgt daraus, dass der Zauber, der die frühe Liebesbeziehung des Ichs bestimmt, nicht nur die Wahrnehmung von Hannas Verbrechen einfärbt, sondern auch deren spätere Reflexion. Dadurch geraten Hannas Verbrechen in Differenz zu den NS-Verbrechen. So argumentiert das erzählende Ich gegen die Annahme, dass Hanna **so eitel und böse [war], für das Vermeiden einer Bloßstellung zur Verbrecherin zu werden** (128) mit folgenden Worten:

> **Und nein, sie hatte die Zarten und Schwachen nicht mit dem Transport nach Auschwitz geschickt, weil sie ihr vorgelesen hatten, sondern hatte sie fürs Vorlesen ausgewählt, weil sie ihnen den letzten Monat erträglich machen wollte, ehe sie ohnehin nach Auschwitz mußten. Und nein, im Prozeß wog Hanna nicht zwischen der Bloßstellung als Analphabetin und der Bloßstellung als Verbrecherin ab. Sie kalkulierte und taktierte nicht. Sie akzeptierte, daß sie zur Rechenschaft gezogen wurde, wollte nur nicht überdies bloßgestellt werden. Sie verfolgte nicht ihr Interesse, sondern kämpfte**

> um ihre Wahrheit, ihre Gerechtigkeit. Es waren, weil sie sich immer ein bißchen verstellen mußte, [...] eine klägliche Wahrheit und eine klägliche Gerechtigkeit, aber es waren ihre, und der Kampf darum war ihr Kampf. (128)

Dass hier das erlebende Ich unterschwellig Regie führt, wird durch dessen Gedanken vor Gericht bestätigt. Als nämlich bekannt wird, dass Hanna im Lager Vorleserinnen hatte, reagiert Michael Berg mit fast identischen Worten:

> Frag sie, dachte ich. Frag sie, ob sie die schwachen und zarten Mädchen gewählt hat, weil sie die Arbeit auf dem Bau ohnehin nicht verkrafteten, weil sie ohnehin mit dem nächsten Transport nach Auschwitz kamen und weil sie ihnen die letzten Monate erträglich machen wollte. Sag's, Hanna. Sag, daß du ihnen den letzten Monat erträglich machen wolltest. Daß das der Grund war, die Zarten und Schwachen zu wählen. Daß es keinen anderen Grund gab, keinen geben konnte. (113)

Die große Reflexion über die **Auseinandersetzung mit der nationalsozialistischen Vergangenheit** (161–163), die zu Beginn des dritten Teils platziert ist, zeigt in der deutlichen Abgrenzung gegen die frühere Position des erlebenden Ichs dessen Annäherung an das erzählende. Schon kurz nach Abschluss des Prozesses diagnostiziert der Erzähler bei sich **eine solche Distanz zu den anderen Studenten, daß [er] nicht mit ihnen agitieren und demonstrieren wollte.** (160) Er begründet diese Distanz damit, dass ihm zum einen **[d]er aufklärerische Eifer, in dem [er] seinerzeit [s]einen Vater zu Scham verurteilt hatte, [...] vergangen, peinlich geworden** sei und dass er zum anderen **auf niemanden mit dem Finger zeigen** konnte, dass er **eigentlich auf Hanna zeigen** musste und dass **der Fingerzeig auf Hanna** auf ihn zurückgewiesen hätte. (162) Diese Erzähler-Reflexion im dritten Teil spiegelt nicht nur die Veränderung, die der Prozess im erlebenden Ich ausgelöst hat, sondern interpretiert auch sein Gefühl der Nichtzugehörigkeit zu **[s]einer Generation** als Ausdruck **[s]eines Leiden[s] an [s]einer Liebe zu Hanna**, das **in gewisser Weise das Schicksal [s]einer Generation, das deutsche Schicksal war, dem [er] [s]ich nur schlechter entziehen, das [er] nur schlechter überspielen konnte als die anderen.** (163) Trotz der Annäherung der beiden Ichs wirkt auch im dritten Teil das erzählende Ich gegenüber dem erlebenden als kritische Instanz. Das zeigt sich z. B. in dem inneren Konflikt, den Michael Berg in Bezug auf Hanna Schmitz artikuliert:

> Gerade weil sie mir auf so freie Weise sowohl nah als auch fern war, wollte ich sie nicht besuchen. Ich hatte das Gefühl, sie könne, was sie mir war, nur in der realen Distanz sein. Ich hatte Angst, die kleine, leichte, geborgene Welt der Grüße und Kassetten sei zu künstlich und zu verletzlich, als daß sie die reale Nähe aushalten könnte. Wie sollten wir uns von Angesicht zu Angesicht begegnen, ohne daß alles hochkam, was zwischen uns gewesen war. (183)

Diese Doppelfunktion des Erzähler-Ichs zeigt, dass Identität auf Kontinuität und Diskontinuität beruht. Obwohl im fünfzigjährigen Erzähler das früher Erlebte fortwirkt, zeigt er gegenüber dem jungen Mann, der er war, auch deutliche Veränderungen, aufgrund derer das Vergangene in kritischem Licht erscheinen kann.

6.2 Bericht und Szene

Auffällig ist, dass der Bericht des Ich-Erzählers als zentrale Erzählweise[219] entweder in Erzählerreflexionen mündet oder in die Szene als prägnante Inszenierung konkreter Situationen. So geht der reine Erzählerbericht im *Vorleser* denn auch häufig mit äußerster Zeitraffung einher, sodass er vor allem Szenen und Reflexionen unter sich und beide Darstellungsformen miteinander verknüpft.

6.2.1 Die raffende Funktion des Erzählerberichts

Beispiele für die starke Raffung lassen sich zwar in jedem der drei Teile finden, im dritten Teil sind sie jedoch besonders markant. So ist die im ersten Kapitel des ersten Teils als Szene gestaltete erste Begegnung Michael Bergs mit Hanna Schmitz durch einen Bericht gerahmt, der die Krankheitsmonate des Jungen verdichtet (vgl. 5; 7). Die Wochen zwischen den Osterferien und dem letzten gemeinsamen Sommertag werden in wenigen Sätzen zusammengefasst, eingeleitet durch den Kommentar: **Der Sommer war der Gleitflug unserer Liebe** (67).

Der zweite Teil setzt ein mit einer Raffung der Jahre zwischen Hannas Verschwinden und dem Prozessbeginn (vgl. 84). Bei der Darstellung und Reflexion des Prozesses werden dessen einzelne Szenen durch zugleich komprimierende und orientierende Sätze verknüpft wie **In der zweiten Woche wurde die Anklage verlesen** (101), **Im Juni flog das Gericht für zwei Wochen nach Israel** (140), **Ende Juni wurde das Urteil verkündet** (156).

Im dritten Teil ist der Umfang der erzählten Zeit am größten und die Erzählzeit am geringsten. Hier rafft der Erzählerbericht die einzelnen Stationen im Leben des Ich-Erzählers: **Als ich das Studium beendet und das Referendariat begonnen hatte, kam der Sommer der Studentenbewegung** (160), **Als Julia fünf war, haben wir uns scheiden lassen** (165), **Im vierten Jahr unseres wortreichen, wortkargen Kontakts kam ein Gruß** (177), **Es wurde Herbst, bis ich Hannas Auftrag erledigte** (199).

6.2.2 Das Gespräch als zentrales Element der Szene

Vor dem Hintergrund solcher Reduktion treten nicht nur die elaborierenden Reflexionen hervor, sondern vor allem die tendenziell zeitdeckenden Szenen. Kennzeichnend für die Gestaltung der Szenen ist die Kombination aus Gespräch und Beschreibung. Hinsichtlich der Darstellung von Gesprächen ist zunächst die Verwendung direkter und indirekter Rede zu unterscheiden. Die indirekte Rede wird gegenüber der direkten sparsamer genutzt. Im ersten Teil des Romans dient sie zur Wiedergabe des Gesprächs mit dem Briefmarkenhändler (vgl. 52) und im zweiten Teil des Gesprächs mit dem Vorsitzenden Richter (vgl. 154). Der Gebrauch dieser distanzierenden Darstellungsform ließe sich dahingehend interpretieren, dass es sich jeweils um Begegnungen handelt, die ihren Zweck nicht in sich selber haben und von denen der Erzähler Abstand hält, indem er sie referiert. Beim Briefmarkenhändler geht es ihm um das für die Reise mit Hanna nötige Geld, beim Vorsitzenden Richter um **irgendeine Art von Einfluß und Wirkung** auf Hanna, **wenn nicht direkt, dann indirekt** (165). Auch Gertrud, die geschiedene Frau von Michael Berg, erhält über die indirekte Rede eine gewisse Kontur. Gertrud fungiert als Befreiung von Hanna (vgl. 165), obwohl Michael **das Gefühl [hatte], daß es nicht stimmt, daß sie nicht stimmt, daß sie sich falsch anfaßt und anfühlt, daß sie falsch riecht und schmeckt** (165).

Die direkte Rede erscheint als sensibles Mittel zur differenzierten Darstellung der Personenbeziehungen. In allen drei Teilen des Romans dient sie sowohl zum Ausweis vorsichtiger Annäherung im Gespräch als auch zur Darstellung von Unfähigkeit zur Auseinandersetzung, von deren Scheitern. Beispiele für die vorsichtige Annäherung sind das Gespräch mit Hanna über die Namen und die Arbeit (vgl. 34–37) und über die Kosenamen (vgl. 68 f.), das Gespräch mit dem Vater (vgl. 135–140) und das mit der den Kirchenbrand überlebenden Tochter (vgl. 200–203). Beispiele für misslingende Auseinandersetzung finden sich in Bezug auf Hanna in den beiden großen Streitszenen (vgl. 47–50; 54–56), im Gespräch mit dem Mercedes-Fahrer (vgl. 145–148), in gewisser Weise auch im Gespräch mit der Gefängnisleiterin (vgl. 192–197) und letztlich im Gespräch des Ich-Erzählers mit Hanna im Gefängnishof (vgl. 185–188). Michaels Probleme, das Angebot zu einem Gespräch über Hanna anzunehmen, werden im Gespräch mit Sophie (vgl. 73 f.) evident. Demgegenüber ist sein Ausweichen beim Zusammentreffen mit dem ehemaligen Kommilitonen auf dem Bergfriedhof (vgl. 169 f.) verständlich, da – anders als das von Sophie gezeigte kommunikative Interesse – pure Neugier die Fragen bestimmt.

Besondere Aufmerksamkeit verdienen die beiden großen Streitgespräche mit Hanna, die der Ich-Erzähler dahingehend kommentiert, dass er **sofort bedingungslos kapituliert** habe, **[w]enn sie drohte** (50), dass er aus **Angst, sie zu verlieren,** sich **erniedrigte und entschuldigte […], bis sie [ihn] zu sich nahm** (71). Diese beiden ausführlich dargestellten Streitgespräche laufen nach dem gleichen Muster ab: Hanna leitet die de facto oder vermeintlich auf sie gerichtete Aggression auf Michael um. Dies geschieht entweder verbal wie nach der Straßenbahnepisode in ihrer Wohnung, als sie Michaels Frage **Warum hast du getan, als kennst du mich nicht?** gegen ihn wendet, indem sie sagt **Ich habe getan, als kenne ich dich nicht? [...] Du hast mich nicht kennen wollen** (47), oder durch körperliche Gewalt beim Streit in Amorbach, wo sie die durch ihr Gebrechen veranlasste Kränkung, den Zettel nicht lesen zu können, dem Verfasser des Zettels anlastet und ihn dafür schlägt (vgl. 54). Darüber hinaus unterläuft sie jeden Versuch einer Debatte. Entweder wendet sie Michaels Argumente gegen ihn, wenn er z. B. sagt **Es tut mir leid, Hanna. Alles ist schiefgelaufen. Ich habe dich nicht kränken wollen, aber es scheint** [...], erwidert sie **Es scheint? Du meinst, es scheint, du hast mich gekränkt? Du kannst mich nicht kränken, du nicht** (49), oder sie entzieht seinen Argumenten den Boden. So sagt er in Amorbach **Ich hatte dir einen Zettel geschrieben, daß ich Früstück hole und gleich zurück bin** (55), und Hanna antwortet **Hast du? Ich seh keinen Zettel** und als er fragt, ob sie ihm nicht glaube, sagt sie **Ich will dir gerne glauben. Aber ich sehe keinen Zettel** (56). Am Ende steht in beiden Fällen die Versöhnung durch Sex. Vor diesem Hintergrund erscheint Sophies Dialogverhalten als deutlicher Kontrast (vgl. 73 f.).

Ebenso bedeutsam sind die Gespräche, die der Ich-Erzähler im zweiten Teil des Romans mit drei Männern der Tätergeneration führt und im dritten Teil mit Hanna, der Gefängnisleiterin und der überlebenden jüdischen Frau in New York. Von den Gesprächen des zweiten Teils ist das mit dem Vater und dem unbekannten Mercedes-Fahrer, der den Erzähler im Elsass als Anhalter mitnimmt, in direkter Rede wiedergegeben. In beiden Gesprächen dominieren die älteren Männer, indem sie auf sehr unterschiedliche Weise ihre Sicht auf eben das vortragen, was den jungen Mann beschäftigt. Während der Vater die moralische Position von **Würde und Freiheit** (136) vertritt und den Sohn mit einem Anspruch konfrontiert, der ihn letztlich überfordert, betrachtet der Mercedes-Fahrer das **gleichgültig**[e] Verhalten des Henkers als signifikant: **Nein, ich rede nicht von Befehl und Gehorsam. Der Henker befolgt keine Befehle. Er [...] haßt die nicht, die er hinrichtet [...] Sie sind ihm völlig gleichgültig. Sie sind ihm so gleichgültig, daß er sie ebensogut töten wie nicht töten kann** (146). Die Analyse dieser Dialoge verweist auf eine Verbindung zwischen dem Offizier auf dem Photo, der dem Morden gleichgültig zusieht, **der auch etwas Zufriedenes, sogar Vergnügtes im Gesicht** hat, **vielleicht, weil immerhin das Tagwerk geschieht und bald Feierabend ist** (147), und dem Vorsitzenden Richter, von dem Michael Berg sagt, er wirke **entspannt, ein Mann, der sein Tagwerk vollbracht hat und damit zufrieden ist** (154).

Auch wenn die Gespräche mit dem Vater und dem Mercedes-Fahrer sehr unterschiedlich verlaufen, so ist doch für beide der Umstand kennzeichnend, dass das **Aber** Michaels als Vertreter der Zweiten Generation in keinem der Gespräche zur Entfaltung kommt. Beide Male wird das Aber entweder dem jungen Mann vom älteren aus dem Mund genommen (vgl. 136; 145) oder ein Einwand des Jüngeren wird zum Auslöser für das Ende des Gesprächs. **Ich fragte meinen Vater: »Und was ist, wenn man nicht mit ihm reden kann?« Er sah mich zweifelnd an [...] »Ich habe dir nicht helfen können.« Mein Vater stand auf und ich auch.** (138) »**Waren Sie das?**« fragt Michael Berg den Mercedes-Fahrer. »**Haben Sie auf dem Sims gesessen und ...« Er hielt an. Er war ganz bleich, und das Mal an seiner Schläfe leuchtete. »Raus!«** (147)

Als Ergebnis dieser Dialoganalyse kann festgehalten werden, dass die Zweite Generation in der Person Michael Bergs durch die Art der Gesprächsführung von der ersten keine Anleitung zur Auseinandersetzung erhält und keine Ermutigung, die Auseinandersetzung zu suchen oder, um ein Postulat Ruth Klügers aufzugreifen, **streitsüchtig** zu werden.[220] Gleichwohl ist der Inhalt der Rede des Vaters darauf gerichtet, das direkte Gespräch mit der betroffenen Person zu führen. Eine spezielle Funktion erhalten direkte und indirekte Rede vor Gericht. Verhör, Aussage und Verlesung von Anklage und Urteil sind Formen des Tribunals.

Die im dritten Teil des Romans dokumentierten Gespräche Michael Bergs mit Hanna, mit der Gefängnis-Leiterin und mit der jüdischen Frau in New York tragen alle Spuren der Tribunalisierung, d. h., sie enthalten Elemente des Verhörs und der Aussage vor Gericht. Am deutlichsten wird dies in den Fragen der Gefängnis-Leiterin (vgl. 192; 195) und den entsprechenden Antworten. Aber auch Hannas Antwort auf Michaels Frage, ob sie **vor dem Prozeß an das, was in dem Prozeß zur Sprache kam, eigentlich nie gedacht** habe (187), hat etwas zugleich Verteidigendes und Abschließendes:

> **Ich hatte immer das Gefühl, daß mich ohnehin keiner versteht, daß keiner weiß, wer ich bin und was mich hierzu und dazu gebracht hat. Und weißt du, wenn keiner dich versteht, dann kann auch keiner Rechenschaft von dir fordern. Auch das Gericht konnte nicht Rechenschaft von mir fordern. Aber die Toten können es. Sie verstehen. Dafür müssen sie gar nicht dabei gewesen sein, aber wenn sie es waren, verstehen sie besonders gut. Hier im Gefängnis waren sie viel bei mir. Sie kamen jede Nacht, ob ich sie haben wollte oder nicht. Vor dem Prozeß habe ich sie, wenn sie kommen wollten, noch verscheuchen können.** (187)

Verglichen mit Hannas Gesprächsverhalten im ersten Teil des Romans zeigt die Äußerung jedoch kommunikative und reflexive Qualität. Analysiert man die vorausgegangene Frage Michael Bergs, so erscheint sie ihrerseits verhüllend, da sie Hannas Verbrechen ganz formal als das, **was im Prozeß**

zur Sprache kam (187), bezeichnet. Sofern überhaupt so etwas wie gelingende Kommunikation in diesen drei Gesprächen aufscheint, dann ist es im letzten von allen, im Gespräch mit der [**d**]**ie Tochter** (200) genannten jüdischen Frau der Fall. Dieses Gespräch über Hanna und über die Beziehung Michael Bergs zu ihr macht in der Differenz der Gedächtnisperspektive der Täter und der Opfer die Opferperspektive sichtbar.

6.2.3 Die Beschreibung von Personen, Vorgängen und Räumlichkeiten im Dienst der Szene

Die Beschreibung von Personen, Vorgängen und Räumlichkeiten steht vor allem im Dienst der Szene. So realistisch das auf einer ersten Ebene anmutet, so bedeutungstragend sind einige der Beschreibungen in ihrer Tiefenstruktur. Die Personen werden in wenigen Strichen oder Tupfen durch markante Merkmale skizziert. Das kann wie beim Besuch bei Hanna im Gefängnis (184), wie bei dem Mercedes-Fahrer (144) und der Gefängnis-Leiterin (192) die Erwähnung der **Haar**farbe oder auch der Haartracht sein, der Hinweis auf **Falten** (Hanna, 112; 184) oder ein **Muttermal** (Mercedes-Fahrer, 144; 147; Hanna, 96), die Hervorhebung einer Behinderung (der Mann mit dem Holzbein, 150) oder signifikanter Kleidungsstücke und Requisiten.

Hier wäre in erster Linie Hannas Kleidung und als bedeutungsvoller Kontrast auch ihre Nacktheit zu nennen: **Wir standen uns nackt gegenüber, aber sie hätte mir in ihrer Uniform nicht abweisender vorkommen können** (37). Die Uniform der Straßenbahnschaffnerin, die Hanna bei der Begegnung im Treppenhaus trägt (vgl. 24), dient als Mittel der Distanzierung gegenüber der Außenwelt und zugleich als schützende Mimikry, durch die sie sich auch unangreifbar macht. Einen spielerischen Kontrast zur Strenge der Uniform bildet Hannas Kleidung während der Fahrradtour, **ein blaues Kleid, dessen weiter Rock im Fahrtwind flatterte** (53), oder jenes von Michael gestohlene **seidene Nachthemd**, das **glänzte und schimmerte** und in dem Hanna [**sich**] **drehte, ein paar Schritte** [**tanzte**] und [**weiter**] **tanzte** (62). Am Tag der Urteilsverkündung wählt sie das strenge Kostüm und nimmt damit in Kauf, dass die Anwesenden sie als die KZ-Aufseherin identifizieren, **die** [...] **für die SS arbeitete, die alles das tat, wessen Hanna angeklagt war** (157). Im Zusammenhang mit dem Urteilsspruch lässt sich diese Kleiderwahl dahingehend interpretieren, dass sie auch dem Gericht nicht zugesteht, Rechenschaft für ihre Taten von ihr zu fordern (vgl. 187).

Die **Robe** des Vorsitzenden Richters, die dieser hatte **herabgleiten lassen** (154), steht an der Grenze zwischen Kleidungsstück und Requisit und zeigt höchst einprägsam den Rollencharakter dieses Amtes. Wichtige Beispiele für die Semantik der Requisiten, auf die bereits vereinzelt hingewiesen wurde, sind die **weißen Handschuhe** [...] (144) des Mercedes-Fahrers, die sowohl schmutzige Hände verbergen als auch Unschuld und Rechtschaffenheit signalisieren. Die **Zigarette** des vom Mercedes-Fahrer evozierten Offiziers (146) und die von den Kartenspielern im Dorfgasthof als Geschosse benutzten **Zigarettenkippen** (150) unterlegen dem Täterprofil die Feuermetaphorik. Wenn Hanna im Gefängnisgarten eine **Lese-Halbbrille** (184) trägt, dann wird sie über dieses Requisit einerseits der Welt der Alphabetisierten und der Mündigen zugerechnet, andererseits klingt in dem Umstand, dass sie nicht in dem auf ihrem Schoß liegenden Buch liest (vgl. 184), auch eine gewisse Dysfunktionalität der Brille an.

Zugleich sparsam und präzise beschrieben werden Vorgänge, die – in sich selbst oder in ihrer Wirkung – für den Roman bedeutsam sind. Das gilt z. B. für das Vorlesen auf Kassetten: **Ich las den Titel vor, den Namen des Autors und den Text. Wenn der Text zu Ende war, wartete ich einen Moment, klappte das Buch zu und drückte die Stop-Taste** (176). Meist treffen nicht nur die Beschreibung von Personen und Vorgängen zusammen, sondern diese werden auch mit der Beschreibung von Räumlichkeiten verquickt. Eine Kombination aus Figuren- und Vorgangsbeschreibung findet sich bei der Beschreibung, wie Hanna bügelt (vgl. 13). Der Bügelvorgang stellt sowohl den Abschluss des Waschvorgangs dar als auch einen Prozess des Glättens und in Passform-Bringens. Indem dieser Vorgang eng mit Hanna verbunden wird und auch die Aufzählung ihrer Tätigkeiten anführt – **Ich muß waschen, ich muß bügeln, ich muß fegen, ich muß wischen, ich muß kaufen, ich muß kochen** (75) – wird die Figur durch diese Tätigkeit interpretiert. Entsprechendes gilt für die Beschreibung von Hannas Umziehen (vgl. 15 f.) und der Vorbereitung und Beendigung des ersten Bades (vgl. 25 f.) als Verführungsvorgang. In Bezug auf Michael korrespondiert die Beschreibung des Badens der Beschreibung des Schmutzigwerdens im Kohlenkeller (vgl. 24 f.), insofern beide Vorgänge als Bild für die Verstrickung der Zweiten Generation bzw. für die Teilhabe an der Schuldgeschichte analysierbar sind.

Auf die Beschreibung der Räumlichkeiten wurde in Kapitel 4.1 unter dem Aspekt der Raumgestaltung bereits eingegangen, und in Kapitel 7.3 wird dem Motiv des Hauses besondere Aufmerksamkeit gewidmet. Im Hinblick auf die szenische Bedeutsamkeit der Orte kann grundsätzlich zwischen Außen- und Innenräumen unterschieden werden. Dabei haben vor allem die Orte des Übergangs von Innen und Außen (Türen, Fenster, Außentreppen, Gefängnisgarten) Signifikanz. Als Innenräume werden neben privaten Orten wie Hannas Küche, dem Esszimmer bzw. dem Essplatz der Familie Berg, den Arbeitszimmern des Vaters auch öffentliche Orte wie das Schulzimmer Michaels, der Gerichtssaal und die brennende Kirche beschrieben. Hannas Zelle, die analog zu ihrer Wohnküche beschrieben wird, nimmt eher eine Zwischenstellung zwischen öffentlichem und privatem Raum ein. Auffallend ist auch die topographische Genauigkeit, mit der Heidelberg und seine Umgebung zur Darstellung kommen. Will man darin nicht nur ein autobiographisches Moment sehen, dann ist es im **Geflecht von familialen, örtlichen, politischen, auch intellektuellen Überlieferungen** gerade auch die Kontinuität der Orte, die [u]**nsere Lebensform [...] mit der Lebensform unserer Eltern und Großeltern verbindet**.[221] Es handelt sich um die Straßennamen **Bahnhofstraße, Häusserstraße, Blumenstraße** (16), die der Stadtplan auch heute noch ausweist, ferner um die Quartiere **Nußloch** (30), **Eppelheim** (47), **Neuenheimer Feld** (73), um **Molkenkur** und **Ehrenfriedhof** (29) und den Spazierweg **Heiligenberg, Michaelsbasilika, Bismarckturm, Philosophenweg, Flußufer** (125).

6.3 Das perzipierende Ich

Die szenisch-beschreibende Ebene wird unterstützt durch die Dominanz des Visuellen im gesamten Text sowie durch die Betonung des Auges als Wahrnehmungsorgan. Als der Ich-Erzähler Hanna seinen Dankesbesuch abstattet, nimmt er sie vor allem über die Augen wahr: wie sie bügelt, was sie anhat, wie sie sich umzieht, die Strümpfe anzieht, sodass er am Ende von ihr **die Augen nicht lassen** (15; 17; 18) kann. Auch der Folgebesuch wird durch den **begehrliche[n] Blick** (20) veranlasst, und auch hier nimmt er sie zunächst in ihrer Schaffnerinnen-Uniform wahr. Das Gehör kommt ins Spiel, als die Münzen klirrend auf den Boden fallen (vgl. 24). Darüber hinaus bestimmt der Gesichtssinn auch seine – passiven – Träume und – aktiven – Fantasien (vgl. 20), wie sie sich auch während des Prozesses und danach als sich teilweise überlagernde Bilder von Hanna manifestieren (vgl. 14; 61; 78; 91; 95; 112; 140f.; 156; 184; 197).

Auch an Hanna registriert der Ich-Erzähler seinerseits die visuell geleitete Wahrnehmung der Welt. Das gilt für ihre Wahrnehmung seines **schwarze[n] Gesicht[s]** (25) und für **ihre Augen**, mit denen sie Michaels **Gesicht abtaste[t]** (185), was dieser seinerseits sieht, wobei in Bezug auf Hanna Gesichts- und Tastsinn synästhetisch überblendet werden. Das gilt für den Blick, mit dem sie die Urteilsverkündung begleitet: [e]**in Blick, der niemanden und nichts sehen will** (157). Gleichwohl ist nicht zu übersehen, dass gerade die Beziehung zwischen den beiden Figuren durch ein Zusammenspiel aller Sinne – wenn man vom Geschmackssinn absieht – geprägt ist. Bereits die erste Begegnung der beiden Protagonisten, wie sie im ersten Kapitel dargestellt ist, bringt Gesichts- und Geruchssinn, Haut und Gehör zusammen und schafft so die sinnliche Intensität der Situation.

Beim zweiten Besuch Michael Bergs in der Bahnhofstraße folgt auf den oben erwähnten visuellen Eindruck – **Wie siehst du aus, Jungchen, wie siehst du aus!** (25) – das gemeinsame Lachen der beiden, ihr Riechen und Fühlen (vgl. 27), und am Ende liegen sie sowohl **Auge in Auge** (27) als auch Haut an Haut. Im dritten Teil des Romans verweist der Verlust des Kältegefühls auf die Bedeutung der Haut als Wahrnehmungsorgan.

Obwohl die Erinnerung des Ich-Erzählers an Hanna in erster Linie über Bilder organisiert ist, erweist sich das Gedächtnis der Haut und das des Geruchs als nachhaltiger. So sagt der Erzähler, er habe sich **eingestanden, daß eine Frau sich ein bißchen wie Hanna anfassen und anfühlen, ein bißchen wie sie riechen und schmecken muß, damit unser Zusammensein stimmt** (165 f.).

Über das Motiv des Vorlesens spricht der Roman dem Ohr eine ganz besondere Funktion zu. Über das Ohr lernt Hanna lesen. Deutbar sind diese Befunde in zwei Richtungen. Die Rolle der Nahsinne bestätigt, dass Zugehörigkeiten sich über **Vorlieben für bestimmte Gerüche und Gerichte**[222] etablieren. Die Rolle der Fernsinne erscheint demgegenüber als eine, die Aufklärung und Mündigkeit ermöglicht. Für Hanna war der volle Gebrauch der Fernsinne zu erwerben, für den Ich-Erzähler die Erfahrung der Nahsinne.

7 Bilder und Motive

7.1 Feuer und Wasser

Der metaphorische oder metonymische Rückgriff auf das Element des Feuers in allen drei Teilen des Romans verweist darauf, dass Hannas Schuld in zweifacher Weise mit Feuer verknüpft ist: indem sie Häftlinge monatlich zum Tod im Gas nach Auschwitz zurückschickte, so der erste Anklagepunkt (vgl. 101 f.), und indem sie **mehrere hundert Frauen** (103), die in einer brennenden Kirche eingeschlossen waren, nicht befreite. Dieses Ereignis der Vorgeschichte des Romans steht im Zentrum des Prozesses und wird einmal knapp (vgl. 103) und einmal ausführlich (116–118) sachlich präzise referiert.

Im ersten Teil des Romans wird sowohl metonymisch über den Ort des Kohlenkellers (vgl. 24), den **schwarzen Staub** (25) und metaphorisch über den von Hanna geheizten **Badeofen** (26; 77) im Vorgriff auf dieses Ereignis verwiesen. Da es sich um den Badeofen handelt, kommt auch das Wasser als sie selbst und den nachgeborenen Jungen reinigendes Gegenmittel ins Spiel. Zu Beginn der Erzählung begleitet das **Bullern des Badeofens** (26) das Reinigungsbad des mit Kohlenstaub bedeckten Knaben (vgl. 25 f.) und wird von diesem mit einer Kindheitserinnerung verbunden und als **verwöhnt** werden (29) registriert. Am deutlichsten ausgeprägt ist dieser Zusammenhang beim letzten Treffen der beiden in Hannas Küche. Trotz der sommerlichen Hitze hatte Hanna **den Badeofen angemacht. Sie ließ das Wasser einlaufen, gab ein paar Tropfen Lavendel dazu und wusch mich. [...] Als wir uns liebten, [...] war [es], als wolle sie mit mir zusammen ertrinken** (77).

Im zweiten Teil ist die Feuersemantik auf der Ebene der Erzählgegenwart nur im Kontext der Fahrt zum Struthof gegeben. Sie deutet sich an in der Figur des Mercedes-Fahrers, der ein **dunkelrotes Mutter- oder Brandmal an der rechten Schläfe** (144) hatte, in der Zigarette, die der vom Mercedes-Fahrer erwähnte Offizier raucht, während er den **Erschießungen von Juden in Rußland** (146) zusieht. In der Gasthofszene wird das Zigarettenmotiv im Hinblick auf die Beziehung von Täter und Opfer wieder aufgenommen:

> An einem Nachbartisch spielten lärmend vier Männer Karten. Die Tür ging auf, und grußlos kam ein kleiner alter Mann herein. Er trug kurze Hosen und hatte ein Holzbein. An der Theke verlangte er ein Bier. Dem Nachbartisch kehrte er seinen Rücken und seinen viel zu großen kahlen Schädel zu.

> **Die Kartenspieler legten die Karten hin, griffen in die Aschenbecher, nahmen die Kippen, warfen und trafen. Der Mann an der Theke flatterte mit den Händen um seinen Hinterkopf, als wolle er Fliegen abwehren. Der Wirt stellte ihm das Bier hin. Niemand sagte etwas** (150).

In beiden – durchaus parallel konstruierten – Szenen werden Zigaretten und Asche metonymisch für die Vernichtung durch Feuer gebraucht. Demgegenüber ist in der Erwähnung der **Krematoriumsöfen** (149) im Struthof ein direkter Verweis auf den Holocaust zu erkennen.

Im dritten Teil ist der Bezug zum Motiv des Feuers sublimiert und nur noch schwach in einem Detail wahrnehmbar: unter den Bildern, die Hanna in ihrer Zelle an der Wand befestigt hat, ist eins, das **eine herbstlich gelb und orange flammende Kastanie** zeigt (194). Hier ist das Feuer ganz Bestandteil der Natur, während das Feuer der Vernichtung in Hannas Bibliothek aus Erinnerungsliteratur (vgl. 193) repräsentiert ist. In Bezug auf Literatur über den Holocaust hat Sigrid Weigel zu Recht Kritik an globalen Deutungsmustern geübt, wie z. B. der **polyvalenten Feuermetapher**[223], die es erlaube, den vernichtenden gegen den läuternden Charakter des Feuers auszutauschen. Indem SCHLINK strikt vermeidet, dem Feuer läuternde oder Opfer und Täter gleichstellende Funktion zu geben, bleibt er in seiner Attribuierung von Schuld eindeutig.

Die reinigende Funktion des Wassers kommt unabhängig von der Feuersemantik im Erzählanfang (vgl. 5.3.1) zur Sprache. Wieder aufgegriffen wird sie im Kontext der sexuellen Begegnung der beiden Protagonisten:

> **Wir duschten und liebten uns [...] Ich hätte das Duschen lieber gelassen. Sie war von peinlicher Sauberkeit, hatte morgens geduscht, und ich mochte den Geruch nach Parfum, frischem Schweiß und Straßenbahn, den sie von der Arbeit mitbrachte. Aber ich mochte auch ihren nassen, seifigen Körper; ich ließ mich gerne von ihr einseifen und seifte sie gerne ein, und sie lehrte mich, das nicht verschämt zu tun, sondern mit selbstverständlicher, besitzergreifender Gründlichkeit.** (33)

Nach dem aus der Straßenbahnepisode resultierenden Streit sagt Hanna: **Ich will baden, ich will meine Ruhe haben** (49). Auch hier ließe sich der Badewunsch als Ausdruck eines unbewussten Reinigungsbedürfnisses deuten, dem eine irritierende Handlung zu Grunde liegt. Als Michael sie eine halbe Stunde später um Verzeihung bittet, sagt sie: **Die Wanne ist noch voll. Komm, ich bade dich** (49). Diese Aufforderung interpretiert der Erzähler selbst als Element eines Machtspiels. Sie habe das Badewasser nicht ausgelassen, **weil sie wußte, daß [er] wiederkommen würde** (49). Für Michael gewinnt das Bad über das Bild des Unter- und Auftauchens (vgl. 26; 77) auch den Charakter einer Initiation: **Ich wurde rot, stieg in die Wanne und tauchte unter. Als ich auftauchte, war sie mit meinen Sachen auf dem Bal-**

kon (26). Ist diese Initiation durch die Verknüpfung von Duschen und Lieben eine sexuelle, so ist sie über die Verknüpfung des Wassers mit dem Feuer auch eine existenzielle, nämlich in den Schuldzusammenhang der vorangehenden Generation. In dieser ersten Badeszene wird darauf im Erröten des Jungen metaphorisch angespielt. Deutlicher ist dieser Bezug bei jenem letzten Besuch in Hannas Küche, wo sich ihm **beim Betreten der Küche** etwas **wie ein schweres Gewebe auf [ihn] gelegt**, Hanna **den Badeofen angemacht** hatte und wo **es war, als wolle sie mit ihm zusammen ertrinken** (77).

In Opposition zu Hannas Badewanne steht das Schwimmbad als Ort des gesellschaftliche[n] Leben[s] der Klasse (70). Dort taucht Michael nach dem letzten Besuch bei Hanna in das chlorige, milchige Wasser und hat[..] kein Bedürfnis wieder aufzutauchen (77). Was in der Initiationsszene als Übergang/Passage angelegt ist, zeigt hier eine deutliche Tendenz zu Untergang und Tod. Auffällig ist, dass im zweiten Teil das Element des Wassers völlig ausgespart wird und statt dessen aus der Perspektive der Zweiten Generation von Wind und Luft die Rede ist: **Wir rissen die Fenster auf, ließen die Luft herein, den Wind, der endlich den Staub aufwirbelte, den die Gesellschaft über die Furchtbarkeiten der Vergangenheit hatte sinken lassen. Wir sorgten dafür, daß man atmen und sehen konnte** (87). Lediglich der Brunnen, den der Ich-Erzähler auf dem Spaziergang passiert (vgl. 126), auf dem ihm Hannas Analphabetismus klar wird, stellt einen Bezug zum Motiv des Wassers dar und erlaubt einen Bezug zwischen Hannas Gebrechen und ihrer Schuld.

Im dritten Teil wird die symbolische Reinigungskraft des Wassers außer Kurs gesetzt. Der Erzähler reflektiert anlässlich seines Besuchs bei Hanna im Gefängnis den Umstand, dass er **ihren Geruch früher besonders geliebt** habe, **den frischen Schweißgeruch** und **die Druckerschwärze der Fahrscheine, das Metall der Zange** (185). Die Erwähnung dieser Gerüche ist eine Reminiszenz der oben zitierten Reflexion des Bads im ersten Teil und sie dient dazu, die Neutralisationskraft des Waschens zu relativieren und damit die Strategie, Schuld abzuwaschen, in Zweifel zu ziehen:

> **Werden sie gewaschen, verraten Hände zunächst nichts von alledem. Aber die Seife hat die Gerüche nur überdeckt, und nach einer Weile sind sie wieder da, schwach, verschmolzen in einen einzigen Tages- und Arbeitsduft, in den Duft des Tages- und Arbeitsendes, des Abends, der Heimkehr und des Daheimseins** (186).

Zugleich zeigt diese Überlegung jedoch, wie stark Erinnerung durch die Nahsinne gesteuert ist und dass es die Veränderung von Hannas Geruch ist, die den Besuch bei ihr nicht zu einer Heimkehr werden lässt. Die Erklärung für den veränderten Geruch gibt die Gefängnis-Leiterin. Sie sagt, dass

Hanna sich von einem bestimmten Zeitpunkt an nur scheinbar aufgegeben (vgl. 196), vielmehr **ihren Ort neu definiert** habe (197):

> **Sie hatte immer auf sich geachtet, war bei ihrer kräftigen Gestalt doch schlank und von peinlicher, gepflegter Sauberkeit. Jetzt fing sie an, viel zu essen, sich selten zu waschen, wurde dick und roch.** (196)

Als eine spezielle Variante des Wassers lassen sich die Tränen verstehen. Ihnen wird lösende Kraft zugesprochen. Ist Hannas Weinen, nachdem sie Michael mit dem Gürtel geschlagen hat, ein Ausdruck des Außersichseins, das der Erzähler mit dem Orgasmus beim Liebesakt verbindet (vgl. 55), so sind Michaels zurückgehaltene **Tränen in Brust und Hals** (193) bei der Nachricht von Hannas Tod Ausdruck der Beherrschung der Natur (vgl. auch 198).

Will man, bezogen auf das Motiv des Wassers, den Aspekt der Initiation profilieren, dann spielt Michaels Gang in den Keller des Hauses in der Bahnhofstraße auf damit verbundene Mutproben an (vgl. 24) und die aus Hannas Uniformjacke fallenden Münzen weisen Hanna als diejenige aus, die das billet de passage ausstellt, während der Umstand, dass Michael **die klirrenden Münzen** aufhebt und sie ihr gibt (24), den für die Passage zu entrichtenden Preis betont. Peter Schneider hat darauf hingewiesen, dass es sich bei diesem Roman eigentlich um **die Geschichte einer Pubertät** handle und damit **eines Lebensabschnitts, der zu den unzugänglichsten und am wenigsten betretenen Territorien der Literatur gehört.**[224]

7.2 Wärme und Kälte

Im ersten Teil des Romans erscheint die Wahrnehmung von warm und kalt eindeutig und intakt. Sie tritt sowohl als körperliche Erfahrung auf als auch als psychischer Eindruck. Als sinnliche Wahrnehmung ist die Wärme für den Jungen mit der angenehmen Erfahrung des Bads (vgl. 25) oder des Gewaschenwerdens (vgl. 28) verbunden, und Kälte erscheint als Hintergrund dafür, dass der Junge das warme Wasser als Verwöhnung (vgl. 28) registriert. Der Ich-Erzähler erwähnt diese körperliche Wahrnehmung im Zusammenhang mit dem ersten Bad in Hannas Küche und kommt anlässlich des letzten Bads darauf zurück. Bei jener letzten Gelegenheit wird die Wärme jedoch nicht – wie beim ersten Mal (vgl. 25) – in Opposition zur Kühle der Luft gebracht, sondern in Parallele zur Hitze des Sommertags (vgl. 77). Auf psychischer Ebene attribuiert der Ich-Erzähler Hanna einerseits im Kosenamen **Pferd [...] etwas Gutes, Warmes, Weiches, Starkes** (69)[225]; andererseits diagnostiziert er Kälte in Hannas Blick (vgl. 47), den sie beim Streit nach der Straßenbahnepisode auf ihn richtet. Rückblickend reflektiert er, dass Hanna **kalt und hart wurde**, und fragt, ob **sie selbst unter ihrem Erkalten und Erstarren** leide und sich **nach der Wärme [s]einer Entschuldigungen, Beteuerungen und Beschwörungen** sehne (50).

Die Kälte als Metapher für psychische Befindlichkeiten und Erfahrungen findet sich bereits in den prophetischen Büchern der Hebräischen Bibel und spielt in der literarischen Moderne im Motiv des Kalten Herzens eine privilegierte Rolle.[226] Im Kontext seiner Auseinandersetzung mit Nationalsozialismus und Holocaust greift Adorno auf die Opposition Kälte vs Wärme als Metapher für gesellschaftliche Befindlichkeiten zurück, wenn er von der **Kälte der gesellschaftlichen Monade** spricht, die **als Indifferenz gegen das Schicksal der anderen die Voraussetzung dafür war, daß nur ganz wenige sich regten.**[227]

Im zweiten Teil des Romans tritt das Kälte-Motiv in zwei Varianten auf. Das Hanna bereits im ersten Teil zugeschriebene **Erkalten und Erstarren** (50) ist für den Erzähler auch im Gerichtssaal erkennbar, wenn er feststellt: **Sie saß wie gefroren** (96). Bei sich selbst registriert er nach Hannas Verschwinden aus der Stadt ein ihm selbst suspektes **Nebeneinander von Kaltschnäuzigkeit und Empfindsamkeit** (85), das – ausgenommen die Anwälte – alle regelmäßig am Prozess Beteiligten während dessen Verlauf ergreift und jener **Betäubung** Platz macht, die es ermöglicht, **innerlich nicht beteiligt** zu sein (97). Auch **[a]lle Literatur der Überlebenden** berichte **von dieser Betäubung, unter der die Funktionen des Lebens reduziert, das Verhalten teilnahms- und rücksichtslos und Vergasung und Verbrennung alltäglich wurden** (98). Von den Angeklagten sagt der Erzähler, sie **kamen [ihm] vor, als seien sie noch immer und für immer in dieser Betäubung befangen, in ihr gewissermaßen versteinert** (99).

Zu Beginn des dritten Teils erhält die psychische Betäubung, die sich Michaels bemächtigte, eine Entsprechung auf körperlicher Ebene: er zeigt eine Störung der Temperaturwahrnehmung, die sich als Verlust des Kältegefühls äußert: **Mir war nie kalt. [...] Als ich anfing zu fiebern, genoß ich den Zustand** (159). Eng verzahnt mit dem Motivkomplex Wärme und Kälte ist ein weiteres die Teile des Romans verklammerndes Motiv: die Krankheit. Während der erste und der dritte Teil mit einer fieberhaften Erkrankung Michael Bergs einsetzen, handelt es sich zu Beginn des zweiten Teils eher um eine psychische Deformation, die der Erzähler als **Kaltschnäuzigkeit** (85) bezeichnet. Das Fieber, das den Schüler und Jahre später den Studenten ergreift, wird als **die Wahrnehmung schwäch[end]** (19), **die Sinneseindrücke [...] wohltuend [...] dämpf[end]** (160) beschrieben und arbeitet darin der Betäubung körperlich zu. Während es vom Fieber, das den Jungen anlässlich der Gelbsucht befällt, auch heißt, dass es **die Phantasie schärf[e]** (19), heißt es vom Fieber, das der Student nach dem

Prozess infolge des verlorenen Kälteempfindens hat, dass mit dessen Abklingen auch **die Betäubung vorbei** gewesen sei (160):

> **Alle Fragen, Ängste, Anklagen und Selbstvorwürfe, alles Entsetzen und aller Schmerz, die während des Prozesses aufgebrochen und gleich wieder betäubt worden waren, waren wieder da und blieben auch da. Ich weiß nicht, welche Diagnose Mediziner stellen, wenn jemand nicht friert, obwohl er frieren müßte. Meine eigene Diagnose ist, daß die Betäubung sich meiner körperlich bemächtigen mußte, ehe sie mich loslassen, ehe ich sie loswerden konnte.** (160)

Im Anschluss daran tritt dieser ursprünglich dem Tastsinn zugeordnete Motivkomplex von Wärme und Kälte gänzlich zurück hinter das aufs Hören und Sehen gerichtete Vorlesen. Folgt man Harald Weinrichs Analysen des Erinnerns und Vergessens bei Proust, dann ist der das Lesen leitende Gesichtssinn deutlich der mémoire volontaire zugeordnet, während sich die mémoire involontaire auf die Nahsinne stützt und das beim Vorlesen aktivierte Gehör eine Mittlerrolle zwischen beiden Erinnerungsweisen übernehme.[228]

7.3 Das Haus

Anfang und Ende des Romans sind über das Motiv des Hauses verknüpft. Das gilt sowohl für die Beschreibung zweier realer Häuser als auch für die durch das Medium des Traums bestimmte Vergegenwärtigung von Häusern.

Im zweiten Kapitel das Romans beschreibt der Ich-Erzähler zunächst das Haus in der Bahnhofstraße, um auf den folgenden Seiten zu erzählen, wie es sich in den traumspezifischen Verdichtungen und Verschiebungen[229] ausnimmt. Im vorletzten Kapitel des Romans wird der Traum von einem Haus in Amerika, zu dem Hanna dem Ich-Erzähler vorausgeht, der Beschreibung jenes Hauses vorgeschaltet, das die überlebende Tochter in New York bewohnt. Vergleicht man zunächst die Beschreibung beider Häuser, wie ich es in Kapitel 4.1 getan habe, dann lässt sich dieser über mehrere Merkmale geknüpfte Zusammenhang als Ausdruck der ›negativen Symbiose‹ zwischen Tätern und Opfern deuten.[230] Geht man davon aus, dass beide Häuser zumindest partiell aus Sandstein bestehen und dass auch das Krematorium im Struthof aus Sandstein gebaut ist, dann erscheint über das Bild des Hauses die Welt der Täter und der Opfer durch den Holocaust miteinander verbunden. Diese These wird dadurch erhärtet, dass über das Bedeutungselement **Stein** ebenso ein Zusammenhang zu jenem **Steinbruch** (146) hergestellt wird, der Teil eines Verbrechensszenarios ist, wie zu den **Steinbrüchen** der Rhein-Main-Neckarregion (145; 155), die das Material zu den Häusern geliefert haben.

Eine Erklärung dafür, dass sich die **Sehnsucht** des Ich-Erzählers, **nach Hause zu kommen** (200), nicht erfüllt, kann aus dem Vergleich der beiden den Roman rahmenden Träume gewonnen werden. Sowohl der im 2. Kapitel erzählte angstbesetzte Wiederholungstraum (vgl. 9–11) als auch der im vorletzten Kapitel beschriebene erörternde ›amerikanische‹ Traum (vgl. S. 199 f.) kreisen um ein Haus, dessen Zugang über eine Treppe führt. Folgt man dem Repertoire der Psychoanalyse, dann repräsentiert das Wohnhaus die **noch immer ersehnte Behausung, in der man sicher war und sich so wohl fühlte.**[231] Dem korrespondiert die vom Erzähler selbst angebotene Deutung des ›amerikanischen‹ Traums als **Sehnsucht danach, nach Hause zu kommen**[232] (200). Beide Träume verknüpfen das ersehnte Nach-Hause-kommen mit der Person Hannas.[233] Im Wiederholungstraum wird diese Verknüpfung dadurch thematisiert, dass es sich bei dem geträumten Haus um das **Haus in der Bahnhofstraße** (8) handelt, das zugleich das frühe Beziehungsritual repräsentiert. Der Träumende findet jedoch keinen Zugang zu diesem Haus, obwohl er – an welchem Ort auch immer er im Traum das Haus wahrnimmt – umkehrt, um sich dem Haus zu nähern, die Außentreppe hinaufgeht und die Klinke drückt. Die Heimkehr als Selbstfindung gelingt nicht, so ließe sich interpretieren, weil Michael Hanna keinen Platz in seinem Traum einräumt, wie er sie auch aus seinem Leben ausklammert. Das gilt für jede der Traumvarianten, die sich auf das Haus aus der Bahnhofstraße beziehen. Der Kontext des Romans wiederum legt die Annahme nahe, dass nicht nur das Schweigen, sondern auch die konsequente Verurteilung des Verbrechens zu einer solchen Ausblendung der Verbindung mit den Tätern führt.

Im ›amerikanischen‹ Traum dagegen scheint der Träumende die Verbindung zu Hanna und damit sich selbst gefunden zu haben. Gemeinsam mit Hanna befindet er sich im Innern eines unbekannten Hauses in den USA, zu dessen Eingang ihm Hanna auf der Treppe vorausgegangen war. Anders als im Wiederholungstraum scheint hier eine glückliche Stimmung zu herrschen. Allerdings hat auch dieses Modell eine Verdrängung zur Voraussetzung: die Ausblendung von Hannas Gefängnisjahren. Denn dieser Traum zeigt Hanna harmonisch und schön in einem Alter, in dem sie realiter Strafgefangene ist und ihre physische Attraktivität verliert. Dieser Traum rekurriert also auf Hanna als identitätsstiftendes Moment für Michael Berg, löst sie aber aus dem nationalsozialistischen Kontext, sodass die Vergangenheit unberücksichtigt bleibt. Der Wiederholungstraum des Ich-Erzählers ist demgegenüber auf die Vergangenheit fixiert, klammert aber Hanna als das zentrale Bindeglied aus, sodass die Vergangenheit nicht integriert werden kann.

7.4 Die »Odyssee«

Die *Odyssee* kommt als Intertext sowohl im ersten als auch im dritten Teil des Romans zur Sprache. Im ersten Teil wird erzählt, wie die Lektüre der *Odyssee* im Griechischunterricht Michael Berg dazu veranlasst, die Figur Nausikaas, der Tochter des Phäakenkönigs Alkinoos, in Bezug zu seinem Leben zu setzen und darüber nachzudenken, ob er sich Nausikaa wie **Hanna oder Sophie vorstellen** solle. **Es mußte eine von beiden sein.** (66) Dass es gerade Nausikaa ist, an die sich der Erzähler erinnert, wenn er an seine Schulklasse denkt, dieser Umstand richtet das Interesse auf den Aufenthalt des Odysseus bei den Phäaken. Die Begegnung mit Nausikaa steht am Anfang des Aufenthalts des Odysseus auf der Phäakeninsel. Nausikaa findet den schiffbrüchigen Gestrandeten und bringt ihn zum Palast ihres Vaters, wo er schönste Gastfreundschaft genießt. Motivgebend wäre somit die rettende Unterbrechung der Irrfahrt.

Anders als Hanna ist Nausikaa nicht isoliert, sondern im Kreis ihrer Mägde dargestellt. Über den Vergleich mit Nausikaa kommt der Figur Hannas eine Überhöhung zu, die sie als Retterin und als Geschenk der Himmlischen erscheinen lässt. Vor seinem Abschied von der Insel wird er von Alkinoos nach seinem Namen und seiner Herkunft gefragt.[234] Indem er sich als **Odysseus, Laertes' Sohn**[235], zu erkennen gibt, handelt es sich zunächst um die Geschichte einer Identifikation. Odysseus belässt es aber nicht dabei, sondern erzählt, womit er sich während der langjährigen Irrfahrt auseinander setzen musste. Es sind die Erinnerungen des Odysseus an die Kikonen, Lotophagen und Kyklopen, an Äolos, die Lästrygonen und Kirke, an das Totenreich, an die Sirenen, Skylla und Charybdis sowie an die Rinder des Helios, die den neunten bis zwölften Gesang füllen. Harald Weinrich sieht [d]**ie größten und gefährlichsten Widerstände** gegen die Heimkehr des Odysseus **jedoch von den vielfältigen Versuchungen des Vergessens** ausgehen, nämlich **von den Lotophagen, von Kirke und von Kalypso.**[236] Appliziert man dies auf den *Vorleser*, so findet hier eben das statt, was Hanna Schmitz ihrem jungen Freund verweigert. Sie gibt ihren Namen nur zögernd preis und auf seine Fragen nach ihrer Herkunft antwortet sie ausweichend und sehr allgemein. Sowohl in der Überwindung der Versuchungen des Vergessens als auch in der erzählten Erinnerung an das Erlebte bildet die Episode bei den Phäaken ein alternatives Modell zum Umgang mit der Vergangenheit in der BRD der 50er-Jahre.

Der dritte Teil enthält eine längere Ausführung über die *Odyssee*. Der Information, dass Michael Berg **die Odyssee wieder**[**gelesen**] habe (173), nachdem er und seine Frau sich getrennt hatten, und dass er mit der *Odyssee* angefangen habe, **für Hanna auf Kassetten** zu lesen (174), gehen Gedanken des Ich-Erzählers über seine Berufswahl als Rechtsgeschichtler voraus:

> **Eines meiner Forschungsgebiete wurde das Recht im Dritten Reich, und hier ist es besonders augenfällig, wie Vergangenheit und Gegenwart in eine Lebenswirklichkeit zusammenschießen. Flucht ist hier nicht die Beschäftigung mit der Vergangenheit, sondern gerade die entschlossene Konzentration auf Gegenwart und Zukunft, die blind ist für das Erbe der Vergangenheit, von dem wir geprägt sind und mit dem wir leben müssen.** (172)

An diese Reflexion schließt der Erzähler seine Überlegungen zum **Gang der Rechtsgeschichte** an, den er als **Geschichte einer Bewegung** in Beziehung zur *Odyssee* setzt. Während er früher die *Odyssee* als **Geschichte einer Heimkehr** gelesen habe, geht er als Erwachsener davon aus, dass **Odysseus [...] nicht zurück[kehrt], um zu bleiben, sondern um erneut aufzubrechen.** Folglich betrachtet er die Geschichte des Rechts wie die Odyssee als **zugleich zielgerichtet und ziellos, erfolgreich und vergeblich.** (173) Während der Erzähler durch die Erwähnung Nausikaas im ersten Teil des Romans den antiken Text auf privater Ebene rezipiert, bezieht er ihn im dritten Teil auf die juristische Ebene. Die öffentliche Erinnerung der eigenen Geschichte, wie sie Odysseus in seiner Erzählung bei den Phäaken vornimmt, bleibt im Roman ein Desiderat.

Vor diesem Hintergrund wird verschärft, was den 50er-Jahren das Attribut der bleiernen Zeit eintrug: das gesellschaftliche Schweigen über die Vergangenheit als Preis für die konsequente Orientierung auf Gegenwart und Zukunft.

Zuletzt sei darauf hingewiesen, dass die Odysseus-Figur thematisch außerordentlich anpassungsfähig ist. Das zeigt sich nicht zuletzt darin, dass Odysseus sowohl in der Erinnerungs-Literatur der Opfer als auch in Texten aus der Perspektive der Täter zur Identifikationsfigur wird. So verbindet Primo Levi in *Ist das ein Mensch* seine Erinnerung an das Lager mit Dante-Versen, die Teil der Mahnrede des Odysseus an seine Gefährten sind:

> **Bedenkt, aus welchem Samen ihr gekommen.**
> **Ihr seid nicht da, zu leben wie die Tiere,**
> **Ihr sollt nach Tugend und nach Wissen streben.**[237]

Aber auch Peter Schneider schreibt in seiner Erzählung *Vati* dem in Brasilien untergetauchten KZ-Arzt die Arbeit an einem Odysseus-Projekt zu, einem **autobiographische[n] Romanfragment.**[238] Interessant ist in diesem Zusammenhang auch, dass nicht nur Michael Berg die *Odyssee* übersetzt, liest und liebt (vgl. 66), sondern dass in Schneiders Text auch der SS-Arzt seinen Sohn wissen lässt, dass er selbst [s]**chon in der Tertia [...] die ›Odyssee‹ im Original zu lesen vermochte und [...] noch heute auf jede**

Übersetzung verzichten könne.[239] Dass Primo Levi in der letzten Reise des Odysseus das Abbild seiner Situation im Vernichtungslager Auschwitz sieht, hat auch damit zu tun, dass Dante, der Homers *Odyssee* nicht kannte, die letzte Fahrt des Odysseus mit Schiffbruch und Untergang enden lässt.[240]

8 Der Roman im Kontext des Auschwitzdiskurses

8.1 Die Gedächtnisperspektive der Täter

Der gesamte – vom Prozess gegen die Aufseherinnen her konstruierte – zweite Teil des Romans dokumentiert die Spezifik der Täterperspektive. Die Verbrechen der Angeklagten und die daraus resultierende Schuld sind Gegenstand der Debatte. Die durch Anklage und Verteidigung bestimmte Rekonstruktion der Verbrechen vor Gericht macht den Unterschied zur Gedächtnisperspektive der Opfer evident, die sich an die Erfahrung des physischen Schmerzes und der seelischen Pein erinnern (vgl. 116). Besonderen Nachdruck legt der Roman darauf, wie sich die Nachgeborenen zur Täterschaft der vorangehenden Generation verhalten. Hier profiliert der Roman zunächst den Gestus der Zweiten Generation:

> **Daß verurteilt werden müsse, stand für uns fest. Ebenso fest stand für uns, daß es nur vordergründig um die Verurteilung dieses oder jenes KZ-Wächters und -Schergen ging. Die Generation, die sich der Wächter und Schergen bedient oder sie nicht gehindert oder sie nicht wenigstens ausgestoßen hatte, als sie sie nach 1945 hätte ausstoßen können, stand vor Gericht, und wir verurteilten sie in einem Verfahren der Aufarbeitung und Aufklärung zu Scham. […] Wir alle verurteilten unsere Eltern zu Scham, und wenn wir sie nur anklagen konnten, die Täter nach 1945 bei sich, unter sich geduldet zu haben.** (87 f.)

In einem weiteren Schritt folgt eine Kritik dieser Gerichtsattitüde:

> **Ich denke jetzt, daß der Eifer, mit dem wir Furchtbarkeiten zur Kenntnis nahmen und anderen zur Kenntnis bringen wollten, tatsächlich abstoßend war. Je furchtbarer die Ereignisse waren, über die wir lasen und hörten, desto gewisser wurden wir unseres aufklärerischen und anklägerischen Auftrags. Auch wenn die Ereignisse uns den Atem stocken ließen – wir hielten sie triumphierend hoch. Seht her!** (88)

Diesem Befund korrespondiert ein signifikanter Mangel an Gesprächen über den Holocaust zwischen den Generationen. Zwar werden der Holocaust und die Verbrechen der Wehrmacht während einer Autofahrt nicht ohne Zynismus von dem Mercedes-Fahrer Michael Berg gegenüber angesprochen, aber die Unterhaltung ist nur von kurzer Dauer. Sie endet mit dem heftigen Abbruch des Gesprächs und damit, dass der junge Mann vom Fahrer aus dem Auto gewiesen wird (vgl. 144–147). Auch mit dem Vorsitzenden Richter kommt das Gespräch über Hanna Schmitz nicht zustande; es beschränkt sich einerseits auf das Verfahren (vgl. 154), andererseits auf das Jura-Studium und damit verbundene berufliche Profile (vgl. 154). Am deutlichsten zeigt sich diese Schwierigkeit bei Michael Bergs Besuch im Gefängnis. Bereits seine Frage vermeidet, das Verbrechen beim Namen zu nennen; er umschreibt es vielmehr als **das, was in dem Prozeß zur Sprache kam**, und Hanna Schmitz antwortet mit einem esoterischen Statement, das die Rechenschaftsforderung mit einer Gegenforderung verknüpft, nämlich dem Verstehen (vgl. 187). Michael Berg reagiert mit dem Kommentar, dass ihm dazu **nichts ein[gefallen sei]** (187). Warum sich in dieser pointierten Situation kein Gespräch entwickelt, wird vom Text nicht explizit beantwortet. Hinweise darauf lassen sich jedoch dem unmittelbaren Kontext entnehmen, in dem Michael seine Frage an Hanna richtet. Dieser Kontext scheint in erster Linie durch Michaels Problem mit seiner Haltung gegenüber Hanna bestimmt und weniger durch das Interesse an Hannas Umgang mit ihren Taten. Dadurch gerät die Frage in den Bereich des Ressentiments, vor dem wiederum die Befragte sich durch die Flucht nach innen zu schützen sucht:

> **Ich hatte immer das Gefühl, daß mich ohnehin keiner versteht, daß keiner weiß, wer ich bin und was mich hierzu und dazu gebracht hat. Und weißt du, wenn keiner dich versteht, dann kann auch keiner Rechenschaft von mir fordern** (187).

8.2 Die Intentionen des Erzählens

Für den unterrichtlichen Zusammenhang setzt der Roman mit der Wendung zur Selbstkritik vor allem auf einen ethisch-politischen Selbstverständigungsprozess in der Bundesrepublik Deutschland. Davon sind zwar, wie Habermas[241] 1992 anlässlich der deutschen Vereinigung zu bedenken gibt, sowohl das juristische Verfahren der **Tribunalisierung** als auch die mit einer **existentiellen Selbstprüfung** verbundene **Personalisierung**[242] zu unterscheiden, zugleich sind diese jedoch ergänzend gefordert, wenn **die ethisch-politische Aufarbeitung der Vergangenheit eine mentalitätsbildende Kraft erlangen und für eine freiheitliche politische Kultur Anstöße geben**[243] soll. Aus diesem Blickwinkel lässt sich das Bestreben, die Nachgeborenen im Täterkollektiv für das Hineinragen der NS-Vergangenheit in ihre Gegenwart zu sensibilisieren, als Beitrag zur Herstellung und Stabilisierung demokratischer Verhältnisse, als demokratiepädagogische Intention reklamieren. Da, wie Habermas betont, solche **bewußtseinsverändernden Prozesse der Selbstverständigung**[244] immer nur **stimuliert, aber nicht organisiert werden**[245] können, geben die im Roman dargestellten Figuren wichtige Impulse. Als besonders günstige Voraussetzung erscheint dabei der Umstand, dass ein Angehöriger der Zweiten Generation den Status des **Zuschauer[s]** verliert und plötzlich zum **Teilnehmer, Mitspieler**

und Mitentscheider (131) wird, ohne diese Rolle **gesucht oder gewählt** (131) zu haben. Es käme nun darauf an, dass diese in der ersten Person Singular geäußerte Erkenntnis, Mitspieler geworden zu sein, den Rang der ersten Person Plural erhält, wie es in der Kritik der Gerichtsattitüde der Fall ist (vgl. 87 f.).[246] Denn, so Habermas,

> **Fragen, die die kollektive Identität berühren, [verlangen] Antworten aus der Wir-Perspektive der ersten Person Plural. Aus dieser Sicht [kämen] auch die Pathologien eines gemeinsamen Lebens, die prägenden Dispositionen einer fehlgeschlagenen Normalität des Alltags zur Sprache – nicht die individuell zurechenbaren Handlungen, die unter dem Gesichtspunkt politischer Gerechtigkeit Belastete und Unbelastete voneinander trennen.**[246]

Umgekehrt wird die Trennung der Gedächtnisperspektiven auch darin bestätigt, dass die Tochter im vorletzten Kapitel des Romans Michael Berg nur als das Opfer sieht und in Hanna Schmitz nur deren Grausamkeit: **Was ist diese Frau brutal gewesen. Haben Sie's verkraftet, daß Sie sie mit fünfzehn … Nein, Sie sagen selbst, daß Sie ihr wieder vorzulesen begonnen haben, als sie im Gefängnis war** (202).

8.3 Der Roman im Spannungsfeld von Universalismus und Partikularismus

Partikularismus ist in Schlinks Roman kein Programm, sondern konsequente Folge aus der Gedächtnisperspektive der Täter. Die deutliche Trennung von Opfer- und Tätergedächtnis schließt jedoch nicht aus, dass das bereits erwähnte universelle Moment der Betäubung beide Seiten verbindet:

> **Schon damals, als mich diese Gemeinsamkeit des Betäubtseins beschäftigte und auch, daß die Betäubung sich nicht nur auf Täter und Opfer gelegt hatte, sondern auch auf uns legte, die wir als Richter oder Schöffen, Staatsanwälte oder Protokollanten später damit zu tun hatten, als ich dabei Täter, Opfer, Tote, Lebende, Überlebende und Nachlebende miteinander verglich, war mir nicht wohl, und wohl ist mir auch jetzt nicht. […]** (99)

Was bedeutet es, dass Schlink diesen Merkmalskomplex mit dem Holocaust verbindet und alle daran teilhaben lässt? In gewisser Weise tritt er damit in die Tradition Adornos, der in *Erziehung nach Auschwitz* die **Kälte** als einen **Grundzug der Anthropologie** bezeichnet und in ihr **die wichtigste psychologische Begründung dafür** sieht, **daß so etwas wie Auschwitz sich inmitten von einigermaßen gesitteten und harmlosen Menschen hat abspielen können**[247]. Was Adorno zunächst als Voraussetzung des Holocaust beschreibt –

Die Kälte der gesellschaftlichen Monade, des isolierten Konkurrenten, war als Indifferenz gegen das Schicksal der anderen die Voraussetzung dafür, daß nur ganz wenige sich regten. Das wissen die Folterknechte; auch darauf machen sie stets erneut die Probe.[248]

– erscheint bei SCHLINK zugleich als dessen universale Folge. Für den unterrichtlichen Diskurs bedeutsam ist die von SCHLINKS Ich-Erzähler gestellte Frage, ob das Betäubtsein der unterschiedlichen Gruppen denn auf diesen gemeinsamen Begriff gebracht werden dürfe (vgl. 99). Zugleich hält SCHLINKS Roman in Opposition zu einer solchen Entdifferenzierung die Distanz zwischen Täter und Opfer aufrecht. Insofern er auch das Thema der Versöhnung von Opfern und Tätern zur Sprache bringt, hat der Text auch Affinität zu gedenkpädagogischen Konzepten. Eine Stärke der Darstellung liegt sicher darin, dass das Verhältnis zwischen dem Ich-Erzähler und der jüdischen Überlebenden des Kirchenbrandes so gestaltet ist, dass die Kluft zwischen beiden Seiten spürbar bleibt. Darin schließt SCHLINKS Text an Amérys Forderung an, wie sie in den ›Ressentiments‹ formuliert ist.

Als Ergebnis dieser Überlegungen zu den Intentionen und Positionen des Romans kann die Vermutung formuliert werden, dass seine Impulskraft auf eine besondere Kombination von Perspektiven und Intentionen zurückgeführt werden kann. Wie oben gezeigt wurde, verknüpft der Text den – traditionell dem Gedenken zugeordneten – Blick in die Vergangenheit mit der Ausbildung und Stabilisierung demokratischen Bewusstseins, insofern es um kollektive Identität geht.

Sofern der Partikularismus des Romans die Differenz der Erinnerungsperspektiven von Opfern und Tätern aufrechterhält, bietet er die Möglichkeit zur Konfrontation mit der Verwicklung in historische Schuld. Jedoch schließt der Roman eine universalisierende Lektüre nicht aus, derzufolge auch die Täter als Opfer interpretierbar werden. So hängt die Bedeutung des Romans im Kontext des Ausschwitzdiskurses letztlich davon ab, welche der beiden Lesarten sich als die nachhaltigere erweist.

Unterrichtshilfen

1 Didaktische und methodische Aspekte

Was den Roman in besonderer Weise als Schullektüre geeignet erscheinen lässt, ist die günstige Kombination von Merkmalen, die im Einzelnen bereits erwähnt wurden. Es handelt sich zunächst um den jugendlichen Protagonisten und dessen für die Lernenden nachvollziehbaren Lebenszusammenhang. Damit verbunden ist der Umstand, dass ein Teil des Geschehens aus der Perspektive des Schülers und Studenten Michael Berg erzählt wird. Als zweites Merkmal wäre die Qualität des Plots zu nennen sowie die Konflikthaftigkeit und Spannung der Handlung. Damit hängen aufs Engste sowohl die dilemmatische Struktur des zentralen Problems als auch der Verzicht auf dessen Lösung zusammen. Im Hinblick auf das Konfliktfeld von Verstehen und Verurteilen bleibt die Lösung den Rezipienten überlassen. Darüber hinaus ist es die Vielfalt der im Roman thematisierten Aspekte, die der Autor selbst zur Erklärung seines Welterfolgs anführt. Für die obligatorische schulische Behandlung von Nationalsozialismus und Holocaust besitzt der Roman nicht nur durch den indirekten Zugriff auf dieses Thema, sondern auch dadurch, dass im Dilemma von Verstehen und Verurteilen zwei gegensätzliche Positionen mit gleichem Engagement vertreten werden, besonders günstige didaktische Potenziale. Die thematischen Schwerpunkte werden von SCHLINK selbst[249] folgendermaßen profiliert: es sind dies

- die zeitgeschichtliche Dimension,
- die Liebesgeschichte,
- das Problem des Missbrauchs eines Jugendlichen durch eine erwachsene Frau,
- das Problem der Liebe zu einer Verbrecherin,
- das Problem der Verpflichtung zur Hilfe, wenn sich jemand nicht helfen lassen will.

An dieser Stelle sei hinzugefügt, dass es SCHLINK selbst betont, wie wichtig es für Schülerinnen und Schüler ist, sich nicht von der Lehrperson auf einen Aspekt und eine Lesart des Romans festlegen zu lassen.[250] Um den Lernenden unterschiedliche Optionen zu ermöglichen, empfiehlt sich für die Lerngruppe eine *Vorab-Lektüre* des Romans. Die Liebesgeschichte und ihre Verknüpfung mit den NS-Verbrechen wird jedoch immer zu berücksichtigen sein. Dass der Roman Nationalsozialismus und Holocaust aus der Perspektive der Täter thematisiert und dabei die Position und Perspektive der Nachgeborenen zentral setzt, dürfte für viele Jugendliche neu sein und sie entsprechend zur Lektüre motivieren. Im Folgenden wird ein Unterrichtsarrangement angeboten, das vielfältige schüleraktivierende offene Formen einsetzt, um Fragestellungen zu evozieren und Deutungshypothesen zu gewinnen. Rekonstruierende und textanalytische Verfahren kommen im Zusammenhang der Problemlösung und der Hypothesenüberprüfung zum Tragen.

Der Unterrichtsvorschlag besteht aus vier Sequenzen. Die ersten drei folgen den Teilen des Romans, während die vierte den Bezug zur Zeitgeschichte und einem wirklichen NS-Prozess herstellt. Leitender Aspekt in den Sequenzen eins bis drei ist die Beziehung zwischen den beiden Protagonisten zu den unterschiedlichen Zeiten und Lebenssituationen sowie deren dynamische Entwicklung zwischen Nähe und Distanz.

Nach einer Phase der Orientierung im Text (Exploration der erzählten Welt) setzt die Besprechung des ersten Teils bei der Erarbeitung der unterschiedlichen Lebenswelten der beiden Partner und der Besonderheit ihrer Liebesbeziehung an. Im Rahmen dieser Erhebung gilt es folgende Fragen zu klären: Wodurch ist die Beziehung definiert? Wer hat die Definitionsmacht? Wer nimmt wen in Besitz? Ist in dieser Phase von Verrat zu sprechen, wie es der Ich-Erzähler tut? Als Ergebnis liegt die Erkenntnis nahe, dass die Entwicklungsmöglichkeiten dieser Beziehung aufgrund des fehlenden lebensweltlichen Kontextes sehr begrenzt sind. Während der erste Teil des Romans vor allem wegen der ungewöhnlichen Konstellation des Liebespaares und der realistischen Darstellungsweise auf reges Interesse stößt, bieten der zweite und der dritte Teil für die Lernenden Widerstände. Das hat vor allem damit zu tun, dass hier die Aktion gegenüber der Erzählerreflexion in den Hintergrund tritt, die wiederum zeit- und sozialgeschichtliche Grundkenntnisse voraussetzt. Eine Analyse dieses Teils wird im Rahmen der Entwicklung der Beziehung das Dilemma der zweiten Generation evident machen. Das ist notwendige Voraussetzung, um den Effekt zu relativieren, den die Darstellung des Prozesses bei einigen Leser/innen hervorruft: dass nämlich Hanna das Mitgefühl auf sich zieht und das Mitleid mit ihren Opfern demgegenüber in den Hintergrund tritt. Ob man sich diesen Kapiteln durch eine Rekonstruktion des Prozesses nähert oder ob man gleich nach den Veränderungen der Beziehung während des Prozesses fragt, sei anheim gestellt; wichtig ist, dass die zunehmende Entfremdung zwischen beiden Figuren mit der Reflexion des Prozesses selbst gekoppelt wird. Im Zentrum des unterrichtlichen Gesprächs hätte dann Michael Bergs Dilemma zu stehen, das er das Dilemma seiner Generation nennt: die Täter zugleich verstehen und verurteilen zu wollen (vgl. 151 f.).

Um den Lernenden sowohl die Unterscheidung zweier defizitärer Modelle des Umgangs der nachwachsenden Generationen mit Nazi-Zeit und Holocaust zu ermöglichen als auch die Unmöglichkeit einer Integration evident zu machen, bietet sich zunächst die Lektüre der Urteilsverkündung an (156 f.). Der Weg über die Formulierung alternativer Urteilssprüche ermöglicht eine unterrichtliche Erörterung der zwei oben genannten Modelle des Umgangs mit Nationalsozialismus und Holocaust. In den vorwiegend urteilskritischen Stimmen ließe sich der Wunsch, die Täter zu verstehen, aufdecken, in den stärker bestätigenden Stimmen dagegen der Wunsch, die Täter zu verurteilen. Im Zusammenhang des Urteilsspruchs ist mit den Lernenden nicht nur das Phänomen des Analphabetismus anhand seiner Indikatoren (vgl. 35; 42 f.; 54 ff.; 60; 76) zu analysieren, sondern auch zu erörtern, ob die Verknüpfung des Verbrechens mit dem Analphabetismus Hannas Schuld mindere. Dabei mag es hilfreich sein, die These des Ich-Erzählers, dass Analphabetismus Unmündigkeit (vgl. 178) sei, durch Pro- und Contra-Argumente zu diskutieren. Das unterrichtliche Gespräch über die Funktion dieses Zusammenhangs hätte nicht nur die Entlastung der Täterin zu problematisieren, sondern darin auch eine Strategie zum Abbau von Täterklischees auszumachen. Dann ginge es darum, auf das Monströse zu verzichten zugunsten eines realistischeren Blicks auf die NS-Verbrechen.

Die dritte Sequenz ist demgegenüber durch die Fragen bestimmt, warum Michael Berg Hanna weder im Gefängnis besucht, noch ihr dorthin schreibt, nachdem sie lesen und schreiben gelernt hat. Sie sollten ebenso Anlass zur Hypothesenbildung sein wie die Fragen, warum er ihr stattdessen vorliest, warum er Tonkassetten und Kassettenrekorder als Medium benutzt und welche spezifische Bedeutung dem Vorlesen zukommt.

Wer einen unterrichtlichen Akzent auf die Entwicklung setzen möchte, die Hanna Schmitz im Gefängnis genommen hat, kann – die Semantik der Räume nutzend – je eine Skizze von Hannas Küche in der Bahnhofstraße und von ihrer Gefängniszelle erstellen lassen, um vergleichend Küche und Gefängniszelle zu konfrontieren. Ein anderer Weg, Hannas Veränderung über die Methode der Visualisierung zu konkretisieren, besteht in einer Dokumentation der »Hanna-Bilder«, die der Ich-Erzähler entwirft (vgl. 14; 78; 91; 95; 112; 140 f.; 156; 184; 197). Die Arbeit an diesem Teil schließt mit dem Besuch bei der Tochter in New York und dessen Interpretation als »Annahme des negativen Erbes«.

Demgegenüber ist die letzte Sequenz auf die Schnittstellen von Literatur und Geschichte bezogen. Der Vergleich zwischen einer Reportage über Hermine Ryan, geb. Braunsteiner, die einen Rückblick auf den Majdanek-Prozess einschließt, und der Darstellung der am Prozess beteiligten Gruppen im Roman sucht vor allem die Differenzen zu erheben und für die Erörterung des verstehenden Ansatzes fruchtbar zu machen.

2 Unterrichtsreihen

Die Konstruktion von Unterrichtsreihen, die sich auf den Zeitraum eines Quartals beziehen, orientiert sich am Prinzip der Dominantsetzung eines umfangreicheren Textes, dem ein oder zwei – in der Regel kleinere – Texte als Anschluss-Lektüre zugeordnet werden. Die Vielfalt der im *Vorleser* thematisierten Aspekte erlaubt entsprechend akzentuierte Textkombinationen.

1. Unter dem Aspekt der *Erfahrung der Nachgeborenen im Täterkollektiv* und im Hinblick auf die *Verstrickung der zweiten Generation* bietet sich unter den zahlreichen Texten der *Väterliteratur* Peter Schneiders Erzählung *Vati* besonders an. Sie knüpft an die erste und einzige Begegnung zwischen dem KZ-Arzt Josef Mengele und seinem Sohn Rolf an. Ausgangspunkt ist die Frage, was man von einem Vater, den man nicht kennt, außer dem Namen erbe. Das Fazit besteht in der Einsicht, dass die Nachgeborenen Söhne und Töchter der Täter sind und nicht der Opfer. Zugleich entwirft die Erzählung ein Szenario, das die sozialen und politischen Bedingungen für Verbrechen gegen die Menschlich-

keit nachvollziehbar macht. Damit wendet sich auch Schneiders Text gegen ein selbstgerechtes Besserwissen der zweiten Generation. Wo Schlink jedoch vor allem die individuelle Dimension hervorhebt, setzt Schneider auch auf die strukturelle Ebene.

In den Zusammenhang der Texte aus der Sicht der Täter-Kinder passen auch die von Peter Sichrowsky durchgeführten und unter dem Titel *SCHULDIG GEBOREN* (1987) veröffentlichten Interviews. Der *EGON, 26, DER EWIGGESTRIGE* überschriebene Text weist den Sprecher als Sohn eines SS-Arztes aus und zeigt signifikante Differenzen zu der Figur des Sohnes in Schneiders Text. Didaktisch geeignet erscheint unter den Interviews auch *STEFANIE, 19, DIE STOLZE*. Als Repräsentantin der dritten Generation ergreift sie bewusst Partei für ihre Nazi-Großeltern und grenzt sich dadurch sowohl von der Büßerhaltung ihrer Eltern als auch vom Antifaschismus ihres 68er-Lehrers ab. Um die Perspektive der Kinder der überlebenden Opfer wahrzunehmen, kann kontrastiv auf die Gespräche zurückgegriffen werden, die Sichrowsky 1985 mit jungen Juden in Deutschland und Österreich geführt hat. Sie tragen den Titel *WIR WISSEN NICHT WAS MORGEN WIRD, WIR WISSEN WOHL WAS GESTERN WAR* und geben Auskunft über Isolationsangst und das Gefühl von Heimatlosigkeit und Zerrissenheit.

2. Wer den Akzent auf die *Defizite der Täter und deren Verhalten* legen möchte, dem bieten sich z. B. Helga Schuberts *JUDASFRAUEN* als Anschlusstexte an. Auf der Basis von Gerichtsprotokollen und persönlichen Gesprächen präsentiert die Autorin zehn Fallgeschichten weiblicher Denunziation während der NS-Zeit. Der *GESUCHT: GOERDELER* betitelte Bericht erscheint aus didaktischer Perspektive vor allem deshalb günstig, weil er eine weitere Variante der *Unmündigkeit* zur Darstellung bringt. Alternativ kann auch Thomas Mitscherlichs Verfilmung dieses Falls (*DIE DENUNZIANTIN 1993*) eingesetzt werden.

Zur Erhellung des konkreten Befunds des *Analphabetismus* liefert Ruth Rendells exzellenter Kriminalroman *URTEIL IN STEIN* einen reichhaltigen Beitrag. Anders als bei Schlink wird der Analphabetismus der Protagonistin in Rendells Roman entdeckt, sodass in den Folgen der Aufdeckung die restringierende Wirkung dieses Gebrechens evident wird. Claude Chabrol hat den Roman unter dem Titel *BIESTER* (*LA CÉRÉMONIE*) verfilmt, ohne allerdings die Dichte und Differenziertheit der Vorlage zu erreichen. Wo ein textsortenspezifisches Interesse vorliegt, kann auch über das Genre fachspezifische Erkenntnis gewonnen werden.

Während diese Texte in erklärender Absicht an den Defiziten der Täterinnen interessiert sind, geht es in der Erinnerungsliteratur der Opfer vor allem darum, die Unberechenbarkeit und Härte der Täterinnen darzustellen. Sowohl Fania Fénelons[251] *MÄDCHENORCHESTER IN AUSCHWITZ* als auch Isabella Leitners *ISABELLA* zeichnen ein Bild der Aufseherinnen, das von Ambivalenz und grausamer Willkür geprägt ist. Aus Frauensicht differenzierter und nicht ohne polarisierende Wirkung ist demgegenüber die Position, die Ruth Klüger in ihrer Autobiografie *WEITER LEBEN. EINE JUGEND* skizziert. Im Kapitel Christianstadt (Groß Rosen) führt sie aus, dass die Aufseherinnen im Durchschnitt weniger brutal gewesen seien als ihre männlichen Kollegen und fragt, ob **sich die berühmten Beispiele weiblicher Grausamkeit in den Lagern [nicht] auf immer dieselbe relativ kleine Gruppe von Aufseherinnen beziehen.**[252]

3. Unter dem Aspekt von *Recht und Gerechtigkeit* wird es möglich, den Blick nicht nur auf die Täter, sondern auch auf die Opfer zu richten. Wie Schlinks Roman die Frage nach Gerechtigkeit für die Täter provoziert, so macht die kleine Szene von Ida Fink, die den Titel *Der Tisch* trägt, aus der Perspektive der Opfer die Unzulänglichkeit gerichtlicher Wahrheitsfindung auf bestürzende Weise offenbar. Der Vergleich beider Texte erlaubt eine fruchtbare Debatte über die Rolle der Justiz bei der Aufarbeitung von Vergangenheit.

Ein aktuelles Beispiel aus dem lateinamerikanischen Kontext bietet Ariel Dorfmans Theaterstück *Der Tod und das Mädchen* (1991). In Dorfmans Stück stehen Opfer und Täter einander gegenüber, ohne dass die Identität des Täters mit letzter Gewissheit geklärt wäre. Das Opfer macht seinem Peiniger den Prozess und sucht dessen Geständnis zu erzwingen. Die Leser finden sich dadurch in der Rolle der Geschworenen und sehen sich mit Fragen konfrontiert, wie z. B. die, ob die Stimme ein Indiz sei oder ob Erinnerungen täuschen können. Auch dieser Text wurde verfilmt, Regisseur ist Roman Polanski.

Der in den Lehrplänen einiger Bundesländer erhobene Anspruch, einen längeren Sachtext zu bearbeiten, lässt sich gerade in diesem thematischen Zusammenhang sinnvoll realisieren. In Frage kommen sowohl Hannah Arendts Essay *Der Auschwitz-Prozess*[253] als auch Jean Amérys Radio-Essay *Ressentiments*, beide aus dem Jahr 1966. Amérys Text bietet sich nicht zuletzt deshalb an, weil er als Autor in der Bibliothek von Hanna Schmitz firmiert. Die *Ressentiments* thematisieren die Frage nach dem Verhältnis zwischen Opfern und Tätern und nach der Gerechtigkeit für die Opfer; in ihrer Eigenschaft als Ressentiments sind diese Überlegungen für die Nachkommen der Täter nicht ohne Brisanz und bieten Konfliktstoff für die Debatte über das Verhältnis zwischen Juden und Deutschen.

4. Unter curricularen Aspekten, die die *literarhistorischen Entwicklungen* verfolgen, ist natürlich auch eine Verknüpfung des Romans mit den Konzepten von Liebe und Ehre und den Vorstellungen von Verführung und Verrat, wie die Literatur des 18. und 19. Jahrhunderts sie bietet, angezeigt. Der Hinweis auf *Emilia Galotti* wird im Roman selbst gegeben. Die Thematisierung des Liebesverrats durch Michael Berg legt jedoch auch Anbindungen sowohl an die Gretchentragödie als auch an einige Romane Fontanes nahe.

3 Unterrichtssequenz

Stunde	Niveau	Stundenthema
1/2	GK/ LK	Die erzählte Welt – Themen, Protagonisten und die raum-zeitlichen Koordinaten des Romans
3/4	GK/ LK	›Liebe am Nachmittag‹ – die Beziehung zwischen Michael Berg und Hanna Schmitz im Sommer 1959
	LK-Additum	Die Symbolfunktion von Feuer und Wasser
5	GK/ LK	Zuschauer und Mitspieler – die Bedeutung des Prozesses für die Beziehung
6	GK/ LK	Ist Analphabetismus Unmündigkeit? Indikatoren und Bedeutung des Gebrechens von Hanna Schmitz
7/8	GK/ LK	Verstehen und Verurteilen – die Problematik des Umgangs mit NS-Tätern in der BRD
	LK-Additum	Leere und Anschauung – die Bedeutung der Reise zum KZ Struthof
9	GK/ LK	Die Betäubung – die Wirkung des Prozesses auf die Beteiligten
10/11	GK/ LK	Leben mit der Vergangenheit – die Entwicklung der Protagonisten und ihrer Beziehung nach dem Prozess. Die Bedeutung der Alphabetisierung
	LK-Additum	Traumzeit – Michael Bergs Träume als Spiegel seiner unvereinbaren Wünsche
12	GK/ LK	Die Annahme des negativen Erbes – die Bedeutung des Besuchs bei der Tochter in New York
13/14	GK/ LK	Literatur und Wirklichkeit – Vergleich zwischen Schlinks Roman und einer Reportage über Hermine Braunsteiner und den Majdanek-Prozess
15	GK/ LK	Die Präsenz von Auschwitz in Schule und Gesellschaft – der Beitrag des Romans zur Auseinandersetzung mit Auschwitz

Verwendete Abkürzungen:

A = alternative Themen- oder Aufgabenstellung
GA = Gruppenarbeit
GK = Grundkurs
HA = Hausaufgabe
LK = Leistungskurs
PA = Partnerarbeit
PRO = produktionsorientierte Themen- oder Aufgabenstellung
SV = Schülervortrag
UG = Unterrichtsgespräch

Stunden	Thema	Didaktische Aspekte (Inhalte/Ziele)
1./2. GK/ LK	Die erzählte Welt – Themen, Protagonisten und die raum-zeitlichen Koordinaten des Romans	Zentrale Themen des Romans entwickeln, die darauf bezogenen Ereignisse benennen und raum-zeitlich verankern 1. Einstieg Vorstellungsgeleitete Präsentation der Protagonisten 2. Erarbeitung 1 Ableitung zentraler Themen des Romans aus den Requisiten 3. Erarbeitung 2 Konkretisierung der Themen durch Ereignisse 4. Sicherung Zeitliche Verankerung der Ereignisse 5. Auswertung 6. Räumliche Verankerung der Ereignisse

Methodische Realisierung/ Verlauf

Vorab-Lektüre des gesamten Romans

PRO: Ordnen Sie den beiden Hauptfiguren ein passendes Requisit zu und begründen Sie Ihren Vorschlag.

Hanna	Michael
z. B.	z. B.
Schaffnerinnenuniform	zu großer Anzug
Wassereimer	Kohlenschütte
Schwamm	Buch (welches?)
Gürtel	Brille
Peitsche	Kassettenrekorder

UG: Auf welche Themen des Romans verweisen diese Requisiten?
Sexuelle Beziehung, NS-Verbrechen, Kommunikation, Lesen vs. Analphabetismus
GA: Welche Ereignisse oder Handlungen verbinden Sie mit den oben genannten Themen?
UG: Sammeln der Informationen und Anordnung in zeitlicher Abfolge (mithilfe eines Zeitstrahls an der Tafel):
Sexuelle Beziehung: Initiation, Rauswurf aus Hannas Bett, Schlag mit dem Gürtel auf der Osterreise, das letzte Treffen in Hannas Wohnung, Wiederbegegnung vor Gericht, der Besuch im Gefängnis
NS-Verbrechen: die Vorleserinnen, die Selektionen, der Kirchenbrand, Reinigungsbedürfnis Hannas, ihr Selbstmord;
Kommunikation: Streit, Reden über Literatur, Verweigerung des Gesprächs, Vorlesen auf Tonkassetten
UG: unter zeitlichem Aspekt
Die Linearität des Erzählens wird durch die Rekapitulation des Verbrechens unterbrochen
UG: Ordnen Sie den beiden Protagonisten Räume zu (Eintrag in den Zeitstrahl)
Welchen Raum der erzählten Welt halten Sie für den wichtigsten?
Optionen für:
Hannas Küche, den Gerichtssaal, das Gefängnis: Unterscheidung von privaten und öffentlichen Räumen, wobei sich letztere auf den Bereich der Justiz beziehen.

Hausaufgabe

Rekonstruieren Sie die Welt von Hanna Schmitz und Michael Berg im Sommer 1959. Beachten Sie die sozialen Bezüge und die damit verknüpften Orte.

Stunden	Thema	Didaktische Aspekte (Inhalte/Ziele)
3./4. GK/ LK	›Liebe am Nachmittag‹ – die Beziehung zwischen Michael Berg und Hanna Schmitz im Sommer 1959	Die Beziehung zwischen den beiden Hauptfiguren im Sommer 1959 1. Einstieg 2. Erarbeitung Nähe und Distanz Nähe der beiden Partner Die Bedeutung des Wassers in diesem Zusammenhang klären Distanz der beiden Partner 3. Präsentation der Ergebnisse Reduktion der Beziehung auf ein weltloses Ritual zweier Individuen in einer Schwellensituation. Trennung von Ritual und Lebenswelt 4. Auswertung des analytischen Befunds: Wie ist die Episode in der Straßenbahn zu beurteilen, wenn die Trennung von Ritual und Lebenswelt grundlegend für die Beziehung ist? 5. Fazit

Methodische Realisierung/ Verlauf	**Hausaufgabe**
UG: Michael und Hanna – ist das eine glückliche Liebe? GA (PRO): Einbringen der HA in einer Text-/Bildcollage unter der Fragestellung: Was verbindet die beiden Partner (was teilen sie) und was steht trennend zwischen ihnen? 1. Verbindende Faktoren: 1.1 Ritual ihrer Treffen (**Vorlesen, duschen, lieben und noch ein bißchen beieinander liegen,** S. 43) • Das Wasser als Element der Reinigung bzw. Erneuerung und als Element der Initiation • Der feste raum-zeitliche Rahmen • Vorlesen als geistige Ausweitung des festen Rahmens 1.2 Räumliche Ausweitungen jenseits des Rituals • Hannas Besuch im Hause Berg • österliche Fahrradtour 1.3 Befindlichkeit beider Partner in einer Latenzperiode bzw. in einer Schwellensituation: • Ich-Erzähler: vor dem Erwachsenwerden • Hanna Sch.: vor dem Aufdecken ihrer Geheimnisse 2. Trennende Faktoren 2.1 die soziale Schicht 2.2 das Lebensalter 2.3 der Alltag außerhalb des Rituals 2.4 das scheinbar Nicht-Kommunizierbare • seitens des Ich-Erzählers: die Beziehung selbst • seitens Hannas: die Vergangenheit – ihr Verbrechen, das mit dem Analphabetismus auf problematische Weise verknüpft ist. UG: Fehlen des lebensweltlichen Kontextes, des Alltags außerhalb des Rituals, der Vergangenheit	LK (PRO): Michael hat Hanna im Schwimmbad verraten. Stimmen Sie dieser Ansicht zu? Begründen Sie Ihre Position und berücksichtigen Sie dabei die unterrichtlichen Ergebnisse. GK (PRO): Visualisierung des Gerichtssaals
Standortbestimmung anhand der These: Hanna macht Michael wegen der Episode in der Straßenbahn zu recht Vorwürfe. UG: Argumentative Erörterung der eingenommenen Standorte: Erwartete Argumente: Hanna hat die Dominanz in der Beziehung: sie setzt die Regel der Trennung von Ritual und Lebenswelt: deshalb tadelt sie Michael zu unrecht Auch Michael Berg ist nicht fähig, die Trennung der Bereiche beherzt aufzuheben, obwohl er den Wunsch danach hat Die Entwicklungsmöglichkeiten einer Beziehung ohne geteilter Lebenswelt und ohne Vergangenheit sind sehr begrenzt	

Stunden	Thema	Didaktische Aspekte (Inhalte/Ziele)
	Die Symbolfunktion Feuer und Wasser	1. Einstieg Die im Roman angesprochene Funktion des Wassers 2. Erarbeitung Akzentuierung des rituellen Bads, des Tods durch Wasser im Gegensatz zu seiner erfrischenden und unterhaltenden Komponente 3. Auswertung Das rituelle Bad als Reinigungsakt und als symbolischer Tod 4. Transfer Die Verbindung von Feuer und Wasser als Verweis auf die Verknüpfung von Schuld und Reinigung von Schuld, von Schuld und Tod. 5. Fazit Berührung mit dem Wasser als Signal der Todesnähe

Methodische Realisierung/ Verlauf	Hausaufgabe
Schreibauftrag GA: Möglichst viele den Lernenden bekannte Funktionen des Wassers zusammenstellen: • Reinigung alltäglich rituell • Erfrischung • Unterhaltung, Entspannung • Lebenserhaltung • Brandlöschung • Vernichtung Lektüre S. 76–77: die letzte Zusammenkunft im Sommer 1959 UG: Welche Funktionen des Wassers werden hier angesprochen? • Rituelle Reinigung • Vernichtung • Entspannung (Schwimmbad)? Welche Funktionen werden nicht angesprochen? • Alltägliche Reinigung • Lebenserhaltung (Durstlöschen) • Brandlöschung? Werden Funktionen erkennbar, die noch nicht genannt wurden? UG: Wozu dient das rituelle Bad? Hypothesenbildung PA: Spezifisch für die Szene S. 76 f. ist die Verbindung von Hitze und Bad, von Feuer und Wasser. • Badeofen und Bad • Hitze und Schwimmbad Machen Sie Vorschläge zur Erklärung dieser Verknüpfung mit Blick auf den gesamten Roman • **Aber es war, als wolle sie mit mir zusammen ertrinken.** (77) • **Ich tauchte in das chlorige, milchige Wasser und hatte kein Bedürfnis, wieder aufzutauchen.** (77) UG: Über die Verknüpfung mit dem Badeofen steht das Reinigungsverhalten Hannas in Beziehung zum Feuertod der Frauen in der Kirche. In der vorliegenden Szene signalisiert die Berührung mit dem Wasser stärker die Nähe zum Tod als eine Wiedergeburt in eine neue Lebensphase, wie es in der ersten Badeszene der Fall ist.	PRO: Visualisierung des Gerichtssaals

Stunden	Thema	Didaktische Aspekte (Inhalte/Ziele)
5. GK/ LK	Zuschauer und Mitspieler – die Bedeutung des Prozesses für die Beziehung (5.3.2)	Nähe und Distanz während des Prozesses 1. Einstieg Zunahme der Distanz Räumliche Distanz Umkehr der Positionierungen 2. Erarbeitung 3. Sicherung 4. Transfer
6. GK/ LK	Ist Analphabetismus Unmündigkeit? – Indikatoren und Bedeutung des Gebrechens von Hanna Schmitz (vgl. 5.2)	1. Einstieg Bedeutung der Aufdeckung des Analphabetismus von Hanna für Michael Berg und für die Beziehung 2. Erarbeitung Bedeutung des Analphabetismus für die Schuld von Hanna Schmitz

Methodische Realisierung/ Verlauf	Hausaufgabe
Auswertung der Visualisierungen im Hinblick auf Nähe und Distanz: Wie verhält es sich während des Prozesses mit Nähe und Distanz in der Beziehung? Was hat sich verändert? Wodurch wird Distanz hergestellt? • ›Gerichtsbank‹ (95; 112) • Platzierung M.s in H.s Rücken (95) PA: Weitere Gründe für die Distanz (Textarbeit, 93–99) • ›versteinert‹ (99) im ›Betäubtsein‹ (97) • Vermeidung des Gesprächs mit Hanna (93) • Hannas Verbrechen • Hannas Schweigen während der Beziehung UG: Auswertung der PA. Evtl. Unterteilung nach: Ursache – Wirkung – Phänomen der Distanz Weshalb sucht Michael Berg zwar das Gespräch mit seinem Vater und dem Staatsanwalt, nicht aber mit Hanna Schmitz? Weitere mögliche Gründe • Das Machtverhältnis in der Beziehung • Zersetzung der Bilder von Hanna (142) • Wunsch Michaels, Hanna raus aus seiner Welt zu halten, raus aus seinem Leben.	Ermittlung der Indikatoren des Analphabetismus (Analyse von 126f.).
UG: Indikatoren des Analphabetismus und seine Wirkung auf Hannas Selbstgefühl: Kompensations- und Vermeidungsstrategien, Erweckung von Scham – Ausdruck einer peinlich empfundenen Identitätsbewusstheit Wirkung der Aufdeckung auf Michael Berg: Die Aufdeckung des Gebrechens durch Michael Berg führt bei diesem zu Ambivalenz, die in der Erörterung der Frage deutlich wird, warum Hanna ihr Gebrechen auch im Prozess verheimlicht (127ff.) und zur Frage nach seinem Verrat und seiner eigenen Schuld. UG: Erörterung der Thesen im Schreibgespräch: Analphabetismus entlastet – Analphabetismus entlastet nicht. Klärung der Frage, ob die NS-Verbrechen durch die Verknüpfung mit dem Analphabetismus eine Entschärfung erfahren. Im Sinne der Entlastung: Hanna habe sich nicht für das Verbrechen entschieden, sondern sei in die Tätigkeit als Aufseherin hineingeraten (128); Analphabetismus als Unmündigkeit (178). Gegen die Entlastung: Das Wort des Jura-Professors, man werde keinen finden, der wirklich meint, er habe damals morden dürfen (87); Hannas Selbstmord in der Nacht vor ihrer Entlassung.	Rekonstruktion der Reflexion des Ich-Erzählers: Unmöglichkeit, gleichzeitig zu verstehen und zu verurteilen (151f.): PRO: Argumente für beide Intentionen aus der Sicht Michael Bergs zur Vorbereitung einer Amerikanischen Debatte

Stunden	Thema	Didaktische Aspekte (Inhalte/Ziele)
		3. Auswertung Bedeutung der kontroversen Diskussion über die Verknüpfung von NS-Verbrechen und Analphabetismus
7./8. GK/ LK	Verstehen und Verurteilen – die Problematik des Umgangs mit NS-Tätern in der BRD	1. Einstieg Das Dilemma der Zweiten Generation 2. Erarbeitung 1 Modelle des Umgangs mit NS und Holocaust in der Zweiten Generation Klärung des defizitären Charakters jeder der beiden Umgangsweisen 3. Erarbeitung 2 Die Position des Gerichts 4. Auswertung Der Umgang mit dem Dilemma der Zweiten Generation

Methodische Realisierung/ Verlauf	Hausaufgabe
Unterscheidung von Opfer- und Täterperspektive und Einsicht in die Problematik der Verknüpfung von Verurteilen und Verstehen. UG: Was ist das Ergebnis der Schreibdiskussion? Gewinn einer auf die Erklärung des Täterverhaltens gerichteten Sicht? Vorteile und Grenzen dieser Sicht. Vorteile: Ermöglichung ethisch-politischer Selbstverständigungsprozesse: Reduktion der Abwehr, die Tätergeschichte als die eigene Geschichte zu akzeptieren, Weckung der Bereitschaft der Nachgeborenen für die NS-Verbrechen zu haften. Grenzen: Gefahr, den Blick auf die Leiden der Opfer und deren absolute Unterwerfung unter das Diktat der Täter zu verstellen.	
Einbringen der HA im Rollenspiel, Auswertung im UG: Für die verstehende Position: Die persönliche Nähe, die frühere emotionale Verbundenheit Für die verurteilende Position: Mord bleibt Mord, Verbrechen zieht Strafe nach sich. PRO: Formulierung von Kommentaren zum Urteil aus der Perspektive der Schüler/innen UG: Rückführung der Einschätzungen auf die ihnen zugrundeliegenden Intentionen – die Täter zu verurteilen (Gerechtigkeit für die Opfer) – die Täter zu verstehen (Gerechtigkeit für die Täter) Im Hinblick auf die verstehende Position wäre zu fragen, in welcher Weise die notwendige Verurteilung deutlich werden soll: Variante A: Gleichmäßige Bestrafung aller fünf Frauen mit lebenslänglicher Haft → Verurteilungsmodell, in dem Hannas Spezialfall – und damit das Verstehen – keine Berücksichtigung findet. Variante B: Mildere Bestrafung Hannas im Vergleich zu ihren Mittäterinnen, um ihrer speziellen Situation gerecht zu werden → Verstehensmodell, in dem die Gerechtigkeit für die Opfer auf der Strecke bleibt, denn auch Hanna ließ die eingeschlossenen Frauen verbrennen. Variante C: Milde Urteile für alle fünf Frauen lägen auf der Linie der Verleugnung der Verbrechen und bestätigten die These von der Zweiten Schuld. Wie ist die Position des Gerichts zu beurteilen? Verurteilung ohne genaue Täterwahrnehmung: Hannas Geständnis wird ungeprüft angenommen. Paktiert das Gericht unbewusst mit den Verteidigern der andern Angeklagten? Blick auf den Vorsitzenden Richter. Kann man sich im Dilemma einrichten? Ist die von Michael Berg beschriebene dilemmatische Position lebbar?	LK (PRO): Textproduktion anlässlich eines Fotos von Konzentrationslagern (Mat. 2). Verfassen Sie einen Text zu diesem Bild. GK: siehe Einstieg 9. Std.

Stunden	Thema	Didaktische Aspekte (Inhalte/Ziele)
	Leere und Anschauung – die Bedeutung der Reise zum Struthof (5.3.2)	1. Einstieg Der Ort: Mangel an Anschauung (149) 2. Erarbeitung 1 Die Begegnung mit dem Mercedesfahrer: Das Modell der ›kalten Grausamkeit‹ (145 f.), des Mordens aus Gleichgültigkeit 3. Erarbeitung 2 Der Mann mit dem Holzbein als Bild für Hanna Schmitz als Opfer und Täterin 4. Ergebnis 5. Transfer

Methodische Realisierung/ Verlauf	Hausaufgabe
UG: In der Auswertung der HA Unterscheidung zwischen rein beschreibenden und konkretisierenden Texten: zeigen, dass die Anschauung in Bezug auf Opfer und Täter auf Vorwissen beruht (evtl. Bezug zu Peter Weiss oder Ruth Klüger). Anschauung der Täter: Konkretisierung dieses Täterprofils durch das vom Mercedesfahrer beschriebene Foto PRO: Rekonstruktion des Fotos und Problematisierung dieses Täterprofils GA: Ist der Mann mit dem Holzbein Opfer oder Täter? Schwierigkeit zu entscheiden, ob der Mann mit dem Holzbein als Repräsentant der Opfer oder der Täter zu verstehen ist Zwei Deutungsmöglichkeiten: 1. Der Mann als Repräsentant der Opfer: Identifikation mit dem Aggressor als Verhaltensmodell des Opfers 2. Gemeinschaft des Einbeinigen mit den Kippenwerfern als Bild für die Tätergemeinschaft von Hanna Schmitz und ihren Mitangeklagten, unter denen sie durch ein besonderes Merkmal charakterisiert ist Dilemma von identifizierendem Verständnis und externalisierendem Verurteilen UG: Übertragung der Situation im Wirtshaus auf die Situation vor Gericht: 1. Reflexion des Eingreifens Michael Bergs im Wirtshaus und dessen Übertragung auf seine mögliche Intervention vor Gericht. Vergleich des Verhaltens von Michael Berg im Wirtshaus und vor Gericht. 2. Reflexion und Problematisierung des Verzichts auf den Handschriftenvergleich sowie des Umstands, dass Hanna Schmitz unwidersprochen die Hauptschuld zugewiesen bekommt. Problematisierung des Verhaltens der Staatsanwälte, Anwälte, Schöffen und Richter mit dem Ziel, die justizkritische Dimension des Romans zu profilieren.	

Stunden	Thema	Didaktische Aspekte (Inhalte/Ziele)
9. GK/ LK	Die Betäubung – die Wirkung des Prozesses auf die Beteiligten	1. Einstieg 2. Erarbeitung Die Reaktion des Betäubtseins, der Anästhesie 3. Erarbeitung Die Bedeutung der Universalität dieser Reaktion 4. Auswertung

Methodische Realisierung/ Verlauf	Hausaufgabe
Mögliche Reaktionen auf die Enthüllung, dass ein geliebter Mensch ein Mörder ist. UG: Nennung unterschiedlicher Reaktionsweisen von den Lernenden – Umschlag der positiven in negative Gefühle – Verunsicherung der Gefühle – Verleugnung, Abspaltung Bedeutung dieser speziellen Reaktion: PRO: Erstellung eines Clusters zum Stichwort ›Betäubung‹ Analyse von 84 f.; 96–100; 159 f.: Hypothesen zur Bedeutung der Anästhesie-Semantik A: Ggf. schon hier: Hinzuziehen von Mat. 3 (Adorno, *Erziehung nach Auschwitz*): Adorno sieht die Indifferenz gegen das Schicksal der anderen als Ausdruck der Kälte der gesellschaftlichen Monade (Z. 28–31) Was bedeutet es, dass alle am Prozess beteiligten Gruppen von dieser Reaktion betroffen sind? PRO: Thesendiskussion im Schreibgespräch: Handelt es sich um eine Einebnung des Unterschieds zwischen Opfern und Tätern, um gewissermaßen alle zu Opfern zu machen? Verweist diese Reaktion auf das Ausmaß des Schreckens, das das Fassungsvermögen alle übersteigt? Einbezug der Reflexion Adornos, der die Kälte als Grundzug der Anthropologie überhaupt bezeichnet UG: Schüler/innenpräsentation	Rekonstruktion der Entwicklung der Protagonisten nach dem Prozess. Welche drei Bücher würden Sie jeder der beiden Figuren zuordnen?

Stunden	Thema	Didaktische Aspekte (Inhalte/Ziele)
10./ 11. GK/ LK	Leben mit der Vergangenheit – die Entwicklung der Protagonisten und ihrer Beziehung nach dem Prozess. Die Bedeutung der Alphabetisierung	1. Einstieg Entwicklung der beiden Protagonisten während der Gefängnisjahre von Hanna Schmitz 2. Erarbeitung Entwicklung der Beziehung während dieser Zeit 3. Sicherung 4. Auswertung Funktion der Alphabetisierung

Methodische Realisierung/ Verlauf	Hausaufgabe
UG: 1. Einbringen der HA: Michael Berg: • Scheitern der Ehe und weiterer Beziehungen • Schuldgefühle gegenüber der Tochter • Probleme der Berufswahl im Bereich der Jurisprudenz • Distanzierungsbemühungen (187: hat sie auf eine Nische reduziert und ihr keinen Platz in seinem Leben zugebilligt) • Beschäftigung mit der ODYSSEE • Aufnahme der Vorlesertätigkeit auf Tonkassetten • Latente Abhängigkeit von Hanna Schmitz (164 ff.; 184 ff.; 191) und Hanna Schmitz: • Alphabetisierung • Schriftliche Nachrichten an Michael Berg • Vernachlässigung ihres Körpers • Aufbau einer Handbibliothek zum Thema Auseinandersetzung mit der NS-Vergangenheit • Selbstmord 2. GA: Problematisierung des erhobenen Befunds: 2.1 Warum verweigert Michael Berg Hanna Schmitz Briefe und Besuche? Anders gefragt: Was bedeutet es, dass er ihr stattdessen auf Tonkassetten vorliest? Worin liegt der Unterschied? (Er entzieht sich der Verführung, indem er nicht auf ihre Aktivitäten reagiert, sondern im Vorlesen auf Tonkassetten die Art seines Engagements selbst bestimmt: Er wählt für sich die Vorleser-Rolle unter Ausblendung der Rolle des Liebhabers; dabei fixiert er sie auf ihre Rolle im KZ; Anknüpfung an Vergangenheit schafft Nähe, die Benutzung des technischen Mediums Distanz) 2.2 Warum vernachlässigt Hanna Schmitz ihr Äußeres? ›Freigabe‹ Michaels? Vernachlässigung ihres ›Trumpfs‹, d. h. dessen, womit sie ihren Vorleser an sich gebunden hat, ihrer körperlichen Attraktivität. Akzentuierung der geistigen Welt gegenüber der sinnlich-körperlichen. 3. UG: Sammlung und Integration der Ergebnisse 4. UG: Ermöglichung eines Selbstbewusstseins, das nicht auf Vermeidungs- und Kompensationsstrategien angewiesen ist; Ermöglichung reflexiver Selbstverständigung durch Zwiesprache mit Büchern; Eröffnung einer Hanna bis dahin unzugänglichen Welt des Geistes; Initiation in die Welt der Mündigen, in der der Körper und seine Instinkte nicht absolut gesetzt zu werden brauchen.	LK: Lesen Sie die Traumprotokolle auf S. 9–11 und 199 f. und fertigen Sie eine Skizze der beiden Häuser an. GK: siehe Einstieg 12. Std.

Stunden	Thema	Didaktische Aspekte (Inhalte/Ziele)
	Traumzeit – Michael Bergs Träume als Spiegel seiner unvereinbaren Wünsche	1. Einstieg Die Bedeutung der Träume von Michael Berg
		2. Erarbeitung 1 Zwei unterschiedliche Träume von Häusern als Rahmung der Erinnerungen Michael Bergs: Was verrät die Erscheinung des Hauses über die Bedeutung des Wunsches und über die Möglichkeit seiner Erfüllung?
		3. Erarbeitung 2 Die Ambivalenz des Traums: Was verrät das Verhalten des Träumenden über dessen Umgang mit seinem Wunsch?
		4. Auswertung Die Träume als Hinweis auf die Unvereinbarkeit zweier Optionen und auf das Dilemma des Träumenden (Eintreten zu wollen, und nicht zu können; Eintreten zu können und es nicht zu tun)

Methodische Realisierung/ Verlauf	Hausaufgabe

UG: Träume von Häusern und ihre Bedeutung: Welcher Wunsch erscheint jeweils mit dem Traum verknüpft?

Traum 1	Traum 2
Sehnsucht nach der alten Beziehung mit Hanna, nach dem vergangenen Glück	Sehnsucht nach Hause zu kommen, nach Gemeinschaft mit Hanna in der neuen Welt

SV: Präsentation der Skizzen der geträumten Häuser
Klärung von Gemeinsamkeiten und Unterschieden beider geträumter Häuser: Analyse 9–11; 199 f.
Vergleichende Analyse der Träume am Anfang und am Ende von Michael Bergs Erzählung im Anschluss an Visualisierungen der Lernenden

Darstellung der Häuser

Traum 1	Traum 2
Sandstein	Sandstein
Deutschland, Europa	USA
Unzugänglich, verschlossen	Zugänglich, offene Tür
Blindheit der Fenster (Bezug zum Gerichtssaal: Verurteilung)	(ohne Bezug zur Vergangenheit)
Brandmauer (Bezug zum Kirchenbrand)	
Abwesenheit Hannas	Anwesenheit Hannas: • Geht ihm voraus • realitätsferne Züge • fährt Auto, spricht Englisch

PA: Verhalten des Träumenden

Der Träumende	Der Träumende
– sucht der Unzugänglichkeit des Hauses zum Trotz wiederholt Zugang zu gewinnen; – drückt dennoch die Türklinke nicht	– erhält das Angebot einer Gemeinschaft mit Hanna in einem neuen Kontext unter Ausblendung ihrer Gefängnisjahre; – wehrt sich gegen das Angebot des Traums

UG: Die Träume entsprechen sich in einer Reserve des Träumenden gegenüber seinem Wunsch. Sie unterscheiden sich in der Repräsentation der Vergangenheit und in der Möglichkeit der Wunscherfüllung. Zugleich spiegeln sie das Dilemma von Distanz und Nähe.

Traum 1	Traum 2
Hannas Verbrechen und dessen Verurteilung ver-	Die Abwehr des Träumenden und die Tatsache, dass er das

Stunden	Thema	Didaktische Aspekte (Inhalte/Ziele)
12. GK/ LK	Die Annahme des negativen Erbes – die Bedeutung des Besuchs bei der Tochter in New York	1. Einstieg 2. Erarbeitung 1 Offenlegung der Beziehung, was Michael Berg bis dahin immer vermieden hat, als Gewinn an aktiver Auseinandersetzung mit NS und Holocaust 3. Erarbeitung 2 Gründe, warum Michael Berg nur der ›Tochter‹ gegenüber seine Geschichte offen legt 4. Entfaltung dieses Erklärungsansatzes Unterschiedliche Übergangsobjekte zeigen die unaufhebbare Differenz in der Beziehung beider Figuren zu Hanna Schmitz

Methodische Realisierung/ Verlauf		Hausaufgabe
hindern im Traum die Realisierung des Wunsches. Der Traum gestaltet in der Differenz von Sehnsucht und Unzugänglichkeit die Distanz des Träumenden zu dem an das Haus in der Bahnhofstraße gebundenen Beziehungsritual. Der Traum akzentuiert das Verbrechen.	Haus nicht betritt, obwohl es offen steht, verhindern im Traum die Realisierung des Wunsches. Der Traum gestaltet in der Differenz von Angebot und Abwehr die Unmöglichkeit, die Vergangenheit auszuklammern. Der Traum akzentuiert die Versuchung, das Verbrechen auszuklammern.	
UG: Einbringen der HA: In welchen Situationen hätte Michael Berg sich bereits offenbaren können oder sollen? (explizit: Sophie, Ex-Kommilitone auf der Beerdigung des Professors, Gefängnisdirektorin; implizit: gegenüber seiner Frau) und warum tat er es nicht? Diskussion der unterschiedlichen Fälle. Was bedeutet das Offenlegen? (Akzeptieren von Scham? Sich der Kritik aussetzen?) PRO: Analyse des Besuchs bei der Tochter in New York (200–204). Vergleich der beiden Figuren auf der Basis eines Standbilds zur Beziehung der beiden: Beide sind in unterschiedlicher Weise und Schwere Hannas Opfer geworden bzw. Hanna als das beide Verbindende. Aber: Hinsichtlich des Opfer-Status besteht ein entscheidender Unterschied: Michael Berg ist verantwortlich für das, was ihm angetan wurde, die jüdische Frau ist frei von solcher Verstrickung (sie hatte Hanna gegenüber keinen Entscheidungsspielraum) UG: Gemeinsamkeiten und Unterschiede der beiden in ihrer Beziehung zu Hanna: ›Übergangsobjekt‹: Assoziation zu den beiden Requisiten: in Bezug auf Michael Berg repräsentiert der Kassettenrekorder, was er ihr gegeben hat; in Bezug auf die namenlos bleibende jüdische Frau repräsentiert die Teedose (vgl. 203), was die Deutschen ihr genommen haben. Schärfung des Blicks für die Unterschiede zwischen Opfer- und Täterkollektiv. Das jüdische Opfer erscheint als die erste Person, die ein Recht darauf hat zu erfahren, dass das mit Hannas Aufseherinnenexistenz verbundene Vorlesen am Ende dazu geführt hat, dass sie wusste, **was sie anderen im Lager und auf dem Marsch angetan hat** (202).		Lektüre von Th. Schmitz, Die Stute von Majdanek (Mat. 4)

Stunden	Thema	Didaktische Aspekte (Inhalte/Ziele)
13./ 14. GK/ LK	Literatur und Wirklichkeit – Vergleich zwischen Schlinks Roman und einer Reportage über Hermine Braunsteiner und dem Majdanek-Prozess	1. Einstieg Gerichtliche Verfahren gegen weibliche Lagerbedienstete 2. Erarbeitung 1 Vergleich der anderen Angeklagten 3. Erarbeitung 2 Hermine Braunsteiner und Hanna Schmitz im Vergleich (Funktion im KZ, Verhalten im KZ, Verhalten zwischen 1945 und Prozessbeginn, Anklage, Prozessverlauf/Dauer, Strafmaß, Reaktion auf das Urteil) 4. Ergebnis Trotz deutlicher Parallelen bietet die Reportage ein eindeutig negatives Bild der Angeklagten, während der literarische Text ein ambivalentes zeichnet.

Methodische Realisierung/ Verlauf	Hausaufgabe

SV: Überblick über die großen NS-Prozesse
Majdanek-Prozess als einziges Verfahren gegen weibliche Lagerbedienstete vor einem deutschen Gericht: wenn der im Roman dargestellte Prozess eine historische Entsprechung hat, dann kann es nur der Majdanek-Prozess sein.
UG: Entsprechung des Strafmaßes; Ähnlichkeit in der eher feindseligen Beziehung / Umgangsform
Differenz hinsichtlich der Hierarchie der Angeklagten
GA: Erhebung von Vergleichspunkten
In beiden Fällen handelt es sich um einen Schwurgerichtsprozess

Reportage	Roman
Prozessdaten	
Nov. 1975 bis 30. Juni 1981 474 Prozesstage: längstes Verfahren gegen nationalsozialistische Verbrecher	Frühjahr bis Ende Juni 1966 keiner der großen KZ-Prozesse
Ort des Prozesses	
Düsseldorf	[Frankfurt/M.]
Alter der Angeklagten bei Prozessbeginn	
56 Jahre (*1919)	43 Jahre (*1922)
Merkmale der Angeklagten	
Liebe zu Tieren, v. a. zu Welpen Wird von den Häftlingen in Majdanek **Kobyla, die Stute** genannt	Nennt Michael Berg u. a. **Welpe** (68) Michael Berg denkt [**a**]**n ein Pferd**, wenn er Hanna Schmitz im Arm hält (68)
Funktion der Angeklagten im Lager	
Stellvertretende Schutzhaftlagerführerin in Majdanek; Oberaufseherin in Ravensbrück	Unklare Stellung in der Befehlshierarchie (109)
Anklage	
250 000 Tote in Majdanek	Teilnahme an Selektionen Feuertod der Frauen in der Kirche
Grausamkeit der Angeklagten	
Explizite Darstellung willkürlicher Grausamkeit im Lager, v.a. gegen Kinder; Kriegsverdienstkreuz zweiter Klasse Mordgierige Grundhaltung	Diffuse Darstellung des Verhaltens im Lager; Selektionen werden nicht konkret entfaltet

UG: Die Darstellung von Hanna Schmitz im Roman bietet ein ambivalenteres Bild als die Darstellung der historischen Person und evoziert mehr Sympathie für die Angeklagte als die Reportage. Dabei wird keineswegs ausgeschlossen, dass auch Hanna

Stunden	Thema	Didaktische Aspekte (Inhalte/Ziele)
		5. Vertiefung Das Gericht im Vergleich
15. GK/ LK	Die Präsenz von Auschwitz in Schule und Gesellschaft – der Beitrag des Romans zur Auseinandersetzung mit NS und Holocaust	1. Einstieg Entdämonisierung der NS-Täter/innen: die Banalität des Bösen 2. Erarbeitung 1 Aktualisierung der Gedächtnisperspektive der Täter und der Verstrickung der zweiten Generation 3. Erarbeitung 2 Intention der Personalisierung der Schuld der Täter und der Tribunalisierung 4. Abschließende Erörterung Hat die Besprechung des Romans neue Einsichten zum Thema NS und Holocaust gebracht?

Methodische Realisierung/ Verlauf	Hausaufgabe
Schmitz Kinder totgeschlagen hat. Abschließende Diskussion des verstehenden Ansatzes. Unterschied in der Darstellung des Vorsitzenden Richters Reportage/ Realität — Roman Engagement — Routine (vgl. 153–155) Ergebnis: Die justizkritische Dimension des Romans erfordert eine zeitlich frühere Platzierung des Prozesses und eine dementsprechend holzschnittartigere Darstellung des Gerichts.	
PRO: 1.1 Präsentation von Leonhard Cohen, »Alles, was es über Adolf Eichmann zu wissen gibt« (Mat. 5) unter Aussparung der Antworten auf die Frage **Was haben Sie erwartet?** und Formulierung möglicher Antworten durch die Schüler/innen. UG: 1.2 Klärung der Bedeutung des Gedichts durch die Erörterung der Schüler/innenantworten (Monster, Ungeheuer) in Verbindung mit den Antworten des Originaltextes. UG: 1.3 Übereinstimmung hinsichtlich der Entdämonisierung der Täter PA: 2 Auf die Differenz gerichteter Vergleich zwischen der Darstellung der Täter bei Cohen und Schlink 2.1 hinsichtlich der Figurengestaltung Cohen: — Schlink: unpersönliche Darstellung — individuelle Darstellung 2.2 hinsichtlich der Darstellungsperspektive Cohen: — Schlink: distanziert — involviert, u.b.B. der Zweiten Generation SV: Einbringen der Ergebnisse UG: 3 Ermittlung der Intention der Täterdarstellung hinsichtlich der Darstellungskontexte In welchen Zusammenhängen werden die Täter dargestellt? Cohen: — Schlink: Identitätskarte — Persönliche Verstrickung Identifikation der Täter — Personalisierung d. Schuld; Aspekt der Verantwortung der Schuldigen vor Gericht; Tribunalisierung 3.2 hinsichtlich des Verhältnisses zu den Opfern Cohen: — Schlink: wird nicht thematisiert — Distanz und Trennung der Gedächtnisperspektiven wird offenkundig UG: 4 Äußerungen der Schüler/innen, die sowohl Lernergebnisse als auch subjektive Einstellungen zum Thema artikulieren.	

4 Klausurvorschläge

Aufgabe 1 (GK): Textgrundlage: Bernhard Schlink, *Der Vorleser*. Zürich 1996 (detebe), S.15–18.

1. Analysieren Sie das vorliegende Kapitel aus Bernhard Schlinks Roman *Der Vorleser* unter besonderer Berücksichtigung des Verhaltens und der Intentionen der beiden Protagonisten im Kontext von Raum und Zeit.
2. Erklären Sie Ihre Befunde vor dem Hintergrund Ihrer Kenntnis des gesamten Romans.

Aufgabe 2 (LK): Textgrundlage: Bernhard Schlink, *Der Vorleser*. Zürich 1996 (detebe), S. 144–147; 150–151.

1. Analysieren Sie die vorliegenden Romanausschnitte als literarische Darstellung der Reise zu einem Konzentrationslager und berücksichtigen Sie dabei besonders die Frage, ob und in welcher Weise die von Michael Berg mit der Reise verbundenen Absichten verwirklicht werden.
2. Vergleichen Sie die Zeilen 73 bis 85 und 111 bis 130 mithilfe relevanter Vergleichspunkte, und stellen Sie dar, was diese Detailbefunde für die Verwirklichung der Reiseabsicht bedeuten.
3. Zeigen Sie abschließend, welche Konsequenzen Ihre Analyseergebnisse hinsichtlich des Umgangs mit den NS-Verbrechen nahe legen und nehmen Sie aufgrund Ihrer eigenen Erfahrung dazu Stellung.

Aufgabe 3 (LK): Textgrundlage: Bernhard Schlink, *Der Vorleser*. Zürich 1996 (detebe), S. 153–155.

1. Analysieren Sie das Gespräch Michaels mit dem Vorsitzenden Richter (II. Teil, 16. Kapitel). Beachten Sie dabei Anlass, Ablauf und Ergebnis sowie das Verhalten der Figuren.
2. Vergleichen Sie dieses Gespräch mit dem Gespräch, das Michael mit seinem Vater führt (II. Teil, Kap. 12), und erklären Sie Ihre Ergebnisse. Berücksichtigen Sie dabei den Kontext des Romans.
3. Michael vermeidet im Zusammenhang des Prozesses das persönliche Gespräch mit Hanna. Stellen Sie dar, inwieweit diese Unterlassung Auswirkungen auf die weitere Handlung hat (III. Teil).

Aufgabe 4 (GK): Textgrundlage: Bernhard Schlink, *Der Vorleser*, Zürich 1996 (detebe), S. 184–188.

1. Analysieren Sie den vorliegenden Romanauszug unter besonderer Berücksichtigung des Wechsels von Nähe und Distanz zwischen den beiden Figuren.
2. Am Abend nach dem Treffen begeht Hanna Selbstmord, ohne dass Gründe für ihre Tat bekannt würden. Stellen Sie ausgehend von dem vorliegenden Textauszug Hypothesen bezüglich der Motive Hannas auf und diskutieren Sie, inwiefern die eine oder andere Erklärung das Gesamtverständnis des Romans beeinflusst.

Additum für den LK als 2. Aufgabenteil:

Weisen Sie anhand konkreter Beispiele nach, inwiefern diese Szene leitmotivisch mit anderen Passagen der Handlung verknüpft ist und ziehen Sie daraus Schlüsse hinsichtlich der Bedeutung der vorliegenden Szene für die beiden Protagonisten.

Aufgabe 5 (LK): Textgrundlage: Mechthild Küpper, *Liebe zum Täter*. In: Wochenpost, Berlin vom 31. 8. 1995 (Mat. 6a) und Claus-Ulrich Bielefeld, *Die Analphabetin*. In: Süddeutsche Zeitung vom 4./5. 11. 1995 (Mat. 6b).

1. Analysieren Sie vergleichend die beiden Rezensionen von Bernhard Schlinks Roman *Der Vorleser* (1995).
2. Erörtern Sie die beiden Positionen vor dem Hintergrund Ihrer im Unterricht erworbenen Kenntnisse.

Aufgabe 6 (LK): Textgrundlage: Hannah Arendt, *Was heisst persönliche Verantwortung unter einer Diktatur*? In: Dies., *Nach Auschwitz*. Essays & Kommentare 1. Hrsg. von Eike Geisel und Klaus Bittermann. Aus dem Amerikanischen übersetzt von Eike Geisel. Berlin 1989 (Klaus Bittermann. Edition Tiamat), S. 81–97, S. 96 f. (Mat 7).

1. Analysieren Sie den vorliegenden Textauszug von Hannah Arendt unter besonderer Berücksichtigung des Argumentationszusammenhangs.
2. Stellen Sie dar, in welcher Hinsicht sich Bezüge zu Bernhard Schlinks Roman *Der Vorleser* herstellen lassen.
3. Wählen Sie eine Textstelle aus dem Roman aus (ca. 2 Seiten), an der sich einer der obigen Bezüge konkret darstellen lässt, und interpretieren Sie sie.

Aufgabe 7 (GK): Textgrundlage: Ruth Klüger, *weiter leben. Eine Jugend*. München 1994 (dtv), S. 69–70 (Mat. 8), und Bernhard Schlink, *Der Vorleser*, Zürich 1996 (detebe), S. 148–150.

1. Analysieren Sie den Auszug aus Klügers Autobiografie *weiter leben*, indem Sie die Position der Autorin zur ›Museumskultur‹ herausarbeiten.
2. Stellen Sie einen Bezug zu Schlinks Roman her (S. 148–150), indem Sie den Anlass und den Ausgang von Michael Bergs KZ-Besuch mit Klügers Position vergleichen.
3. Stellen Sie dar, inwiefern Michael Bergs Erfahrung in dieser Situation Auswirkungen hat auf den weiteren Verlauf seiner Beziehung zu Hanna Schmitz.

Hinweise zur Autorin: Ruth Klüger, geb. 1931 in Wien, wurde als jüdisches Mädchen zusammen mit ihrer Mutter in Konzentrationslager verschleppt. Sie lebt heute als Literaturwissenschaftlerin in Irvine, Kalifornien.

Aufgabe 8 (GK): Textgrundlage: Jan Philipp Reemtsma, *Zivilisation*. In: Ders., *Mord am Strand*. Allianzen von Zivilisation und Barbarei. Aufsätze und Reden. Hamburg 1998 (Hamburger Edition), S. 138–140 (Mat. 9).

1. Analysieren Sie, wie Jan Philipp Reemtsma *Zivilisation* versteht und wie er dieses Verständnis entwickelt.
2. Erläutern Sie, inwiefern Reemtsmas Ausführungen geeignet sind, Schlinks Roman *Der Vorleser* zu interpretieren.

Material 1

Skizze der Zeit- und Ereignisstruktur im Roman *Der Vorleser*

Teil II	Teil I	Teil II	Teil III
* 07.43	erste Begegnung mit Hanna Ostern Radtour erster Streit (S-Bahn) Schuljahr geschafft Beginn der Beziehung Gelbsucht Trennung	Besuche (Vater, Richter, KZ) Michael bemerkt Analphabetismus	erste Kassettensendung Heirat, Kind, Scheidung Besuch bei Hanna im Gefängnis USA-Reise
Michael			
22 39/40 43 44/45 50	58 **Herbst** 59 **Frühjahr** 59 **Sommer**	66 **Frühjahr** 66 **Sommer**	74 78 84 94
Hanna * 22. 10.			
Berlin Auschwitz Lager bei Krakau	Trennung Umzug Beginn der Beziehung erster Streit (S-Bahn) erste Begegnung mit Michael	Prozess Urteil	Freitod erster Brief an Michael lernt Schreiben und Lesen

Luftaufnahme des ehemaligen KZs Birkenau in Polen

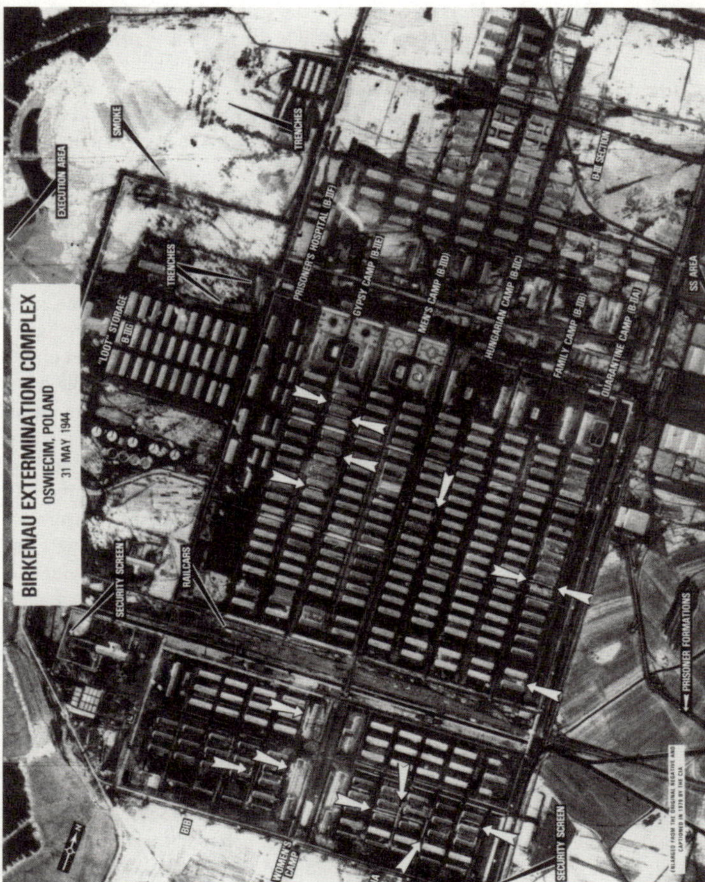

© AKG, Berlin

Material 3

Theodor W. Adorno: Erziehung nach Auschwitz

[…] Wohl sind ein paar Worte über Kälte überhaupt erlaubt. Wäre sie nicht ein Grundzug der Anthropologie, also der Beschaffenheit der Menschen, wie sie in unserer Gesellschaft tatsächlich sind; wären sie also nicht zutiefst gleichgültig gegen das, was mit allen anderen geschieht außer den paar, mit denen sie eng und womöglich durch handgreifliche Interessen verbunden sind, so wäre Auschwitz nicht möglich gewesen, die Menschen hätten es dann nicht hingenommen. Die Gesellschaft in ihrer gegenwärtigen Gestalt – und wohl seit Jahrtausenden – beruht nicht, wie seit Aristoteles ideologisch unterstellt wurde, auf Anziehung, auf Attraktion, sondern auf der Verfolgung des je eigenen Interesses gegen die Interessen aller anderen. Das hat im Charakter der Menschen bis in ihr Innerstes hinein sich niedergeschlagen. Was dem widerspricht, der Herdentrieb der sogenannten lonely crowd, der einsamen Menge, ist eine Reaktion darauf, ein Sich-Zusammenrotten von Erkalteten, die die eigene Kälte nicht ertragen, aber auch nicht sie ändern können. Jeder Mensch heute, ohne jede Ausnahme, fühlt sich zuwenig geliebt, weil jeder zuwenig lieben kann. Unfähigkeit zur Identifikation war fraglos die wichtigste psychologische Bedingung dafür, daß so etwas wie Auschwitz sich inmitten von einigermaßen gesitteten und harmlosen Menschen hat abspielen können. Was man so ›Mitläufertum‹ nennt, war primär Geschäftsinteresse: daß man seinen eigenen Vorteil vor allem anderen wahrnimmt und, um nur ja nicht sich zu gefährden, sich nicht den Mund verbrennt. Das ist ein allgemeines Gesetz des Bestehenden. Das Schweigen unter dem Terror war nur dessen Konsequenz. Die Kälte der gesellschaftlichen Monade, des isolierten Konkurrenten, war als Indifferenz gegen das Schicksal der anderen die Voraussetzung dafür, daß nur ganz wenige sich regten. Das wissen die Folterknechte; auch darauf machen sie stets erneut die Probe.

Verstehen Sie mich nicht falsch. Ich möchte nicht die Liebe predigen. Sie zu predigen, halte ich für vergeblich: keiner hätte auch nur das Recht, sie zu predigen, weil der Mangel an Liebe – ich sagte es schon – ein Mangel *aller* Menschen ist ohne Ausnahme, so wie sie heute existieren. Liebe predigen setzt in denen, an die man sich wendet, bereits eine andere Charakterstruktur voraus als die, welche man verändern will. Denn die Menschen, die man lieben soll, sind ja selber so, daß sie nicht lieben können, und darum ihrerseits keineswegs so liebenswert. Es war einer der großen, mit dem Dogma nicht unmittelbar identischen Impulse des Christentums, die alles durchdringende Kälte zu tilgen. Aber dieser Versuch scheiterte; wohl darum, weil er nicht an die gesellschaftliche Ordnung rührte, welche die Kälte produziert und reproduziert. Wahrscheinlich ist jene Wärme unter den Menschen, nach der alle sich sehnen, außer in kurzen Perioden und ganz kleinen Gruppen, mag sein auch unter manchen friedlichen Wilden, bis heute überhaupt noch nicht gewesen. Die vielgeschmähten Utopisten[2] haben das gesehen. So hat Charles Fourier[3] die Attraktion als ein durch menschenwürdige gesellschaftliche Ordnung erst Herzustellendes bestimmt; auch erkannt, daß dieser Zustand nur möglich sei, wenn die Triebe der Menschen nicht länger unterdrückt sind, sondern erfüllt und freigegeben. Wenn irgend etwas helfen kann gegen Kälte als Bedingung des Unheils, dann die Einsicht in ihre eigenen Bedingungen und der Versuch, vorwegnehmend im individuellen Bereich diesen ihren Bedingungen entgegenzuarbeiten. Man möchte meinen, je weniger in der Kindheit versagt wird, je besser Kinder behandelt werden, um so mehr Chance sei. Aber auch hier drohen Illusionen. Kinder, die gar nichts von der Grausamkeit und Härte des Lebens ahnen, sind, einmal aus dem Geschützten entlassen, erst recht der Barbarei ausgesetzt. Vor allem aber kann man Eltern, die selber Produkte dieser Gesellschaft sind und ihre Male tragen, zur Wärme nicht animieren. Die Aufforderung, den Kindern mehr Wärme zu geben, dreht die Wärme künstlich an und negiert sie dadurch. Überdies läßt sich in beruflich vermittelten Verhältnissen wie dem von Lehrer und Schüler, von Arzt und Patient, von Anwalt und Klient Liebe nicht fordern. Sie ist ein Unmittelbares und widerspricht wesentlich vermittelten Beziehungen. Der Zuspruch zur Liebe – womöglich in der imperativischen Form, daß man es *soll* – ist selber Bestandstück der Ideologie, welche die Kälte verewigt. Ihm eignet das Zwangshafte, Unterdrückende, das der Liebesfähigkeit entgegenwirkt. Das erste wäre darum, der Kälte zum Bewußtsein ihrer selbst zu verhelfen, der Gründe, warum sie wurde. […]

1 die dem NS-System gedient haben
2 Denker, die ideale Welten entwerfen
3 Utopist, Sozialphilosoph (* 1772, † 1837)

(aus: Adorno, Theodor W.: Erziehung nach Auschwitz, in: Ders., Erziehung zur Mündigkeit. Vorträge und Gespräche mit Hellmut Becker 1959–1969. Herausgegeben von Gerd Kadelbach. Frankfurt/M. 1970 (Suhrkamp st 11), S. 88–104, S. 101 ff.)

Thorsten Schmitz: Die Stute von Majdanek

Material 4

Ein Parkplatz in Bochum-Linden, also. An diesem Mittwoch ist Markttag, zwanzig Straßenbahnstationen vom Hauptbahnhof entfernt, auf Kopfsteinpflaster. Zwischen den Blumenständen, Obstkörben, Kleiderbügeln fegt böskalt der Herbstwind, nur wenige Menschen sind unterwegs. Unter ihnen: ein alter Mann, eine alte Frau.

Der Mann trägt eine dunkelblaue Kordmütze, sein spärliches Haar ist grau meliert; er blickt durch eine blaugetönte Brille. Der Grobstrickpullover, die wattierte Weste, die beigefarbene Trevirahose machen ihn jünger, als er ist. Ständig schaut er auf die Armbanduhr.

Der Mann schiebt eine Frau im Rollstuhl über den verwaisten Wochenmarkt. Die weißen Haare der Frau sind am Hinterkopf plattgedrückt. Über ihrem hellblauen Bademantel aus Frottee liegt eine grünrotkarierte Wolldecke. Die Frau hat ihre Hände im Schoß gefaltet, in ihnen steckt Gicht. Sie wippt leicht mit dem Kopf. Ihr linker Unterschenkel fehlt.

Ein paar Standbesitzer kennen den agilen alten Mann, der da X-beinig seine Frau schiebt. Sie sagen: »Guten Tag, Herr Ryan, was darf's denn sein?« Stets fragt Herr Ryan zuerst seine Frau im Rollstuhl, stets bleibt sie eine Antwort schuldig. So entscheidet er allein. Gluckig und geduldig bemüht er sich, aber er redet mit einer Leblosen: »Möchtest du einen Blumenstrauß? Der wär' doch schön.« Frau Ryan, Hermine Ryan, bleibt stumm. Sie guckt ihn nicht mal an. Er nimmt ein Gesteck aus Astern und Zweigen, hält es ihr vor die Brille, sie reagiert nicht. Er stellt die Blumen wieder zurück, guckt auf seine Uhr. Vorsichtig schiebt er den Rollstuhl über das Parkplatzpflaster. […]

Gleich hinter dem Markt liegt ein kniehoch umzäunter Zierfischteich, der künstlich hingespuckte Mittelpunkt eines Rentner-Refugiums aus Pflegeheim, Krankenhaus und Altenwohnheim. Alles evangelisch. Im zweiten Stock des Altenwohnheims leben die Ryans, Nordseite. Ihre vom Staat geförderte Zwei-Zimmer-Wohnung ist 65 Quadratmeter groß und hat einen Balkon, auf dem ein Wäscheständer steht. Wenn Frau Ryan nicht raus kann, Herr Ryan aber der Meinung ist, sie müsse an die frische Luft, schiebt er sie auf den Balkon.

Fünfeinhalb Jahre seines Lebens hat Staatsanwalt Dieter Ambach mit dieser Frau verbracht. Fünfeinhalb Jahre zuviel, wenn Ambachs Arzt etwas zu sagen hätte. Im großen und längsten Prozeß, der je in Deutschland geführt wurde, hat Ambach die »mordgierige Grundhaltung« der Frau im Rollstuhl beleuchtet. Am liebsten hätte er sie für immer von der Öffentlichkeit ausgeschlossen. Das ist ihm nur halb gelungen. Seit April ist Frau Ryan frei – und Dieter Ambach ein seelisch und körperlich gebrochener Mann.

Fünfeinhalb Jahre seines Lebens hat auch Richter a. D. Günter Bogen dieser Frau gewidmet. Auch fünfeinhalb Jahre zuviel, wenn er ehrlich ist. Als Vorsitzender Richter mußte er über Frau Ryan ein Urteil sprechen, mit dem er sich bis heute noch nicht anfreunden konnte: einmal lebenslänglich, statt dreimal, wie von Dieter Ambach beantragt. Günter Bogen ist seit zwei Jahren Pensionär, im Kopf längst noch nicht. Kinder kommen in seinen Träumen vor, die von Hermine Ryan geschlagen und in die Gaskammer abtransportiert werden.

Günter Bogen ist sehr krank, die Leber streikt.

12. Juli 1964

Als das Telephon von Joseph Lelyveld klingelt, liegt Manhattan noch im Bett. Es ist Sonntag früh, so gegen sieben, und Lelyveld nippt an der ersten Tasse Kaffee. Blitzschnell wird der Lokalreporter wach. Es ist ein Anruf, auf den Journalisten ein ganzes Leben lang warten.

Am Apparat meldet sich Simon Wiesenthal, der Nazi-Jäger aus Wien, und bittet Lelyveld um Hilfe. Er möge doch mal nach Queens fahren, in die 72. Straße, Hausnummer 5211. Gucken, wer da wohnt. Eine große Ehre, Wiesenthal einen Gefallen zu tun, denkt Lelyveld und reibt sich den Schlaf aus den Augen. Die Kollegen werden neidisch sein. So schwänzt der junge Journalist an diesem Morgen des 12. Juli 1964 die Redaktionskonferenz und setzt sich in die U-Bahn. Sein Herz klopft.

Eine dreiviertel Stunde später steht er vor der rostbraunen Klinkerfassade von Haus Nummer 5211. Der Lokalreporter klingelt, er hört sein Blut in den Ohren rauschen. Eine Frau in pinkweißgestreiften Shorts und weißer, kragenloser Bluse öffnet die Tür. Sie hält eine Farbrolle in der Hand. Sie und ihr Ehemann streichen gerade das Wohnzimmer in Lila und Gelb. Lelyveld stottert vor Aufregung: »Sind Sie Frau Braunsteiner, Hermine Braunsteiner? Hat man Sie die ›Stute von Majdanek‹ genannt?«

Die Gesichtszüge der Frau gefrieren, sie bricht in Tränen aus. Sie läßt Lelyveld an der Haustür stehen, stolpert ins Wohnzimmer zu ihrem Ehemann. Sie stammelt: »Das ist das Ende! Jetzt haben sie mich! Das ist mein Ende!« Ihr Englisch klingt sehr deutsch.

Weil sie ihn offenbar vergessen hat, folgt Lelyveld der Frau ins Wohnzimmer. Russell Ryan, ihr Ehemann, hält seine Frau im Arm und flüstert ihr beruhigende Worte ins Ohr. Sie merken nicht, daß der Reporter zuschaut. Und zuhört.

»Alles, was ich in Majdanek getan habe, machen Aufseher heute auch in Lagern«, preßt Hermine Ryan, geborene Braunsteiner, unter Tränen hervor. Lelyveld ist nicht ganz klar, wem sie das sagt. Jedenfalls schreibt er mit.

»Ich habe schon genug gebüßt. Im Radio erzählen sie von Frieden und Freiheit. Warum läßt man mich nicht einfach in Ruhe?«

Lelyveld nimmt auf dem Sofa Platz. Vielleicht zwanzig Minuten bleibt er sitzen. Er wird der erste Reporter sein, der mit Hermine Ryan geredet hat.

»Ich bin genug bestraft worden«, sagt sie und schneuzt sich die Nase mit einem Taschentuch, das ihr Russell Ryan reicht. »Ich saß drei Jahre in Wien im Gefängnis. Können Sie sich das vorstellen? Was wollen Sie von mir?«

Mit Empörung in den Augen starrt Russell Ryan auf seine Gattin und den Gast von der *New York Times.* »Was wollen Sie von meiner Frau? Sie würde noch nicht mal einer Fliege was zuleide tun.« Joseph Lelyveld liest von einem Zettel Fakten ab, die ihm Simon Wiesenthal am Morgen diktiert hat. Hermine Ryan knetet ihre Hände, schweigt und schluchzt. Ihr Mann versteht nichts. An diesem Sonntag morgen hört er zum ersten Mal, wem er 1958 im kanadischen Halifax das Jawort gegeben hat: einer KZ-Aufseherin.

»Meine Frau, Sir, mußte diesen Dienst verrichten, man hat sie dazu gezwungen«, rettet sich Russell Ryan aus der Situation. Er begleitet den Reporter zur Tür und schwört: »Meine Frau hat niemandem etwas getan. So wahr Gott mir und Ihnen helfe.« […]

Vier Tage später plaziert die *New York Times* den Besuch ihres Lokalreporters auf Seite 1: »Former Nazi Camp Guard Is Now a Housewife in Queens« (Frühere KZ-Aufseherin lebt als Hausfrau in Queens). Die Entdeckung der Ryans, sagt Lelyveld heute, »war das Spannendste, was ich als Journalist je erlebt habe«. Selbst nach dreißig Jahren findet Lelyveld es noch »unfaßbar«, wie sich das Ehepaar eingerichtet hatte: »Grauenhaft banal.« Ausgerechnet in dem Teil von Queens, in dem viele Polen leben, die vor den Nazis geflüchtet sind. Die ahnungslosen Nachbarn lobten Hermine Ryan damals überschwenglich. Sie sei »eine der freundlichsten Frauen, die wir kennen«, erfuhr Lelyveld. Ein anderer Nachbar sagte: »Sie liebt Hunde, besonders Welpen. Sie streichelt unseren und führt ihn aus.«

Was ihr Gatte und die Nachbarn nicht wußten: In führender Funktion verrichtete Hermine Ryan, damals noch Hermine Braunsteiner, von 1942 bis 1944 Dienst im polnischen Konzentrationslager Majdanek – als stellvertretende Schutzhaftlagerführerin. Die Häftlinge in Majdanek hatten für viele SS-Leute Spitznamen, denn niemand von der Kommandantur oder vom Wachpersonal stellte sich mit seinem wahren Namen vor – Hermine Ryan nannte man »Kobyla, die Stute«: weil sie mit ihren eisenbeschlagenen Stiefeln die Menschen trat. Und sie drosch dazu noch mit der Peitsche auf sie ein. Hermine Ryan »war eine Bestie«, schaudert es Simon Wiesenthal heute noch, »deren latente sadistische Veranlagung durch den Betrieb im Konzentrationslager bloßgelegt wurde«. […]

Als Russell Ryan am 12. Juli 1964 zum ersten Mal hört, was seine Frau im Zweiten Weltkrieg verrichtet hat, ist allein die Vorstellung so unglaublich, daß er sie sofort wegschließt in seiner Erinnerung und nie wieder öffnet. Seine Frau sei ein »Engel«, eine »ganz normale Österreicherin«, und das bleibe sie auch. So redet er mit den Journalisten. Bis heute. Russell Ryan ist der einzige Mensch, der zu Hermine Ryan hält. Sie führen eine ganz normale Ehe. Nur böse Menschen werden behaupten, daß Herr Ryan eine Mörderin im Rollstuhl über den Wochenmarkt schiebt.

Der Prozeß

Am 6. August 1973 hört Hermine Ryan auf zu leben. Es ist Montag, und zwei deutsche Polizisten schauen ihr dabei zu, wie sie ihren Koffer packt. Heulend gibt sie ihrem Mann einen Kuß, der verspricht, bald nachzukommen. Wenig später nimmt Hermine Ryan im Jumbo-Jet der Lufthansa Platz. Economy class. Ihr Gesicht ist wie aus Wachs, »als ob alles in ihr abgestorben wäre«, erinnert sich einer der Polizisten. Über dem Atlantik macht sie kein Auge zu, ißt nichts. Sieben Stunden später betritt die ehemalige KZ-Aufseherin deutschen Boden. Mit Blaulicht wird sie ins Untersuchungsgefängnis nach Köln-Ossendorf gefahren, und zum ersten Mal spricht Hermine Ryan: »Muß das sein?« Sie deutet aufs Blaulicht. Es ist ihr unangenehm.

Im Konzentrationslager Majdanek wurden mindestens 250 000 Menschen vergast, erschossen, verbrannt, ertränkt, totgeschlagen, totgetreten. Die Kommandanten orderten 7711 Kilogramm Zyklon B, versandten 730 Kilogramm Menschenhaar an die Industrie und gossen aus den Goldzähnen der Toten Ringe. Nach neuesten Schätzungen starben in dem Lager anderthalb Millionen Menschen. Als es im Juli 1944 von sowjetischen Soldaten befreit wurde, arbeitete Hermine Ryan bereits im Frauen-KZ Ravensbrück. Man hatte sie zur Oberaufseherin befördert.

Es vergingen dann 31 Jahre, bis der Vorsitzende der 17. Großen Strafkammer des Landgerichts Düsseldorf, Günter Bogen, das längste Verfahren gegen nationalsozialistische Verbrecher eröffnete – den Majdanek-Prozeß. Bogen war damals mollig und hatte rote Apfelbäckchen – heute wiegt er dreißig Kilogramm weniger. 474 Prozeßtage zwischen November 1975 und Juli 1981, zwanzig Millionen Mark für fünfeinhalb Jahre Spurensuche – von mindestens 1300 Majdanek-Angestellten waren gerade mal 15 angeklagt. Drei Jahre später saßen Günter Bogen nur noch neun gegenüber, die anderen mußten mangels Beweisen freigesprochen werden oder waren verstorben. Diese neun wurden als letzte greifbare Verantwortliche an den Massakern in Majdanek aufgespürt. Hundert Aktenordner mit 20 000 Blatt Protokollen umfaßte das Belastungsmaterial der Staatsanwälte, vierhundert überlebende Zeugen hatten geholfen, die Anklage zusammenzutragen. Die Zeugenaussagen möchte Dieter Ambach heute am liebsten als Buch veröffentlichen. Dann hätte es einen Sinn, sagt er, daß der Prozeß ihn kaputtgemacht hat.

Es war zugleich das erste und einzige NS-Verfahren, in dem weibliche Lagerbedienstete vor einem deutschen Gericht standen. Zu Beginn war von Grauen keine Spur. Angeklagt waren inzwischen betuliche ältere Damen mit Strickkostüm, Wollmütze und Kuchengesicht, Hausfrauen, die man von Heim, Herd und Kaffeekränzchen weggerissen hatte. Nette Omis, die ihr Gesicht vor dem Blitzlichtgewitter der Photographen mit Tüten und Zeitungen schützten. »Bestien«, die in Majdanek »panische Angst verbreiteten«, die »wie besessen« schlugen und »Exzeßtaten« begingen.

In der ersten Reihe vor dem Schwurgericht, das Haar unter der Wollmütze frisch geweißt, in weißer Strickjacke über einem auffallend lila Kleid, ein verbittert-kantiges Gesicht: Hermine Ryan, zu Prozeßbeginn 56 Jahre alt. Sie zeigt keine Regung, auch nicht beim Anblick ihrer KZ-Kolleginnen, mit denen sie nach einigen Stunden erste Worte wechselt. Ryan sieht sich drastisch benachteiligt: Die anderen fahren nach den Verhandlungstagen nach Hause, sie dagegen wird als Untersuchungsgefangene abgeführt. Nur einmal kommt sie für acht Monate gegen Kaution frei: 17 000 US-Dollar haben die Nachbarn in Queens unter Russell Ryans Federführung zusammengekratzt. Weil sie aber in einer Verhandlungspause eine Zeugin mit den Worten »Sag die Wahrheit, du Lügnerin!« anzischt und so duzenderweise das alte Machtverhältnis im Lager wiederherstellt, kommt sie erneut in Untersuchungshaft. Ihr Mann besucht sie zweimal die Woche. Manchmal bringt er Uhu und Stoff mit: Frau Ryan bastelt.

Hermine Ryan ist die Schweigsamste. Wenn sie mal spricht, bestreitet sie die Vorwürfe und beugt sich wieder über ein Rätselheftchen. Einmal ermahnt sie Richter Bogen, sie möge zuhören und nicht mit einem Gummiring spielen, worauf sie zurückschnippt: »Ich höre zu.«

Staatsanwalt Dieter Ambach und Günter Bogen sind in den fünfeinhalb Jahren sehr oft verzweifelt. Es gibt vierhundert Zeugenaussagen, aber keine genauen Täterzuordnungen. »Wir haben viele Leichen, aber keine Täter«, seufzt Ambach einmal. Viele Zeugen verwechseln Zeit, Ort und Aufseherin, was den Angeklagten zugute kommt. Die haushalten mit Auskünften.

Die Wienerin mit den stets wechselnden Kostümen, die im Prozeß zwanghaft ihre Hände knetet, spielt dabei die große Unnahbare. Demonstrativ liest sie amerikanische Zeitungen, bastelt kleine Weihnachtsbäume für die Wachmänner und macht nur Angaben zur Person: Mit 23 Jahren arbeitete sie in einer Berliner Munitionsfabrik, für wöchentlich 16 Reichsmark. Ein Polizist, bei dem sie zur Untermiete wohnte und der den Kommandanten des benachbarten Konzentrationslagers Ravensbrück kannte, vermittelte sie für monatlich sechzig Mark in das Lager. »Freiwillig habe ich mich nicht gemeldet«, erklärte Hermine Ryan, weshalb sie nach Majdanek versetzt wurde. Staatsanwalt Ambach glaubt ihr das nicht: Der Dienst in Majdanek facht ihren Ehrgeiz an. Schon nach fünf Monaten steigt sie zur stellvertretenden Oberaufseherin auf, kurz darauf wird ihr das Kriegsverdienstkreuz zweiter Klasse ans Uniformrevers geheftet. »Daß wir das rausgefunden haben«, sagt Dieter Ambach heute, »darauf waren wir sehr stolz. Das mochte die Ryan nicht gern hören.«

Sie möchte gar nichts hören. Statt dessen guckt sie »haßerfüllt«, wie Ambach sagt, wenn die Vorwürfe am unerträglichsten werden. Irgendwann im Oktober 1943 versuchte ein Vater seinen Sohn in einem Rucksack mit ins Lager zu schmuggeln. Hermine Ryan sah, daß sich der Rucksack bewegte und schlug mit der Peitsche drauf. Bis nur noch ein Wimmern aus dem Rucksack kam. Hermine Ryan, damals 24 Jahre alt, zog den blutenden Buben an den Haaren raus. Sie warf ihn auf einen offenen Lastwagen zu den anderen Kindern: Abfahrt in die Gaskammer. Diese Szene verfolgt Dieter Ambach heute noch.

Hermine Ryan schlug Kinder mit einer Suppenkelle blutig, weil die sich auf einen Essenskübel stürzten. Sie peitschte Mädchen, die ihre Häftlingsnummer nicht korrekt angenäht, Strümpfe getragen, Kissen unter die dünne Kleidung gebunden oder über Hunger geklagt hatten. Kinder und Säuglinge galten in Majdanek als »unnütze Esser«.

Weil im Frühjahr 1943 mehr Juden aus dem Warschauer Ghetto nach Majdanek deportiert wurden, als das Lager faßte, konnten die Kinder nicht sofort vergast werden. Etwa hundert wurden deshalb in eine Baracke verlegt, bis in den Gaskammern wieder Platz war. Beim Abtransport packte Hermine Ryan kräftig mit an. Die Kinder, die von allein nicht auf die Todeslastwagen klettern konnten, faßte sie an »Ärmchen und Beinchen und warf sie wie Schlachtvieh auf die offene Ladefläche«. Frauen, soll Ryan gesagt haben, »sind wie Scheiße«. Womöglich sprach sie aus bloßem Neid: Hermine Ryan ist unfruchtbar, sie kann keine Kinder bekommen.

Einmal bittet Frau Ryan Richter Bogen um Gehör – sie sagt mit Engelsblick: »Herr Richter, der ganze Eindruck und die ganze Atmosphäre im Lager haben mich seelisch sehr belastet, ich meine als Frau.« Wie sie es fertigbrachte, überhaupt zu töten, will Günter Bogen daraufhin wissen. Frau Ryan weicht aus: »Ich konnte mir kein richtiges Urteil erlauben, ob die Häftlinge zu Recht oder zu Unrecht eingesperrt waren, weil ich deren Akten nicht kannte.« Ob sie denn wenigstens eingesehen habe, daß hier Unrecht geschah. »Nein. Wenn ich die Lebenserfahrung damals gehabt hätte. Aber ich war ja erst 19 oder zwanzig.«

Russell Ryan sitzt im Zuschauerraum. In den Pausen streichelt er seiner Frau den Rücken oder erklärt dem *Tagesschau*-Reporter: »Meine Frau hat das alles nie getan. Das ist Siegerjustiz, was die mit ihr machen.«

Zweimal bricht Hermine Ryan zusammen – mitten in der Verhandlung. Als eine Zeugin berichtet, wie Frau Ryan einen jüdischen Jungen erschoß, der vorm Abtransport in die Gaskammer fliehen wollte, hämmert sie mit den Fäusten auf den Tisch und brüllt: »Die Frau soll die Wahrheit sagen! Ich habe keinen Jungen erschossen!« Sie stampft mit den Füßen auf den Boden, sie bekommt einen Schreikrampf. Ihr Rechtsanwalt beruhigt sie keineswegs, im Gegenteil. Er verlangt einen Gutachter, der den Geruch von verbranntem Tier- mit Menschenfleisch vergleichen möge. Es könnte ja sein, daß nur Tiere in Majdanek verbrannt wurden. Der Gerichtsarzt diagnostiziert einen »reaktiven Erregungszustand« bei Frau Ryan, nicht bei ihrem Anwalt. Prozeßpause für einen Tag.
Zwei Jahre später, 1979, kollabiert sie erneut. Sie schreit: »I can't take it anymore, help me!« Ein Arzt attestiert akuten Kreislaufkollaps: Die Patientin befinde sich seit 14 Jahren in einem »Streßzwang«, lebe in einer »dauernden Konfliktsituation«.
Unter dem Kronleuchter im Saal 111 verliest Hermine Ryan im Mai 1981 ein wohlformuliertes Schlußwort, Ghostwriter ist ihr Anwalt. Mit Samt in der Stimme äußert sie sich das letzte Mal öffentlich: »Ich trage Schuld, aber ich bin keine Mörderin.« Sie verstehe erst heute, wie es den Menschen »damals im Lager zumute gewesen sein kann, die unter den schwersten Entbehrungen ihr tägliches Dasein fristeten«. Sie habe Majdanek für ein »Umschulungslager« gehalten. »Im Lager gab es dann kein Zurück. Es war Krieg, und jeder mußte an seinem Platz ausharren, wo er hingestellt wurde.« Als »Zahnrad im Getriebe« sei sie in immer größerem Ausmaß mit hineingezogen worden.
Sie sei keine Mörderin: »Nur ich ganz allein und der Herrgott wissen, daß das die Wahrheit ist.« Sie werde ihr ganzes restliches Leben daran zu tragen haben, daß »ein nicht zu bestimmendes Schicksal mich zum Glied einer Kette machte, die zu zerreißen ich zu klein und deren Lauf einzuhalten ich nicht fähig war«.
Zum Schluß dreht Hermine Ryan den Spieß um – und klagt das Gericht an: »Was wissen Sie, meine Herren, was wissen die Menschen, die hier Zuhörer waren, von uns und dem täglichen Durchmachen, fünf und ein halbes Jahr hier zu sitzen, wie man innerlich zusammenfällt angesichts der Dinge, die man uns vorwirft? Was weiß ein anderer Mensch als wir von all dem Leid, das wir tragen und mit dem wir büßen, was wir weder geplant noch erdacht haben?«
Die blumige Selbstverteidigung nach fünf wortkargen Jahren nutzt Ryan nichts. Die anderen acht Angeklagten erhalten Haftstrafen zwischen drei und zwölf Jahren, Hermine Ryan lebenslänglich. Das Gericht attestiert ihr »persönlichen Ehrgeiz, Befehle in besonders brutaler rund bestialischer Art und Weise auszuführen«. Sie habe »aus egoistischem Interesse eilfertig zum befohlenen Mord beigetragen, sich durch eigenen Beitrag die Tat zu eigen gemacht«. Das Urteil, das Richter Günter Bogen mit zitternder Stimme verliest, entfacht weltweit Empörung. Einmal lebenslänglich bei 250 000 Ermordeten – das versteht ja noch nicht mal der Urteilsverkünder.
15 Jahre sitzt Hermine Ryan im Mühlheimer Frauengefängnis, unterbrochen durch Aufenthalte im Justizhospital in Fröndenberg, wo ihr der linke Unterschenkel amputiert wird. Sie näht Stofftiere und bessert so ihr Taschengeld auf. Sie turnt und vertreibt sich so die Langeweile. Sie kapselt sich von den Mitgefangenen ab und läßt niemanden in ihre Zelle. Der einzige Kontakt zur Außenwelt ist ihr Mann Russell – der einzige Mensch überhaupt, der sich bis heute an die Idee klammert, seine Frau werde verwechselt.
Im April dieses Jahres wird Hermine Ryan entlassen. Ministerpräsident Johannes Rau erweist ihr Anfang des Jahres die Gnade. Mitarbeiter der nordrhein-westfäli-

schen Justizbehörden sagen, man habe sie zum Sterben freigelassen. Sie ist 77 Jahre alt, schwer gicht- und zudem zuckerkrank. Und sie ist die einzige von allen neun Verurteilten, die noch lebt.

Der Staatsanwalt

In den fünfeinhalb Jahren, die Staatsanwalt Dieter Ambach den neun Angeklagten ins Gesicht schaute, entwickelte er große Disziplin sich selbst gegenüber. Denn diese neun Menschen, denen hundertfacher Mord und Totschlag nachgewiesen werden sollte, waren für ihn keine normalen Menschen mehr. »Monster. Ich hatte allergrößte Schwierigkeiten, sie als normale Menschen zu betrachten.«

Wenn Dieter Ambach über den Prozeß spricht, muß er konzentriert Luft holen. Ambach, heute 58 Jahre alt, hat seine »Gesundheit dem deutschen Staat geopfert«. Vor drei Jahren erlitt er einen schweren Schlaganfall, von dem er sich bis heute nicht erholt hat. Ein Jahr lag er, teilweise gelähmt, im Bett. Sogar die Sprache hatte er verloren. Eine Logopädin brachte ihm das Sprechen wieder bei – anhand des Dokumentationsfilms von Eberhard Fechner über den Majdanek-Prozeß. Der Prozeß hat ihm die Sprache verschlagen – und er hat durch ihn das Reden wieder gelernt. Mit der Logopädin übte er, die Worte, die er im Film sagte, nachzusprechen. Worte wie: Gaskammer, verbrennen, erschießen, treten, Nationalsozialismus. Auf vieles muß Dieter Ambach heute verzichten: Er kann nicht mehr als zweihundert Meter laufen, tauchen darf er nicht, rauchen sowieso nicht. Den Urlaub verbringt Ambach seitdem nur noch in den Bergen: Den Anblick des Meeres könnte er nicht ertragen, ohne »sehr traurig zu werden«.

Ambach hat keine Illusionen mehr, aber er ist auch nicht verbittert. Er rettet sich mit der Idee, etwas Gutes getan zu haben. Wobei ihn nie jemand gelobt hat für die fünfeinhalb Jahre, an denen er sieben Tage die Woche mit Majdanek beschäftigt war. Irgendwann hatte er das Gefühl, selbst im Lager interniert gewesen zu sein. Ambach und sein damaliger Kollege Wolfgang Weber »haben alles Schreckliche in uns reingefressen. wir mußten ja unbeteiligt tun«. Der Schlaganfall, das sehen seine Ärzte so, war wie eine Entladung. Rache kennt dieser Mann nicht, nur Resignation. Fragte man ihn heute, ob er die nächsten fünf Jahre einem NS-Prozeß beiwohnen möchte – er würde nein sagen.

Eine gewisse Leere fühlt er seit Prozeßende in sich. Denn die Strafen, die das Gericht letztlich verhängte, waren »viel zu dünn« ausgefallen. Daß die »eiskalte, emotionslose« Hermine Ryan seit einem halben Jahr frei ist, an diesen Gedanken kann er sich nur schwer gewöhnen. Nach einer sehr langen Pause sagt Ambach: »Ich persönlich hätte es nicht befürwortet, Frau Ryan freizulassen. Ich hoffe nur, daß die Opfer das verstehen.«

Die Frau, der gemeinschaftlicher Mord in über tausend Fällen vorgeworfen wurde, dürfe kein normales Leben führen, weil doch die Opfer noch heute an psychischen Krankheiten litten. Das schlimmste Erlebnis, das im Prozeß erörtert wurde, war Hermine Ryans Einprügeln auf den Jungen im Rucksack seines Vaters. Daran muß er immer wieder denken und auch an Ryans verachtend-haßerfüllten Gesichtsausdruck. Bis heute versteht er nicht, wie jemand so brutal sein kann.

Einmal kam er von einem langen Prozeßtag nach Hause, an der Tür rannte ihm sein Sohn entgegen. Dieter Ambach erlitt einen Nervenzusammenbruch, er weinte und drückte seinen Sohn ganz fest. Die Erinnerungen lassen ihn nicht los. Nie werden sie ihn loslassen: »Da komme ich nicht raus, das steckt in mir drin.«

Noch heute möchte Ambach, der vom Schreibtisch aus Delikte wie Diebstahl und Schwarzfahren bearbeitet, an das milde Urteil am liebsten nicht erinnert werden.

Am Tag der Urteilsverkündung »war ich erschüttert«. Er hatte das Gefühl, die Reisen ins Ausland, die Vernehmung von über vierhundert Zeugen seien sinnlos gewesen. Diese Täter, ist Ambach überzeugt, »haben es doch nicht verdient, in Ruhe ein gemütliches Alltagsleben zu führen. Sie müssen aus einem normalen beschaulichen Leben herausgerissen und eingesperrt werden«.

Die Gewißheit, daß Hermine Ryan nun eben dieses normale Leben lebt, ist Ambach »nicht gerade sympathisch«.

In einem Punkt gibt er ihr allerdings recht: daß sie sich beklagte, als einzige zu lebenslanger Freiheitsstrafe verurteilt worden zu sein: »Natürlich hätten die anderen auch lebenslänglich verdient.« Bei der geheimen Beratung des Vorsitzenden Richters Bogen, zweier Schöffen und zweier Beisitzer sei allerdings nicht die erforderliche Vier-zu-eins-Mehrheit zustandegekommen. »Herr Bogen hat ein Urteil verkündet, das er nicht für richtig hielt«, sagt Ambach. Es »ist unvorstellbar«, sagte Ambach am Tag der Urteilsverkündung, der zugleich sein »beschissenster Geburtstag« gewesen ist, »daß Menschen ruhig und unbekümmert leben können, die soviel Schrecken verbreitet haben«.

Der Richter

Günter Bogen sitzt auf der Couch in seinem Wohnzimmer und raucht alle zehn Minuten eine Benson & Hedges. Er spricht schleppend und leise, seine dürren Arme verschränkt er über dem aufgequollenen Bauch. Bogen, 66 Jahre alt und seit zwei Jahren Pensionär, hat versucht, den Schrecken von Majdanek mit Alkohol zu mildern. Es hat nicht geklappt. In seinen Träumen kommt das Konzentrationslager Majdanek vor. Bogens Bilanz: »Ich habe die Quittung für den Prozeß bekommen.«

Und doch vermißt er manchmal das Gericht, die Atmosphäre von Saal 111. Es kommt vor, daß er seinen Kleiderschrank öffnet, in dem seine Robe hängt. Dann denkt er: »Schade, daß es vorbei ist.« Er denkt dann aber auch: »Gut, daß es vorbei ist. Ich habe in Abgründe geguckt.« Das Gute im Menschen?« Günter Bogen lacht. Gibt's nicht.

Günter Bogen ist über die Jahre ein trauriger Mensch geworden. Ein Richter a. D., der mit dem Gefühl »bis ans Ende meiner Tage« zurechtkommen muß, ein falsches Urteil gesprochen zu haben. Er macht kein Geheimnis daraus, unzufrieden zu sein: »Daß ich gezittert habe bei der Urteilsverkündung, das hat ja jeder mitbekommen.« Was ihn spätabends, am 30. Juni 1981, zusammenbrechen ließ: das Gefühl, daß alle Mühe vergebens war, daß es ihm nicht gelungen war, seine Richterkollegen zu einem Urteilsspruch zu bewegen, der den Angeklagten und den Opfern gerecht gewesen wäre.

Fast zehn Jahre, von der Vorbereitung des größten NS-Prozesses in Deutschland bis zur Verwerfung der Revisionen von sieben Angeklagten im Mai 1984 und der Rechtskraft des Urteils, war Majdanek die Welt, in der Günter Bogen lebte. Fünfeinhalb Jahre davon – doppelt solange, wie das Konzentrationslager überhaupt bestand – wurde Bogen fast täglich mit den Verbrechen konfrontiert. Als hätte eine Gesellschaft einzelnen Menschen auferlegt zu tragen, was sie selbst nicht ertragen will.

Und dennoch ist Günter Bogen weit davon entfernt, sich zum Märtyrer zu stilisieren. Den Majdanek-Prozeß zu führen war ihm eine – selbstauferlegte – Pflicht, er hat sich ja damals bemüht, den Prozeß zu führen. Trotzdem empfindet er es als »äußerst schmerzlich«, ein »verkehrtes Urteil« gesprochen zu haben. Darüber ist Bogen »traurig, traurig, schlicht traurig«. Mit dem Urteil »werde ich für den Rest meines Lebens nicht fertig werden«.

Wie es zustandekam, darüber dürfen Bogen, die zwei Berufs- und zwei Laienrichter nicht reden. Das Deutsche Richtergesetz schreibt vor: »Der Richter hat über den Hergang bei der Beratung und Abstimmung auch nach Beendigung des Dienstverhältnisses zu schweigen.« Es läßt sich aber erahnen, daß über die Urteile heftig gerungen wurde.

Der Tag des Urteils, sagt Bogen nach drei Zügen an seiner Zigarette, war »der enttäuschendste Tag in meinem ganzen Richterleben«. Selbst wenn das Urteil in einigen Punkten härter ausgefallen wäre, selbst dann hätte es »in einem so offensichtlichen Mißverhältnis gestanden zu dem, was sich in Majdanek abgespielt hat, daß es mit Gerechtigkeit kaum noch was zu tun gehabt hätte«.

Zufrieden, wenn man überhaupt von Zufriedenheit sprechen kann, ist Bogen mit dem Urteil gegen Hermine Ryan. Sie »war getrieben von Ehrgeiz und ein Mensch ohne moralische Bedenken. Sie hat von ihren Ellbogen Gebrauch gemacht, sie ließ die Häftlinge richtig leiden, um sich auf diese Weise nach oben zu boxen.« Frau Ryan, sagt er, sei eigentlich eine harmlose Frau, die vor roten Fußgängerampeln auf Grün wartet. Der Nationalsozialismus habe die in ihr ruhende Monstrosität aktiviert.

Es ist ihm ein Rätsel, wie Hermine Ryan leben kann. Eine Frau, die Frauen die Kinder entrissen und in die Gaskammer abtransportiert hat: »Das war das Schlimmste, was im Prozeß zutage kam.« Bogen hat damals innerlich gekocht vor Wut. Damit er nur ja nicht unsachlich wurde, trat ihn seine beisitzende Richterkollegin unterm Tisch gegen das Schienbein.

Daß Hermine Ryan nun frei ist, hat ihn überrascht: »Ich bin davon ausgegangen, daß NS-Täter nicht freigelassen werden.«

Hermine Ryan, sagt Günter Bogen nach einer großen Pause und räuspert sich, als hinge sein Leben davon ab, »diese Frau hat kein Herz«.

Herbst 1996

So oft es geht, schiebt Herr Ryan seine Frau zum Zierfischteich. Sonst sitzt dort nie jemand, die Rentner von Bochum-Linden schauen fern. Herr Ryan dagegen ist schon froh, wenn er mal raus kann mit ihr. Lange genug hat er darauf gewartet. Hermine Ryan liegt viel im Bett und starrt an die Zimmerdecke. Der Zierfischteich ist eine Abwechslung im Leben der Ryans: »Sie hat es gern, wenn sich was bewegt«, sagt Herr Ryan. Er sitzt auf der Bank, sie im Rollstuhl, und sie wollen in Ruhe gelassen werden.

Frau Ryan kann kaum einen ganzen Satz sprechen, will sie ja auch nicht. »Ich habe genug gebüßt, gucken Sie mich an.« Über Majdanek zu reden hat keinen Sinn: Sie hat es aus ihrem Gedächtnis gelöscht. Ihr Mann spricht für sie. Er ist Garant dafür, daß sie nicht von der Vergangenheit eingeholt wird: »Meine Frau wurde stellvertretend für alle Verbrechen der Nazis verurteilt. Sie ist unschuldig. Man hat einen Krüppel aus ihr gemacht.«

Sein Traum wäre, in Amerika den Lebensabend zu verbringen: »Ja, das wäre schön. Hier werden wir erinnert.« Der Traum bleibt einer, weil Hermine Ryan sich die amerikanische Staatsbürgerschaft durch Lügen erworben hat.

»Ihr Leben ist doch vorbei«, sagt Herr Ryan. »Deutschland hat mir meine Frau genommen.« Er läßt niemanden an seine Frau heran, sie gehört ihm allein – inklusive des Bildes, das er sich von ihr gemacht hat.

Er steht auf, löst die Bremse am Rollstuhl und fährt seine Frau zum Mittagessen in die Wohnung. Er muß ihr vorher noch Insulin injizieren. Eine ehrenamtliche Be-

treuerin kocht für die Ryans und pflegt die Frau. In der Wohnung riecht es, wie es in ungelüfteten Wohnungen riecht: ein bißchen nach Essen, ein bißchen nach Schweiß, nach Fenster zu, und das alles ganz warm. Die Wände sind beige, das Sofa und die zwei Sessel auch, im Flur steht eine Kommode, am Küchenfenster hängt ein Thermometer. Aus lauter Nächstenliebe sorgt die Betreuerin für die Ryans seit zwölf Jahren, unentgeltlich. Es ist vermutlich dieselbe Frau, die am Telephon unverhohlen droht, wenn man den Ryans zu nahe kommt: »Wir kriegen Sie, wenn wir wollen.«
Wenn Frau Ryan schläft – und sie schläft viel –, geht Herr Ryan auf den hauseigenen Parkplatz und bastelt an seinem roten Polo Fox. Oder er geht spazieren. Oder er trinkt eine Tasse verbilligten Kaffee in der Cafeteria des Pflegeheims. Nie bleibt er länger als eine Stunde weg, schließlich hat er zwanzig Jahre auf seine Frau gewartet. Obwohl er, wie ein Nachbar sagt, »jetzt ja nichts mehr von ihr hat, die gibt ohnehin bald den Löffel ab«.
Aber vorher sollen die Ryans ausziehen. Der Nachbar hat dafür im Haus Unterschriften gesammelt, die er der Wohnungsgesellschaft vorlegen wird. Er und drei andere Rentnerpaare können es nicht fassen, daß eine ehemalige KZ-Aufseherin ihre Nachbarin ist: »Wir wollen unsere Ruhe haben.«
Manchmal geht Russell Ryan fünf Minuten zu Fuß in die Hattinger Straße, wo er die letzten 15 Jahre im Ein-Zimmer-Appartement gewohnt hat. Über ihm lebte eine Frau, die er sehr gut kennt. In ihrer Garage darf er sein Werkzeug unterstellen.
Die Nachbarin hat nur Gutes zu berichten über Herrn Ryan und über Frau Ryan auch, der sie in den acht Monaten öfter mal begegnet ist, als Frau Ryan kautionshalber auf freiem Fuß war. Die Nachbarin findet es »hart« für Herrn Ryan, so lange von der Ehefrau getrennt gewesen zu sein – im Haus ist sie die einzige, die weiß, weshalb Hermine Ryan im Gefängnis saß. Die Nachbarin sagt: »Frau Ryan hat wirklich genug gebüßt.«
Die Nachbarin putzte die Treppe von Herrn Ryan, er gab ihr Geld dafür. Zu Weihnachten schenkte er ihr Kekse. Als Hermine Ryan die acht Monate freikam, sorgte sich die ehemalige KZ-Aufseherin »rührend um meinen Sohn, der war fünf Jahre alt damals«. Bonbons steckte Frau Ryan dem Sohn der Nachbarin zu und streichelte ihm über den Kopf. Und wenn die Nachbarin mal einkaufen ging und ihren Sohn nicht allein lassen wollte, durfte er im Wohnzimmer der Ryans auf seine Mutter warten.
»Ungerecht lange«, findet die Nachbarin, sei Frau Ryan im Gefängnis gewesen. »Es war doch damals eben Krieg.« Zweimal hat sie Hermine Ryan zum Geburtstag einen Kuchen gebacken, den Herr Ryan mit ins Gefängnis nahm. Herr Ryan, sagt die Nachbarin, »war ein Nachbar, wie man sich ihn wünscht«. Sauber und ruhig und ordentlich. Als er sich von ihr verabschiedete im April, um mit seiner Frau zusammenzuziehen, sagte die Nachbarin zum Nachbarn: »Leben Sie wohl.«
Die Nachbarin erinnert sich noch gut an ihre erste Begegnung mit Frau Ryan. Weil Herr Ryan sich so gefreut hatte, daß sie nun kam. Zufällig im Waschkeller traf sie Hermine Ryan das erste Mal, da hat sie einen »Schreck« gekriegt: »Ich wußte ja, wer sie war. Die sah ja gar nicht aus wie ein Monster, was man immer über sie gelesen hat. Die war ganz normal.«

(aus: Thorsten Schmitz, Die Stute von Majdanek. In: Süddeutsche Zeitung. Magazin Nr. 50 vom 13. 12. 1996, S. 17–26)

LEONARD COHEN: Alles, was es über Adolf Eichmann zu wissen gibt

Material 5

Augen .... Mittel
Haar .... Mittel
Gewicht .... Mittel
Größe .... Mittel
Besondere Kennzeichen................ Keine
Anzahl der Finger .... Zehn
Anzahl der Zehen .... Zehn
Intelligenz .... Mittel

Was haben Sie erwartet?

Krallen?

Übergroße Schneidezähne?

Grünen Speichel?

Wahnsinn?

(aus: Leonard Cohen, Alles, was es über Adolf Eichmann zu wissen gibt. In: Dieter Lamping [Hrsg.], Dein aschenes Haar Sulamit. Dichtung über den Holocaust. München Zürich 1992 [Serie Piper 1506], S. 81.)

MECHTHILD KÜPPER: Liebe zum Täter

Material 6a

Die Handlung ist atemberaubend. Ein 15jähriger Junge verliebt sich in eine Frau von 36, und es wird eine herrliche Liebe, ganz in der Gegenwart. Eines Tages ist Hanna Schmitz verschwunden. Der Junge lebt weiter, beschädigt, aber seltsam lebenstüchtig. ›Alles fiel mir leicht, alles wog leicht.‹ Jahre später, er studiert inzwischen Jura, die Studentenrevolte liegt in der Luft, sieht der Erzähler sie wieder – als Angeklagte in einem NS-Prozeß. Hanna Schmitz war Aufseherin in einem Außenlager von Auschwitz gewesen, dessen Häftlinge am Kriegsende im Bombenhagel starben, weil ihre Wärter sie eingeschlossen hatten. Hanna Schmitz wird zu lebenslänglicher Haft verurteilt. Er heiratet, wird Wissenschaftler, läßt sich scheiden und schickt Hanna Tonbänder ins Gefängnis, auf denen er ihr komplette Bücher vorliest.
Das Thema des Romans entfaltet sich gegen das reißerische Potential der Liebesgeschichte. Die 68er Studentenrebellen klagen ihre Eltern an, weil die das Dritte Reich mitgemacht haben, der ›Vorleser‹ klagt sich selber an, weil er mit einer NS-Täterin im Bett gelegen hat. Er sucht nach Entlastung für sie. Er findet sie – aber kann die Entschuldigung nicht benutzen, weil er ihr damit ihre Lebenslüge nehmen würde. Das ist klug konstruiert und ergreifend erzählt.
Seine Altersgenossen werden ihm, aus seiner radikal anderen Bindung an die ältere Generation heraus, suspekt: ›War die Absetzung von den Eltern nur Rhetorik, Geräusch, Lärm, die übertönen sollten, daß mit der Liebe zu den Eltern die Verstrickung in deren Schuld unwiderruflich eingetreten war?‹ ›Der Vorleser‹ handelt von Geschichte, Schuld und Unschuld; es wird unentwegt neu angesetzt, Motive werden dargelegt, bezweifelt. Weil das als Liebesgeschichte erzählt wird, löst es einfache Weltbilder auf, ohne didaktisch zu werden.
Schlinks Bücher über den Detektiv Selb konnte man als Fortschreibung von Bölls frühen Romanen mit den Mitteln des Krimis lesen. Der ›Vorleser‹ läßt sich als Antwort einer neuen Generation auf die berühmte ›Unfähigkeit zu trauern‹ der Mit-

scherlichs verstehen. Der essayistisch-biographische Ton, in dem die Geschichte erzählt und das zeithistorische Thema ausgebreitet wird, macht seinen Reiz aus. Es spricht einer, der fähig ist zu trauern.
›Dieses Nebeneinander von Kaltschnäuzigkeit und Empfindsamkeit war mir selbst suspekt.‹ – Wie der ›Vorleser‹ erwachsen wird, hat mit Hanna zu tun, wie er liebt und wen, sogar, welchen Beruf er ergreift: ›Ich sah mich in keiner der Rollen, in denen ich beim Prozeß gegen Hanna Juristen erlebt hatte.‹ Er wird Professor. Am Ende fragt er sich, ob ich ihr etwas schuldig geblieben bin, ob ich schuldig geworden bin, indem ich sie geliebt habe, ob ich und wie ich mich von ihr hätte lossagen, loslösen müssen.
Der ›Vorleser‹ besitzt alle Tugenden eines aufgeklärten Bundesbürgers. Er ist ein Traumatisierter, der das Trauma nicht von seinem Leben Besitz ergreifen ließ, jedoch nichts verdrängt. Das erzählt Schlink im Tempo eines Krimis, er plaziert die Überraschung professionell. Der ›Vorleser‹ ist ein bezwingendes Buch, weil eine Liebesgeschichte so erzählt wird, daß sie zur Geschichte der Geschichtswerdung des Dritten Reiches in der späten Bundesrepublik wird.
Der ›Vorleser‹ will seine Liebe zu Hanna bewältigen, historisieren, indem er sie aufschreibt. Das funktioniert nicht. ›Seit einigen Jahre lasse ich unsere Geschichte in Ruhe. ich habe meinen Frieden mit ihr gemacht. Und sie ist zurückgekommen.‹ Abgeklärt nennt man das wohl: So, wie die Geschichte jetzt ist, glaubt er, ›stimmt‹ sie. Deswegen habe ›die Frage, ob sie traurig oder glücklich ist, keinerlei Bedeutung.‹ Das klingt weise. Vorsicht! Es bleibt nicht das letzte Wort. Denn dieser bundesrepublikanische Held behält trotz seiner in alle Richtungen beweglichen Fähigkeit zur Selbstreflexion – wie die Deutschen 50 Jahre nach dem Dritten Reich – seine Neurosen: ›Wenn ich verletzt werde, kommen wieder die damals erfahrenen Verletzungen hoch, wenn ich mich schuldig fühle, die damaligen Schuldgefühle.‹

(aus: Mechthild Küpper, Liebe zum Täter. In: Wochenpost vom 31.8.1995.)

Material 6b

CLAUS-ULRICH BIELEFELD: Die Analphabetin

Hannah Arendt hat in ihrem Bericht vom Eichmann-Prozeß in Jerusalem das Wort von der ›Banalität des Bösen‹ geprägt. Sie schrieb: »Das Beunruhigende an der Person Eichmanns war doch gerade, daß er war wie viele und daß diese vielen weder pervers noch sadistisch, sondern schrecklich und erschreckend normal waren und sind (...) diese Normalität war viel erschreckender als all die Greuel zusammen ...« Und am Ende ihres Berichts hatte sie lakonisch konstatiert, daß dies eine Tatsache sei, »vor der das Wort versagt und an der das Denken scheitert«.
In der Tat ist über das Leben und vor allem über das Nachleben der Täter wenig geschrieben worden. Einige wenige saßen auf den Anklagebänken der großen Prozesse; doch die Mehrzahl der Täter konnte in den Alltag abtauchen. Das Monströse verschwand wieder in der Normalität, verpuppte sich im Gleichmaß der Provinz, wurde zugedeckt mit Schweigen.
In dieser deutschen Provinz, irgendwann in den fünfziger Jahren, spielt Bernhard Schlinks Roman *Der Vorleser.* Der fünfzehnjährige Michael Berg hat das Glück, von dem jeder pubertierende Junge träumt: Eine reife Frau nimmt ihn sich zum Liebhaber und führt ihn in die Freuden der Liebe ein. Einen Sommer lang sehen sich die beiden fast täglich, der schwärmerische Oberschüler aus gutem Hause und die eher wortkarge Straßenbahnschaffnerin. Die Treffen in der Wohnung der Frau haben ein einfaches Muster: »Vorlesen, duschen, lieben und noch ein bißchen beieinander liegen – das wurde das Ritual unserer Treffen.«

Vorlesen? Der Junge greift sich Werke aus dem Garten der Weltliteratur und schafft beim Vorlesen von *Emilia Galotti, Kabale und Liebe, Taugenichts* und schließlich *Krieg und Frieden* vielleicht eine größere Intimität zwischen sich und der Frau als beim sexuellen Akt. Doch irgendwann verschwindet die Frau, ohne sich zu verabschieden.

Eine zartbittere Liebesgeschichte also, die jedoch seltsam starr und mit geradezu buchhalterischer Attitüde erzählt wird. So wird uns vom Ich-Erzähler in ernstem Ton mitgeteilt: »Ich habe den Beginn eines Schuljahres immer als Einschnitt empfunden.« Über das Alltagsleben des Schülers erfahren wir: »Im Schwimmbad fand das gesellschaftliche Leben der Klasse statt.« Und treffen sich die Geliebten zum gemeinsamen Mahl, wird rasch »letzte Hand ans Essen gelegt«. Da wunderts auch nicht mehr, daß der Frau kein anderer Kosename als ›Jungchen‹ einfällt.

Als spürte der Autor, daß das Interesse an dieser Liebesgeschichte schnell erlahmt, überrascht er uns dann mit der schlimmstmöglichen Wendung. Jahre später sieht man sich im Gerichtssaal wieder: Der Junge ist nun Jurastudent und nimmt an einem ›KZ-Seminar‹ teil, das auch die Beobachtung von Naziprozessen einschließt. Die Frau sitzt auf der Anklagebank: Sie war Aufseherin in Auschwitz und in einem anderen Lager. Als Beleg ihrer besonderen Grausamkeit wird angeführt, daß sie Lieblinge unter den Gefangenen hatte, die ihr vorlesen mußten, und die sie nach einer gewissen Zeit in den Tod schickte.

Als einzige der Angeklagten wird sie zu lebenslanger Haft verurteilt. Der einstige Liebhaber, der während des Prozesses jeden Kontakt mit ihr vermieden hatte, schickt ihr nun in den folgenden achtzehn Jahren Kassetten mit Lesungen der Weltliteratur, die er selbst aufgenommen hat, in die Zelle. Er besucht sie während der ganzen Zeit nicht. Erst als die Frau entlassen werden soll, trifft er sich mit ihr und will ihr helfen. Doch sie erhängt sich in der Anstalt.

Schlink erzählt eine Geschichte, in der sich das Monströse und das Banale untrennbar mischen: Eine Frau läßt sich gerne vorlesen, weil sie, was wir erst spät erfahren, Analphabetin ist. Sie tut alles, um diesen als Schande empfundenen Defekt zu verbergen, ja, sie läßt sich sogar ins KZ versetzen, um ihr Geheimnis für sich behalten zu können. So gerät sie selbst ins Unglück und treibt andere in den Tod. Eine groteske Konstellation, die viele Möglichkeiten bietet, von der Hölle zu erzählen, die aus der Normalität entsteht. Doch Schlink findet dafür keine Sprache. Betulich und umständlich breitet er die Geschichte vor uns aus, penibel pinselt er Fünfziger-Jahre-Kolorit, und auch mit seinen Kommentaren (»manchmal denke ich«) hält er nicht hinter dem Berg. Hier gibt es weder Schrecken noch Angst, weder Tabus noch Tabuverletzungen. Mit enervierender Selbstgewißheit, ohne je zu stocken, wird über alles hinwegerzählt. Nichts spüren wir von der angeblich fortwirkenden Liebe des Ich-Erzählers, die ihm andere Beziehungen unmöglich macht. Dürftig sind die Reflexionen, die über »das Schicksal meiner Generation« angestellt werden; sie zeugen zudem von erstaunlicher Selbstgerechtigkeit. Schwer erträglich sind die Schilderungen der Träume, in denen der Ich-Erzähler die Frau »mit hartem Gesicht, schwarzer Uniform und Reitpeitsche« sieht, dann an die Frau denkt, »die mich liebt«, und schließlich schlechten Gewissens zugesteht, »daß die phantasierten Bilder armselige Klischees waren«.

Bernhard Schlink schreibt diese Klischees aber nieder, ohne sie zu brechen. Er ist Sprachoptimist, dem Selbstzweifel fremd sind, der nie befürchtet, daß »das Wort versagt«. So muß er scheitern.

(aus: Claus-Ulrich Bielefeld, Die Analphabetin.
In: Süddeutsche Zeitung vom 4./5. 11. 1995)

Material 7 **Hannah Arendt: Was heißt persönliche Verantwortung unter einer Diktatur?**

[…] Worauf es in diesem Zusammenhang ankommt, ist die Einsicht, daß kein noch so starker Mensch jemals irgendetwas Gutes oder Schlechtes ausführen kann ohne die Hilfe anderer, die das Vorhaben verwirklichen. Was wir hier vor uns haben, ist die Vorstellung einer Egalität, bei der als ›Führer‹ derjenige gilt, der niemals mehr als nur der erste unter seinesgleichen ist. Diejenigen, die ihm zu gehorchen scheinen, unterstützen in Wirklichkeit ihn und sein Unternehmen. Ohne derartigen ›Gehorsam‹ wäre er hilflos, wohingegen im Kindergarten oder in der Sklaverei – also in den beiden Sphären, wo die Vorstellung von Gehorsam einen Sinn hatte und von wo sie dann auf politische Angelegenheiten übertragen wurde – das Kind oder der Sklave hilflos werden, wenn sie die ›Kooperation‹ verweigern. Selbst in einer strikt bürokratischen Organisation mit ihrer festgefügten hierarchischen Ordnung wäre es viel sinnvoller, das Funktionieren der ›Rädchen‹ und der Räder als eine umfassende Unterstützung eines gemeinsamen Unternehmens anzusehen, anstatt wie sonst üblich, von Gehorsam gegenüber Vorgesetzten zu sprechen. Wenn ich den Gesetzen des Landes gehorche, dann unterstütze ich in Wirklichkeit dessen Verfassung. Rebellen und Revolutionäre, die nicht mehr gehorchen, weil sie ihr stillschweigendes Einverständnis aufgekündigt haben, machen diesen Sachverhalt ganz offenkundig.

So gesehen sind jene, die nicht am öffentlichen Leben unter einer Diktatur teilgenommen haben, auch diejenigen, die sich geweigert haben, sie zu unterstützen, indem sie jene Orte der ›Verantwortung‹ mieden, wo eine derartige Unterstützung unter Berufung auf Gehorsam gefordert wird. Und wir brauchen uns nur einen Augenblick lang vorzustellen, was mit dieser Art von Regierungen passieren würde, wenn genügend Leute ›unverantwortlich‹ handelten und die Unterstützung verweigerten, sogar ohne aktiven Widerstand oder Aufruhr, um zu sehen, welch eine wirkungsvolle Waffe dies sein könnte. Es handelt sich dabei in der Tat um eine der vielen Varianten gewaltloser Aktion, um Widerstandsformen, die in unserem Jahrhundert entdeckt werden. Der Grund, weshalb wir diese neuen Verbrecher dennoch für das, was sie taten, verantwortlich machen, liegt darin, daß es in politischen und moralischen Angelegenheiten so etwas wie Gehorsam nicht gibt.

Folglich sollten diejenigen, die mitmachten und Befehlen gehorchten nie gefragt werden: ›Warum hast Du gehorcht?‹, sondern: ›Warum hast Du Unterstützung geleistet?‹ Dieser Austausch von Wörtern ist für jene keine belanglose semantische Spielerei, die den merkwürdigen und mächtigen Einfluß bloßer Worte auf das Denken der Menschen kennen, die doch in erster Linie sprechende Wesen sind. Es wäre viel gewonnen, wenn wir das bösartige Wort ›Gehorsam‹ aus dem Vokabular unseres moralischen und politischen Denkens streichen könnten. Wenn wir diese Fragen durchdenken, könnten wir ein gewisses Maß an Selbstvertrauen und sogar Stolz zurückgewinnen, – das, was frühere Zeiten die Würde oder die Ehre, vielleicht nicht der Menschen, so doch des Menschen genannt haben. […]

(aus: Hannah Arendt, Was heißt persönliche Verantwortung unter einer Diktatur? In: Dies., Nach Auschwitz. Essays & Kommentare 1. Herausgegeben von Eike Geisel und Klaus Bittermann. Aus dem Amerikanischen übersetzt von Eike Geisel. Berlin 1989 (Bittermann. Edition Tiamat), S. 81–97, S. 96 f.)

[…] Das Volk der Touristen, das heute nach München strömt, geht erst zum Marienplatz, um das hübsche Glockenspiel zu genießen und die putzigen Holzpuppen zu bewundern, die am Rathausturm pünktlich ihren Tanz aufführen, und fährt dann nach Dachau zu den Baracken. Wer Goethes und seiner Christiane Gartenhaus zu Weimar in freundlicher Erinnerung behalten will, besichtigt auch gleich das Mahnmal in Buchenwald in ehrerbietiger Bestürzung. In dieser Museumskultur der KZs verpflichtet das historische Gewissen jeden sensiblen Zeitgenossen, vom sittlichen Politiker ganz zu schweigen, an einer solchen Stätte zu photographieren oder, besser noch, sich photographieren zu lassen.
Was haben wir davon? Neulich lernte ich zwei sympathische deutsche Studenten kennen, ernste junge Leute mit Grundsätzen. Sie waren Germanisten im ersten Semester, ihr Seminarleiter, mit mir befreundet, war mit seinen Leuten zum Hainbunddenkmal spaziert, und ich hatte meine gleich daneben liegende Wohnung zum Hainbundcafé stilisiert und sie alle eingeladen. Die beiden sprachen angeregt miteinander, ich hörte das Wort Auschwitz, aber nicht, wie so oft in Deutschland und auch anderswo, als Kürzel für Massenmord oder als politisches Stichwort, sondern sachlich, als Bezeichnung für einen Ort, den sie zu kennen schienen. ich horchte auf, fragte, gab aber aus Bequemlichkeit meine eigene Bekanntschaft mit dem Lager nicht preis. Ich erfuhr, sie hätten eben ihren Zivildienst hinter sich gebracht. Ihre Aufgabe war es gewesen, in Auschwitz die Zäune weiß zu streichen. Ja, das sei möglich. Zivildienst als Wiedergutmachung. Ob das sinnvoll sei, fragte ich zweifelnd. Aber das Gelände muß doch erhalten bleiben, erwiderten sie, ihrerseits verdutzt über die Frage. Zwar waren sie nicht besonders gut auf die Touristen zu sprechen (all die Amerikaner!), und auch den Schulklassen waren sie eher abhold, und trotzdem: Bewahrung der Stätten. Wozu nur?
Der liebe Augustin der Wiener Legende erwachte in der Pestgrube, und nichts war ihm passiert. Er stolperte aus der Grube heraus, ließ sie hinter sich und dudelte weiter, Symbol der Lebensbejahung im großen Sterben. Uns geht es anders, uns lassen sie nicht locker, die Gespenster, mein ich. Wir erwarten, daß Ungelöstes gelöst wird, wenn man nur beharrlich festhält an dem, was übrig blieb, dem Ort, den Steinen, der Asche. Nicht die *Toten* ehren wir mit diesen unschönen, unscheinbaren Resten vergangener Verbrechen, wir sammeln und bewahren sie, weil *wir* sie irgendwie brauchen: Sollen sie etwa unser Unbehagen erst beschwören, dann beschwichtigen? Der ungelöste Knoten, den so ein verletztes Tabu wie Massenmord, Kindermord hinterläßt, verwandelt sich zum unerlösten Gespenst, dem wir eine Art Heimat gewähren, wo es spuken darf. Ängstliches Abgrenzen gegen mögliche Vergleiche, Bestehen auf der Einmaligkeit des Verbrechens. Nie wieder soll es geschehen. Dasselbe geschieht sowieso nicht zweimal, insofern ist alles Geschehen, wie jeder Mensch und sogar jeder Hund, einmalig. Abgekapselte Monaden wären wir, gäbe es nicht den Vergleich und die Unterscheidung, Brücken von Einmaligkeit zu Einmaligkeit. Im Grunde wissen wir alle, Juden wie Christen: Teile dessen, was in den KZs geschah, wiederholt sich vielerorts, heute und gestern, und die KZs waren selbst Nachahmungen (freilich einmalige Nachahmungen) von Vorgestrigem.
Im heutigen Hiroshima, einer fleißigen Industriestadt, ist die Gedenkstätte der großen Katastrophe, die ein neues Zeitalter eröffnete, ein Blumen- und Tempelpark, in dem Schulklassen japanischer Kinder, in ihren englischen Schuluniformen, toben. Die Japaner sind dem verflossenen Entsetzen ebenso hilflos ausgeliefert wie wir, weil

auch ihnen nichts Gescheites dazu einfällt, außer das auch uns bekannte ›Nie wieder‹. Man sieht das leichter in einer fremden Stadt. Die Kinder kommen mit ihren Geschichtslehrern und hängen Origami, aus Papier gefältelte Kraniche und andere symbolische Objekte, an die diversen Büsche und Bäume der Friedensgöttin und treiben ansonsten Allotria. Wasser plätschert, wie überall in Japan, wo man es schön oder eindrucksvoll oder gemütlich haben will. Auf Kassetten gespeicherte poetische Mahnworte zum Thema Frieden und Menschlichkeit werden in regelmäßigen Zeitabständen abgespult. Eingezäunt steht inmitten dieser Beschwichtigungsmanöver die häßlichste Ruine der Welt: Das Gebäude wurde ja nicht von einer Bombe ›getroffen‹, sondern die Bombe explodierte über dem Gebäude und verunstaltete es durch die Hitze, so daß es so unnatürlich aussieht wie ein menschliches Gesicht, das seine durch das Leben geformten Züge im Feuer verloren hat.[…]

(aus: Ruth Klüger, weiter leben. Eine Jugend. München 1994 (dtv), S. 69–71.)

Material 9

Jan Philipp Reemtsma: Zivilisation

Wenn ich von Zivilisation spreche, tue ich das in sozusagen abgekühltem Sinne. Ich meine nicht irgend etwas, auf das man besonders stolz sein könnte. Es sind von zivilisierten Nationen im Namen ihrer Zivilisation zu viele Massenmorde verübt worden, als daß das noch anginge. Wenn ich von Zivilisationen spreche, meine ich nur den Umstand, daß sich menschliche Kollektive irgendwie organisieren und Institutionen bilden. Wozu die Institutionen auch immer dasein mögen – gesellschaftliche Produktion oder Verteilung zu organisieren, das Territorium des Kollektivs zu verteidigen oder zu vergrößern –, sie alle haben als primäre Aufgabe (sonst könnte sie ihre andere nicht erfüllen), die potentielle Gewalttätigkeit unter den Mitgliedern des Kollektivs einzuschränken. Sei es, daß sie sie gänzlich untersagen, sei es, daß sie erlaubte von unerlaubten Fällen unterscheiden. Um mit dem Begründer der modernen Philosophie der Politik, Thomas Hobbes, zu spreche: Der (potentielle) ›Krieg aller gegen alle‹, der ›Naturzustand‹ wird beendet. Bei Hobbes sind es die Staatsbürger, die sich aus Einsicht freiwillig selbst entwaffnen und die Herrschaft nebst Gewaltmonopol dem Staat (bei Hobbes dem Monarchen) übertragen. Wir werden Hobbes' Liebe zum allmächtigen Staat, zum ›Leviathan‹, wie er ihn in Anlehnung an das Ungeheuer der Bibel nannte, nicht teilen, gleichwohl geht in unsere Theorien der Zivilisation, ob wir nun Sigmund Freud oder Norbert Elias folgen, dieselbe Vorstellung ein: Teilnahme an zivilisatorischen Institutionen ist Selbstbeschränkung Gewaltausübung betreffend, und entsprechender Zwang zur Friedfertigkeit, den die Institutionen, denen ein Gewaltpotential übertragen ist, ausüben.

Wir sprechen bei regelloser Gewalttätigkeit auch gerne von ›Rückfall in Barbarei‹ und deuten so das nämliche an, eine Regression in einen vorzivilisatorischen Zustand. Gerade unser Jahrhundert hat uns aber Exzesse einer anderen Art der Barbarei gezeigt, Exzesse der Barbarei von Staats wegen. Der Mord an den europäischen Juden war keine vorzivilisatorische Barbarei, sondern eine unter Ausnutzung zivilisatorischer Institutionen wie Polizei, Behörden aller Arten, arbeitsteilig arbeitender Transportsysteme, Beteiligung von Industrie und Militär und insgesamt hohem organisatorischem Aufwand. Man muß, so scheußlich es klingt, sagen, daß diese Barbarei auch unter Ausnutzung aller zivilisatorischen *Tugenden,* wie Umsicht, Gewissenhaftigkeit, Triebaufschub, verübt worden ist. Wir haben also theoretisch (und kennen praktisch aus der Geschichte) Exzesse der Barbarei sozusagen an beiden Enden der Zivilisation: ›vor‹ dem Inkrafttreten ihrer Institutionen und im Stande ihrer vollkommenen Ausbildung. Der Leviathan schützt nicht nur seine Untertanen voreinander, sondern er kann auch ihre größte Bedrohung werden.

Auf der individuellen Ebene entsprechen der vorzivilisatorischen und der Zivilisationsbarbarei zwei unterscheidbare und wohl zu unterscheidende Arten der Grausamkeit, die, wie sie Alexander Mitscherlich genannt hat, ›heiße‹ und ›kalte‹. Die heiße Grausamkeit ist die des Losgelassenen, des Plünderers, des Mittäters in einem Progrom, desjenigen, der unmittelbar Lust und Befriedigung im Gewaltexzeß erfährt. Die kalte ist die des, noch einmal Mitscherlich, ›Grausamkeitsarbeiters‹, des Folterers, der in Dienststunden foltert und, wenn möglich, pünktlich nach Hause gehen will. Letzterer ist – trivialerweise, weil es die Institutionen nicht gibt, die ihn in Dienst nehmen – im vorzivilisatorischen Massaker nicht vorhanden. Dort ist der Ort der heißen Gewalt, die allenfalls zur Gleichgültigkeit, zum Ennui im Exzeß abkühlt.

Hier findet aber keine Symmetrie statt. Die zivilisatorische Gewalt bedient sich der heißen wie der kalten Grausamkeit. Die letztere ist ihr direkter Ausdruck, die erstere versteht sie zu integrieren. Der General erlaubt seiner Truppe das Vergewaltigen, die Plünderung. Die Zivilisation wird auf Zeit außer Kraft gesetzt – buchstäblich: Eine Stadt wird drei Tage zur Plünderung freigegeben, alles ist erlaubt, wenn aber einer die Dreitagefrist um eine Stunde überschreitet, wird er gehenkt.

(aus: Jan Philipp Reemtsma, Freiheit, Macht, Gewalt. In: Ders., Mord am Strand. Aufsätze und Reden. Hamburg 1998 (Hamburger edition), S. 125–144, S. 138–140.)

Anhang

Anmerkungen

1 Bernhard Schlink, Der Vorleser. Zürich 1995. (Taschenbuch 1997, detebe 22953).
2 Jürgen Habermas, Was bedeutet ›Aufarbeitung der Vergangenheit‹ heute? In: Ders., Die Normalität einer Berliner Republik. Frankfurt/M. 1995. Kleine politische Schriften VIII (Suhrkamp. ES = NF 967), S. 21–45, S. 23.
3 A. a. O., S. 25.
4 A. a. O., S. 23.
5 A. a. O., S. 25.
6 A. a. O.
7 A. a. O., S. 24.
8 A. a. O., S. 23.
9 A. a. O., S. 24.
10 Theodor W. Adorno, Was bedeutet: Aufarbeitung der Vergangenheit. In: Ders., Erziehung zur Mündigkeit. Vorträge und Gespräche mit Hellmut Becker 1959–1969. Herausgegeben von Gerd Kadelbach. Frankfurt/M. 1970 (Suhrkamp st 11), S. 10–28.
11 Vgl. Anm. 2.
12 Th. W. Adorno, a. a. O., S. 13.
13 A. a. O., S. 24.
14 A. a. O., S. 25.
15 A. a. O.
16 A. a. O., S. 27.
17 A. a. O., S. 28.
18 Ders., Erziehung nach Auschwitz. In: Ders., Erziehung zur Mündigkeit. a. a. O., S. 88–104, S. 98.
19 Vgl. Anm. 18.
20 A. a. O., S. 98.
21 A. a. O., S. 93.
22 A. a. O., S. 102f.
23 A. a. O., S. 102.
24 A. a. O., S. 92.
25 Vgl. a. a. O., S. 92: **Vom Psychologischen rede ich nur deshalb soviel, weil die anderen, wesentlicheren Momente dem Willen gerade der Erziehung weitgehend entrückt sind, wenn nicht dem Eingriff des Einzelnen überhaupt.**
26 A. a. O., S. 101.
27 A. a. O., S. 94.
28 Vgl. a. a. O., S. 95.
29 A. a. O., S. 96.
30 A. a. O., S. 95.
31 A. a. O., S. 98.
32 Vgl. a. a. O., S. 95 und 97.
33 Vgl. a. a. O.
34 A. a. O., S. 97.
35 A. a. O.
36 A. a. O.
37 A. a. O., S. 98.
38 A. a. O., S. 90.
39 A. a. O., S. 95.
40 A. a. O., S. 99.
41 Vgl. Kazimierz Smolen, Bestrafung der Verbrecher von Auschwitz. In. Auschwitz – faschistisches Vernichtungslager. Warschau 1988, S. 157–183, S. 177ff.
42 Thorsten Schmitz, Die Stute von Majdanek. In: Süddeutsche Zeitung. Magazin Nr. 50 vom 13. 12. 1996, S. 17–26.
43 A. a. O., S. 22.
44 A. a. O.
45 A. a. O.
46 A. a. O., S. 23.
47 Martin Walser, Unser Auschwitz. In: Ders.: Heimatkunde. Frankfurt/M. 1968 (Suhrkamp).
48 B. Schlink, Der Vorleser, a. a. O., S. 150.
49 Gunhild Kübler, Interview mit Bernhard Schlink, *ALS DEUTSCHER IM AUSLAND WIRD MAN GESTELLT*. In: Die Weltwoche Nr. 4 vom 27. 1. 2000, S. 35f., S. 36.
50 Ruth Klüger, weiter leben. Eine Jugend. München 1994 (dtv 11950), S. 75.
51 A. a. O.
52 Dan Diner, Ereignis und Erinnerung. Über Variationen historischen Gedächtnisses. In: Nicolas Berg, Jess Jochimsen, Bernd Stiegler (Hrsg.), Shoah. Formen der Erinnerung. Geschichte, Philosophie, Literatur, Kunst. München 1996 (Fink), S. 13–30, S. 18.
53 Vgl. a. a. O.
54 A. a. O.
55 Vgl. a. a. O.
56 A. a. O., S. 29.
57 Vgl. a. a. O.
58 A. a. O., S. 30.
59 K. Briegleb, Negative Symbiose. In: Ders./Sigrid Weigel (Hrsg.), Gegenwartsliteratur seit 1968. München 1992 (dtv 4354), S. 117–150, S. 140.
60 Ders., Vergangenheit in der Gegenwart. a. a. O., S. 85. In: Ders./Sigrid Weigel (Hrsg.), Gegenwartsliteratur seit 1968, a. a. O., S. 73–116, S. 85.
61 G. Kübler, Interview mit Bernhard Schlink, a. a. O., S. 35.
62 Günter Gassmann, Wegweiser im ökumenischen Gespräch. Zum Tode von Edmund Schlink. In: lutherische monatshefte (23) 1984, S. 291–293, S. 291.
63 Vgl. G. Kübler: Interview mit Bernhard Schlink, a. a. O., S.36.

64 A. a. O.
65 A. a. O.
66 A. a. O.
67 J. Habermas, a. a. O., S. 25.
68 Vgl. Martine Laval, Allemagne, ma douleur. In: Télérama Nr. 2448 vom 11. 12. 1996, S. 44–46, S. 46.
69 B. Schlink, Abwägung im Verfassungsrecht. Berlin 1976 (Duncker & Humblot).
70 Ders., Die Amtshilfe. Ein Beitrag zu einer Lehre der Gewaltenteilung in der Verwaltung. Berlin 1982 (Duncker & Humblot).
71 Vgl. ders., Die Bewältigung von Vergangenheit durch Recht. In: H. König u. a. (Hrsg.), Vergangenheitsbewältigung am Ende des zwanzigsten Jahrhunderts. Leviathan (Sonderheft) 1998, S. 433–451.
72 J. Habermas, a. a. O., S. 24 f.
73 Spiegel-Gespräch zwischen Volker Hage und Bernhard Schlink. In: Der Spiegel 4/2000, S. 180–183, S. 182.
74 G. Kübler, a. a. O.
75 Martin Wyss, Fragen auf Antworten. In: Das Magazin. Wochenendbeilage des Tages-Anzeigers und der Berner Zeitung vom 15. 6. 1996, S. 60–63, S. 63.
76 A. a. O.
77 Dankesrede von Bernhard Schlink zur Verleihung des Hans-Fallada-Preises 1997 der Stadt Neumünster. Unveröffentlichtes MS, S. 2.
78 A. a. O.
79 Vgl. Norbert Frei, Vergangenheitspolitik. Die Anfänge der Bundesrepublik und die NS-Vergangenheit. München 1997 (2. durchges. Auflage. C.H. Beck), S. 88–98.
80 B. Schlink/Walter Popp, Selbs Justiz. Zürich 1987 (Diogenes. detebe 21543).
81 B. Schlink, Selbs Betrug. Zürich 1992 (Diogenes. 1994 detebe 22706).
82 Spiegel-Gespräch zwischen Volker Hage und Bernhard Schlink, a. a. O., S. 183.
83 B. Schlink, Liebesfluchten. Geschichten. Zürich 2000 (Diogenes).
84 Darauf verweisen eine Reihe neuerer Publikationen zum Thema der Identität, so z.B. Aleida Assmann/Heidrun Friese, Identitäten. Erinnerung, Geschichte, Identität 3. Frankfurt/M. 1998 (Suhrkamp stw 1404); Bernhard Waldenfels, Vielstimmigkeit der Rede. Studien zur Phänomenologie des Fremden 4. Frankfurt/M. 1999 (Suhrkamp stw 1442). Vgl. z. B. auch Hanno Loewy, Im Dreieck springen. In: Universitas 52 (1997), Nr. 616, S. 919–923.
85 Vgl. Moshe Zuckermann, *Mit Schuldgefühlen ist nichts getan*. In: Universitas 52 (1997), Nr. 616, S. 956–968, S. 963.
86 B. Schlink, Liebesfluchten, a. a. O., S. 229.
87 A. a. O., S. 130.
88 Claudia Kühner, Ein Buch geht um die Welt. In: Die Weltwoche vom 1. 4. 1999, S. 51.
89 A. a. O.
90 Mechthild Küpper, Liebe zum Täter. In: Wochenpost, Berlin, vom 31. 8. 1995.
91 Tilman Krause, Keine Elternaustreibung. In: Der Tagesspiegel, Berlin, vom 3. 9. 1995.
92 Erich Demmer, Die Liebe zu einer KZ-Aufseherin. In: Die Presse, Wien, vom 11. 11. 1995.
93 Rainer Moritz, Die Liebe zur Aufseherin. In: Die Weltwoche, Zürich, vom 23. 11. 1995.
94 Urs Steiner, Sex, Lies and Literature. In: Cash, Zürich, vom 13. 10. 1995.
95 T. Krause, a. a. O.
96 Dietmar Michels, Vergangenheit, die nicht vergeht. In: Handelsblatt Nr. 184, vom 22./23. 9. 1995.
97 R. Moritz, a. a. O.
98 Werner Fuld, Drama eines zerstörten Lebens. In: Focus, München, vom 30. 9. 1995.
99 Helmut Ziegler, Bernhard Schlink. Der Vorleser. In: Die Woche Nr. 41 vom 6. 10. 1995.
100 Marion Löhndorf, Die Banalität des Bösen. In: Neue Zürcher Zeitung vom 28. 10. 1995. Ebenfalls erschienen in: General Anzeiger, Bonn, vom 18./19. 11. 1995.
101 T. Krause, a. a. O.
102 François Jacquemont, Bourreau et victime. In: L'Est Républicain vom 6. 11. 1996.
103 Martine Laval, Allemagne, ma douleur. In: Télérama Nr. 2448 vom 11. 12. 1996.
104 Pierre Deshusses, Le terrible secret. In: Le Monde, Paris, vom 11. 10. 1996.
105 Frédéric Vitoux, Le diable nazi au corps. In: Le Nouvel Observateur vom 28. 11. 1996.
106 Die Überschrift spielt hier mit dem Titel des berühmten Films von Claude Autant-Lara, *Le diable au corps* (1947), der seinerseits die Geschichte einer ›skandalösen‹ Liebe zwischen einem Gymnasiasten und einer älteren Frau erzählt.
107 Szenario von Patrick Modiano, filmische Realisation von Louis Malle.
108 F. Vitoux, a. a. O.
109 Christopher Hart, The Question Remains: What Would We Have Done? In: Literary Review, November 1997, S. 52 f.
110 George Steiner in The Observer.
111 Philip Kerr, In praise of older woman. In: Sunday Times vom 23. 11. 1997.
112 Omer Bartov. Deutschland als Opfer. In: Ha'Aretz vom 28. 4. 1999.
113 Orit Harel, am 5. 5. 1999 in Ma'Ariv.
114 A. a. O.
115 Batya Gur, am 31. 12. 1998 in Ha'Aretz.
116 Claus-Ulrich Bielefeld, Die Analphabetin. In: Süddeutsche Zeitung vom 4./5. 11. 1995.
117 Peter Michalzik, Das Monster als Mensch. In: die tageszeitung, Berlin, vom 9./10. 12. 1995.
118 A. a. O.
119 Vgl. a. a. O.
120 M. Löhndorf, a. a. O.
121 F. Vitoux, a. a. O. Eigene Übersetzung.

122 M. Löhndorf, a. a. O.

123 Uwe Wandrey, Frau mit Peitsche. In: Das Sonntagsblatt Nr. 50 vom 15. 12. 1995, S. 33. Vgl. dazu auch Anne Applebaum, die den Analphabetismus als *unzureichende Erklärung für die vielen quirks of behaviour* betrachtet. In: Dies., Love in a time of atrocity. In: Sunday Telegraph vom 26. 10. 1997.

124 M. Löhndorf, a. a. O.

125 R. Moritz, a. a. O.

126 C.-U. Bielefeld, a. a. O.

127 E. Demmer, a. a. O.

128 P. Michalzik, a. a. O.

129 M. Löhndorf, a. a. O.

130 Volker Hage, Der Schatten der Tat. In: Der Spiegel, Hamburg vom 20. 11. 1995. Ebenfalls veröffentlicht in: Ders., Propheten im eigenen Land. Auf der Suche nach der deutschen Literatur. Reinbek bei Hamburg 1999 (rororo 12692), S. 297–313.

131 A. a. O.

132 A. a. O.

133 A. a. O.

134 Adolf Höfer, Die endgültige Entsorgung deutscher Vergangenheit in der jüngsten Gegenwartsliteratur. In: Jürgen Belgrad/Karlheinz Fingerhut (Hrsg.), Textnahes Lesen. Annäherungen an Literatur im Unterricht. Hohengehren 1998 (Schneider), S. 148–159.

135 A. a. O.

136 Peter Schneider, Vati. Erzählung. Darmstadt und Neuwied 1987 (Luchterhand). TB: Reinbek b. Hamburg 1996 (rororo 13651).

137 Ders., Rede zur Verleihung des Fallada-Preises an Bernhard Schlink. TS des Verlags, S. 3.

138 A. a. O.

139 Juliane Köster, Schritte aus der Unmündigkeit. Bernhard Schlink, Der Vorleser. In: Deutschunterricht (Berlin) 50 (1997), H. 6, S. 328–330.

140 J. Köster/Rolf Schmidt, Interaktive Lesung mit Bernhard Schlink. In: Deutschunterricht (Berlin) 51 (1998), H. 1, S. 46–49.

141 Sonja Pohsin, Der Vorleser. Unterrichtsmodell. Paderborn 1998 (Schöningh. EinFach Deutsch).

142 Gabrielle Steinbach, Bernhard Schlink: Der Vorleser. München 1999 (Stark).

143 Achim Geisenhanslüke, Bildung ist Macht. Überlegungen zum Sozialisierungsprozeß in Bernhard Schlinks Roman *Der Vorleser*. Vorgetragen am 22. 6. 1998 auf der Lehrerfortbildungsveranstaltung an der Gesamtschule Duisburg-Mitte.

144 Clemens Kammler (Hrsg.), Gegenwartsliteratur. Der Deutschunterricht 51 (1999), H. 4.

145 Vgl. J. Köster, Bernhard Schlink: *Der Vorleser* (1995) – Eine Interpretation für die Schule. In: Der Deutschunterricht 51 (1999), H. 4, S. 70–81.

146 Ria Proske/Adelheid Schmitz (Hrsg.), Spuren der Vergangenheit … Ausgewählte Jugendbücher über Nationalsozialismus und Neonazismus. Münster 1998 (Votum), S. 170.

147 P. Michalzik, a. a. O.

148 Hannah Arendt, Rede am 28. September 1959 bei der Entgegennahme des Lessing-Preises der Freien und Hansestadt Hamburg. Mit einem Essay von Ingeborg Nordmann. Hamburg 1999 (Europäische Verlagsanstalt).

149 G. Kübler, a. a. O., S. 36.

150 A. a. O.

151 Der Vater tritt als einziges Familienmitglied im Zusammenhang des Prozesses in Erscheinung. Auch im weiteren Verlauf des Geschehens spielen die Familienmitglieder keine Rolle mehr.

152 In Rousseaus *Emile* trägt Emiles Ehefrau und Mutter seiner Kinder den Namen Sophie. Sie ist die von Rousseau ersonnene ideale Frau und die ideale Gefährtin für den Mann.

153 Das Erröten Michaels im Zusammenhang mit der Verführungsgeschichte und das Rotwerden unter Hannas Blick bei der Urteilsverkündung korrespondieren insofern, als beide Situationen ein Schuldgefühl Michaels unterstellen. Während aber im ersten Fall die Schuld nur in der Vorstellung des Jungen existiert, handelt es sich im zweiten Fall um einen wirklichen Verrat Hanna gegenüber: das versäumte klärende Gespräch Michaels mit Hanna und in dessen Folge die Information des Richters, die aller Wahrscheinlichkeit nach zu einer milderen Strafe Hannas geführt hätte.

154 Allerdings ist Scham hier differenziert zu betrachten, da sie sich bei Hanna Schmitz nur auf die Bloßstellung als Analphabetin bezieht.

155 Das Hepatitis B-Virus wird entweder bei der Geburt (Infektion der Mutter) oder durch Geschlechtsverkehr erworben.

156 A. Geisenhanslüke, a. a. O., S. 1.

157 Vgl. a. a. O.

158 Erik H. Erikson, Das Problem der Ich-Identität. In: Ders., Identität und Lebenszyklus. Drei Aufsätze. Franfurt/M. 1966 (Suhrkamp), S. 123–212, S. 136.

159 A. a. O., S. 149.

160 Vgl. a. a. O., S. 187.

161 A. a. O., S. 182.

162 Vgl. a. a. O., S. 187.

163 A. a. O., S. 198.

164 E. H. Erikson, Wachstum und Krisen der gesunden Persönlichkeit. In: Ders., Identität und Lebenszyklus, a. a. O., S. 55–122, S. 79.

165 P. Michalzik, a. a. O.

166 A. a. O.

167 U. Wandrey, a. a. O.

168 A. Geisenhanslüke, a. a. O.

169 Vgl. A. Höfer, a. a. O.

170 V. Hage, a. a. O.

171 Vgl. J. Köster/R. Schmidt, Interaktive Lesung mit Bernhard Schlink, a. a. O.

172 Th. W. Adorno, Erziehung – wozu? In: Ders., Erziehung zur Mündigkeit, a. a. O., S. 105–119, S. 107.

173 Ders., Erziehung zur Mündigkeit. In: Ders., Erziehung zur Mündigkeit, a. a. O., S. 133–147, S. 133.

174 Ders., Erziehung zur Entbarbarisierung. In: Ders., Erziehung zur Mündigkeit, a. a. O., S. 120–132, S. 120.

175 Vgl. Jean Améry, Ressentiments. Rede im Süddeutschen Rundfunk am 7. März 1966. Hamburg 1995 (Europäische Verlagsanstalt), S. 28.

176 Vgl. J. Habermas, Was bedeutet ›Aufarbeitung der Vergangenheit‹ heute? A. a. O., S. 24.

177 Vgl. Ruth Rendell, Urteil in Stein. Reinbek bei Hamburg 1992 (rororo thriller 3042), S. 48.

178 Vgl. A. Geisenhanslüke, a. a. O.

179 Th. Schmitz, a. a. O.

180 J. Habermas, a. a. O., S. 23.

181 A. a. O., S. 25.

182 A. a. O., S. 23.

183 Das schließt nicht aus, dass der Roman Hanna Schmitz v. a. im ersten Teil eine Reihe mütterlicher Attribute zuspricht: dass sie sich des kranken Jungen annimmt, dass sie mit Milch in Verbindung gebracht wird, dass sie auf schulischen Erfolg des Jungen drängt.

184 Vgl. J. Köster, Bernhard Schlink: *DER VORLESER* (1995) – Eine Interpretation für die Schule, a. a. O. – Ein von Studierenden der Universität Bielefeld zusammen mit Schüler/innen des Brackweder Gymnasiums entworfene Skizze der Zeitstruktur wird im Anhang dokumentiert. Für die Erlaubnis zur Veröffentlichung sei Herrn Achim Kiel gedankt.

185 Zur rituellen Funktion des Wassers vgl. Mircea Eliade, Das Mysterium der Wiedergeburt. Versuch über einige Initiationstypen. Frankfurt/M. 1988 (erstmals 1958). – Aus psychoanalytischer Sicht ist die emotionale Besetzung von Reinheit ein charakteristisches Merkmal nationalsozialistischer Ideologie, das zugleich auf die Politik übertragen worden ist. Vgl. dazu Gudrun Brockhaus, Schauder und Idylle. Faschismus als Erlebnisangebot. München 1997 (Kunstmann), S. 35.

186 Walter Burkert, Homo Necans. Berlin/Tokio/New York 1972 (de Gruyter), S. 68.

187 Vgl. B. Schlink, a. a. O., S. 57 (Gedicht).

188 W. Burkert, a. a. O., S. 57.

189 Den Hinweis auf die Bedeutung dieses Phänomens verdanke ich Melanie Fohrmann, die im Rahmen einer fachdidaktischen Seminararbeit darüber reflektiert hat.

190 Damit wäre zugleich auch dem **Kritischen Verstehen**, wie M. Broszat es in seinem Plädoyer für eine Historisierung des Nationalsozialismus vertritt, eine Grenze gesetzt. Vgl. dazu wie auch zur Unterscheidung der Gedächtnisperspektiven von Opfern und Tätern: Martin Broszat/Saul Friedländer, Um die ›Historisierung des Nationalsozialismus‹. Ein Briefwechsel. In: Vierteljahrshefte für Zeitgeschichte 36 (1988), S. 339–372.

191 Diese Deutung resultiert aus einem Interpretationsgespräch der Teilnehmer/innen eines fachdidaktischen Praktikums an der Universität Bielefeld im WS 1997/98.

192 Christopher R. Browning, Ganz normale Männer. Das Reserve-Polizeibataillon 101 und die ›Endlösung‹ in Polen. Deutsch von Jürgen Peter Krause. Reinbek bei Hamburg 1996 (rororo Sachbuch 9968).

193 Daniel Jonah Goldhagen, Hitlers willige Vollstrecker. Ganz gewöhnliche Deutsche und der Holocaust. Aus dem Amerikanischen von Klaus Kochmann. Berlin 1996 (Siedler), S. 451.

194 Im Rahmen des Kulturerwerbs sieht Freud 1930 in der **Grammophonplatte** wie auch in der **photographischen Kamera Materialisationen des [dem Menschen] gegebenen Vermögens der Erinnerung, des Gedächtnisses.** S. Freud, Das Unbehagen in der Kultur. In: Ders., Kulturtheoretische Schriften. Frankfurt/M. 1986 (Fischer), S. 191–270 S. 221.

195 Eine historische Entsprechung hinsichtlich der hier erkennbaren Praxis des Strafvollzugs zeigt sich in der Person Eva Rühmkorfs, die in den 70er-Jahren Gefängnisleiterin war.

196 Margret Behringer danke ich für den Hinweis, dass Hanna mit dem Selbstmord auch ihren Platz in Michaels Leben erzwingt.

197 A. Höfer, a. a. O., S. 150. Höfer hält sowohl die Liebesgeschichte als auch das Motiv des Analphabetismus für **reichlich fragwürdig[e]** Konstruktionen, die das Interesse vom **Thema der Judenvernichtung** weg hin auf die Liebesgeschichte verlagerten, damit der Autor selbst **nicht verstummen [...] müsse [...]**. Ähnlich argumentiert auch Claus-Ulrich Bielefeld in der Süddeutschen Zeitung Nr. 254 vom 4./5. 11. 1995. Diese Sicht auf den Roman scheint mir nicht zuletzt darauf zu beruhen, dass die Konzentration auf das Thema den Aspekt der Gedächtnisperspektive hier ausblendet und nicht berücksichtigt, dass es sich um einen Text aus der Gedächtnisperspektive der Täter handelt.

198 J. Köster/R. Schmidt, Interaktive Lesung mit Bernhard Schlink, a. a. O., S. 48.

199 Vgl. a. a. O.

200 A. a. O., S. 49.

201 Vgl. Peter von Matt, Liebesverrat. Die Treulosen in der Literatur. München 1989 (Hanser), S. 127–144.

202 Mit dem Warenhausdiebstahl verbindet er interessanterweise kein Schuldbewusstsein.

203 B. Schlink, Dankesrede zur Verleihung des Hans-Fallada-Preises 1997 der Stadt Neumünster. TS, S. 3.

[204] A. a. O., S. 4.
[205] A. a. O., S. 3.
[206] G. Kübler: Interview mit Bernhard Schlink, a. a. O., S. 36.
[207] P. Schneider, Rede zur Verleihung des Fallada-Preises an Bernhard Schlink. Dokumentation des Diogenes Verlags, S. 5.
[208] A. a. O.
[209] Peter V. Zima, Moderne/Postmoderne. Gesellschaft, Philosophie, Literatur. Tübingen 1997 (Francke. UTB 1967), S. 253.
[210] Vgl. Martin Lüdke, Der Mönch kam nicht mit. Der deutsche Erfolgserzähler Bernhard Schlink erklärt mit neuen Geschichten die Welt. In: Die Zeit Nr. 6 vom 3. 2. 2000, S. 49.
[211] V. Hage/B. Schlink, ›Ich lebe in Geschichten‹. Spiegel-Gespräch, a. a. O., S. 181.
[212] P. Schneider, a. a. O., S. 2.
[213] M. Lüdke, a. a. O.
[214] Franz K. Stanzel, Typische Formen des Romans. Göttingen (Vandenhoeck & Ruprecht) 1964, S. 40.
[215] A. a. O., S. 43.
[216] A. a. O., S. 33. Vgl. auch a. a. O., S. 35 zur Relevanz des Ich-Ich-Schemas.
[217] P. Schneider, a. a. O., S. 3.
[218] F. K. Stanzel, a. a. O., S. 36.
[219] Vgl. Eberhard Lämmert, Bauformen des Erzählens. Stuttgart 1955/1967/1968 (Metzler), S. 87.
[220] R. Klüger, a. a. O., S. 141.
[221] J. Habermas, Vom öffentlichen Gebrauch der Historie. In: ›Historikerstreit‹. Eine Kontroverse um die Einzigartigkeit der nationalsozialistischen Judenvernichtung. München 1987 (Piper, SP 816, 2. Aufl.), S. 247.
[222] Mario Erdheim, Wie aus Brüdern Feinde wurden … In: Surprise. Strassenmagazin 6/99, S. 16–19, S. 18.
[223] Sigrid Weigel, Der Ort von Frauen im Gedächtnis des Holocaust. In: Sprache im technischen Zeitalter 135 (33. Jg.), September 1995, S. 260–268, S. 266.
[224] P. Schneider, a. a. O.
[225] Zugleich liegt im Kontext der NS-Prozesse der Bezug zu Hermine Ryan, geb. Braunsteiner vor, die von den Häftlingen **Kobyla, die Stute** genannt wurde.
[226] Vgl. dazu: Manfred Frank, Steinherz und Geldseele. Ein Symbol im Kontext. In: Ders. (Hrsg.), Das kalte Herz. Frankfurt/M. 1978 (Durchgesehene und erweiterte Ausgabe. Insel. It 330), S. 253 – 337 und Harald Weinrich, Lethe. Kunst und Kritik des Vergessens. München 1997 (C. H. Beck).
[227] Th. W. Adorno, Erziehung nach Auschwitz, a. a. O., S. 101.
[228] Vgl. H. Weinrich, a. a. O., S. 190.
[229] Vgl. Sigmund Freud, Traumdeutung. Frankfurt/M. 1991 (Fischer).
[230] Im Rahmen dieser Deutung würde auch die Tatsache erklärbar, dass auch die Betäubung Täter und Opfer ergreift.
[231] Sigmund Freud, Das Unbehagen in der Kultur, a. a. O., S. 222.
[232] Auf das Heimkehrmotiv verweisen auch die Hinweise auf Homer, Odyssee, deren Hintergrund wiederum ein kriegerischer ist.
[233] Im Hinaufsteigen der Treppe, das in beiden Träumen eine Rolle spielt, sieht Freud **symbolische Darstellungen des Geschlechtsaktes**. Vgl. dazu: S. Freud, Die Traumdeutung, a. a. O., S. 356.
[234] Vgl. Homer, Odyssee. Übersetzt von Roland Hampe. Stuttgart 1979 (RUB 280), VIII. Gesang, V. 549–556.
[235] A. a. O., IX. Gesang, V. 19.
[236] H. Weinrich, a. a. O., S.26.
[237] Dante, Göttliche Komödie, Inf. XXVI, 118–220. Zitiert nach H. Weinrich, a. a. O., S. 238.
[238] P. Schneider, Vati, a. a. O., S. 32.
[239] A. a. O., S. 21.
[240] Vgl. H. Weinrich, a. a. O.
[241] Vgl. J. Habermas, Was bedeutet ›Aufarbeitung der Vergangenheit‹ heute? A. a. O.
[242] A. a. O., S. 25.
[243] A. a. O.
[244] Ders., Antworten auf Fragen einer Enquete-Kommission des Bundestags. In: Ders., Die Normalität einer Berliner Republik, a. a. O., S. 46–62, S. 56.
[245] A. a. O.
[246] A. a. O.
[247] Th. W. Adorno, Erziehung nach Auschwitz, a. a. O., S. 101.
[248] A. a. O.
[249] Vgl. G. Kübler, a. a. O., S. 36.
[250] So auf einer Lesung im Gemeindesaal der Neustädter Mariengemeinde in Bielefeld am 24. 1. 2000.
[251] Hier sei auf Anita Lasker-Wallfischs Erinnerungen *Ihr sollt die Wahrheit erben* hingewiesen. Lasker Wallfisch war wie Fania Fénelon Mitglied der Kapelle in Auschwitz und korrigiert in ihrem Bericht das von Fénelon gezeichnete Bild der Kapelle, an dem sich auch das Drehbuch Arthur Millers für den gleichnamigen Film orientierte. Vgl. Anita Lasker-Wallfisch, Ihr sollt die Wahrheit erben. Breslau – Auschwitz – Bergen-Belsen. Bonn 1997 (Weidle), S. 126 f.
[252] R. Klüger, a. a. O., S. 147.
[253] H. Arendt, Der Auschwitz-Prozeß. In: Dies., Nach Auschwitz. Essays & Kommentare 1. Herausgegeben von Eike Geisel und Klaus Bittermann. Aus dem Amerikanischen übersetzt von Eike Geisel. Berlin 1989 (Bittermann. Edition Tiamat), S. 99–136.

Literaturverzeichnis

Primärliteratur

Bücher

Schlink, Bernhard: Der Vorleser. Zürich 1995. Taschenbuch: Zürich 1997 (detebe 22953). Die Taschenbuch-Ausgabe liegt der Interpretation zugrunde.

Schlink, B.:/Popp, Walter: Selbs Justiz. Zürich 1987 (Diogenes. detebe 21543).

Schlink, B.: Selbs Betrug. Zürich 1992 (Diogenes. 1994 detebe 22706).

Schlink, B.: Liebesfluchten. Erzählungen. Zürich 2000 (Diogenes).

Schlink, B.: Die gordische Schleife. Zürich 1988 (Diogenes. detebe)

Schlink, B.: Abwägung im Verfassungsrecht. Berlin 1976 (Duncker & Humblot).

Schlink, B.: Die Amtshilfe. Ein Beitrag zu einer Lehre der Gewaltenteilung in der Verwaltung. Berlin 1982 (Duncker & Humblot).

Schlink, B.:/Bodo: Pieroth, Staatsrecht II, Grundrechte. Heidelberg 1984 (14. Auflage 1998).

Aufsätze, Reden

Schlink, B.: Die Bewältigung von Vergangenheit durch Recht. In: H. König u. a. (Hrsg.), Vergangenheitsbewältigung am Ende des zwanzigsten Jahrhunderts. Leviathan (Sonderheft) 1998, S. 433–451.

Schlink, B.: Dankesrede zur Verleihung des Hans-Fallada-Preises 1997 der Stadt Neumünster. Unveröffentlichtes MS.

Sekundärliteratur

Rezensionen

Mechthild Küpper: Liebe zum Täter. In: Wochenpost, Berlin, vom 31. 8. 1995.

Tilman Krause: Keine Elternaustreibung. In: Der Tagesspiegel, Berlin, vom 3. 9. 1995.

Dietmar Michels, Vergangenheit, die nicht vergeht. In: Handelsblatt Nr. 184, vom 22./23. 9. 1995.

Werner Fuld: Drama eines zerstörten Lebens. In: Focus, München, vom 30. 9. 1995.

Helmut Ziegler, Bernhard Schlink. Der Vorleser. In: Die Woche Nr. 41 vom 6. 10. 1995.

Urs Steiner: Sex, Lies and Literature. In: Cash, Zürich, vom 13. 10. 1995.

Marion Löhndorf: Die Banalität des Bösen. In: Neue Zürcher Zeitung vom 28. 10. 1995. Ebenfalls erschienen in: General Anzeiger, Bonn, vom 18./19. 11. 1995.

Claus-Ulrich Bielefeld: Die Analphabetin. In: Süddeutsche Zeitung vom 4./5. 11. 1995.

Erich Demmer: Die Liebe zu einer KZ-Aufseherin. In: Die Presse, Wien, vom 11. 11. 1995.

Rainer Moritz: Die Liebe zur Aufseherin. In: Die Weltwoche, Zürich, vom 23. 11. 1995.

Peter Michalzik: Das Monster als Mensch. In: die tageszeitung, Berlin, vom 9./10. 12. 1995.

Uwe Wandrey: Frau mit Peitsche. In: Das Sonntagsblatt Nr. 50 vom 15. 12. 1995, S. 33.

Pierre Deshusses: Le terrible secret. In: Le Monde, Paris, vom 11. 10. 1996.

François Jacquemont: Bourreau et victime. In: L'Est Republicain vom 6. 11. 1996.

Frédéric Vitoux: Le diable nazi au corps. In: Le Nouvel Observateur vom 28. 11. 1996.

Martine Laval: Allemagne, ma douleur. In: Télérama Nr. 2448 vom 11. 12. 1996, S. 4–46.

Christopher Hart: The Question Remains: What Would We Have Done? In: Literary Review, November 1997, S. 52f.

Philip Kerr: In praise of older woman. In: Sunday Times vom 23. 11. 1997.

Claudia Kühner: Ein Buch geht um die Welt. In: Die Weltwoche vom 1. 4. 1999. S. 51.

Zéev Smilanski, am 25. 12. 1998 in Kol Ha'Ir.

Batya Gur, am 31. 12. 1998 in Ha'Aretz.

Omer Bartov, Deutschland als Opfer. In: Ha'Aretz vom 28. 4. 1999.

Orit Harel, am 5. 5. . 1999 in Ma'Ariv.

Peter von Becker, Die Politik der Gefühle. In: Der Tagesspiegel vom 26. 1. 2000.

Martin Lüdke: Der Mönch kam nicht mit. Der deutsche Erfolgserzähler Bernhard Schlink erklärt mit neuen Geschichten die Welt. In: Die Zeit Nr. 6 vom 3. 2. 2000, S. 49.

Lesungen/Gespräche

Wyss, Martin: Fragen auf Antworten. In: Das Magazin. Wochenendbeilage des Tages-Anzeigers und der Berner Zeitung vom 15. 6. 1996, S. 60–63.

Köster, Juliane/Schmidt, Rolf: Interaktive Lesung mit Bernhard Schlink. In: Deutschunterricht (Berlin), Heft 1/1998, S. 46–49.

Krause, Tilman: Interview mit Bernhard Schlink, *In Berlin fehlt es an Bürgersinn*. In: Die Welt vom 14. 10. 1999.

Spiegel-Gespräch zwischen Volker Hage und Bernhard Schlink, »Ich lebe in Geschichten«. In: Der Spiegel 4/2000, S. 180–183.

Kübler, Gunhild: Interview mit Bernhard Schlink, *Als Deutscher im Ausland wird man gestellt*. In: Die Weltwoche Nr.4 vom 27. 1. 2000, S. 35f, S. 36.

Kammann, Petra: Interview mit Bernhard Schlink, *Der Erzähler*. In: Buchjournal 1/2000, S. 14–17.

Literaturwissenschaftliche Veröffentlichungen

Corngold, Stanley: *Fürsorge beim Vorlesen:* Bernhard Schlink's Novel *Der Vorleser*. In: Borchmeyer, Dieter (Hrsg.): Signaturen der Gegenwartsliteratur. Festschrift für Walter Hinderer. Würzburg 1999 (Königshausen/Neumann), S. 248–255.

Hage, Volker: Der Schatten der Tat. In: Der Spiegel, Hamburg vom 20. 11. 1995. Ebenfalls veröffentlicht in: Ders.: Propheten im eigenen Land. Auf der Suche nach der deutschen Literatur. Reinbek bei Hamburg 1999 (rororo 12692), S. 297–313.

Höfer, Adolf: Die endgültige Entsorgung deutscher Vergangenheit in der jüngsten Gegenwartsliteratur. In: Jürgen Belgrad/Karlheinz Fingerhut (Hrsg.), Textnahes Lesen. Annäherungen an Literatur im Unterricht. Hohengehren 1998 (Schneider), S. 148–159.

Unterrichtshilfen

Geisenhanslüke, Achim: Bildung ist Macht. Überlegungen zum Sozialisierungsprozeß in Bernhard Schlinks Roman *Der Vorleser*. Vorgetragen am 22.6.1998 auf der Lehrerfortbildungsveranstaltung an der Gesamtschule Duisburg-Mitte.

Pohsin, Sonja: Der Vorleser. Unterrichtsmodell. Paderborn 1998 (Schöningh. EinFach Deutsch).

Steinbach, Gabrielle: Bernhard Schlink: Der Vorleser. München 1999 (Stark).

Literatur zum historischen, literarischen und philosophischen Hintergrund von Der Vorleser

Adorno, Theodor W.: Erziehung nach Auschwitz, In: Ders., Erziehung zur Mündigkeit. Vorträge und Gespräche mit Hellmut Becker 1959–1969. Herausgegeben von Gerd Kadelbach. Frankfurt/M. 1970 (Suhrkamp st 11), S. 88–104.

Th. W. Adorno, Erziehung – wozu? In: Ders., Erziehung zur Mündigkeit, a. a. O., S. 105–119.

Ders., Erziehung zur Mündigkeit. In: Ders., Erziehung zur Mündigkeit, a. a. O., S. 133–147.

Ders., Erziehung zur Entbarbarisierung. In: Ders., Erziehung zur Mündigkeit, a. a. O., S. 120–132.

Améry, Jean: Ressentiments. Rede im Süddeutschen Rundfunk am 7. März 1966. Hamburg 1995 (Europäische Verlagsanstalt).

Arendt, Hannah: Rede am 28. September 1959 bei der Entgegennahme des Lessing-Preises der Freien und Hansestadt Hamburg. Mit einem Essay von Ingeborg Nordmann. Hamburg 1999 (Europäische Verlagsanstalt).

Dies., Der Auschwitz-Prozeß. In: Dies., Nach Auschwitz. Essays & Kommentare 1. Herausgegeben von Eike Geisel und Klaus Bittermann. Aus dem Amerikanischen übersetzt von Eike Geisel. Berlin 1989 (Bittermann. Edition Tiamat), S. 99–136.

Aleida Assmann/Heidrun Friese, Identitäten. Erinnerung, Geschichte, Identität 3. Frankfurt/M. 1998 (Suhrkamp stw 1404); Bernhard Waldenfels, Vielstimmigkeit der Rede. Studien zur Phänomenologie des Fremden 4. Frankfurt/M. 1999 (Suhrkamp stw 1442).

Klaus Briegleb, Negative Symbiose. In: Ders./Sigrid Weigel (Hrsg.), Gegenwartsliteratur seit 1968. München 1992 (dtv 4354), S. 117–150.

Ders., Vergangenheit in der Gegenwart, a. a. O., S.73–116.

Brockhaus, Gudrun: Schauder und Idylle. Faschismus als Erlebnisangebot. München 1997 (Kunstmann).

Broszat, Martin/Friedländer, Saul: Um die ›Historisierung des Nationalsozialismus‹. Ein Briefwechsel. In: Vierteljahrshefte für Zeitgeschichte 36 (1988), S. 339–372.

Browning, Christopher R.: Ganz normale Männer. Das Reserve-Polizeibataillon 101 und die ›Endlösung‹ in Polen. Deutsch von Jürgen Peter Krause. Reinbek bei Hamburg 1996 (rororo Sachbuch 9968).

Burkert, Walter: Homo Necans. Berlin/Tokio/New York 1972 (de Gruyter).

Dante, Göttliche Komödie. Übersetzt von Otto Gildemeister. Stuttgart Berlin 1929 (Cotta).

Diner, Dan: Ereignis und Erinnerung. Über Variationen historischen Gedächtnisses. In: Berg, Nicolas/Jochimsen, Jess/Stiegler, Bernd (Hrsg.):

Shoah. Formen der Erinnerung. Geschichte, Philosophie, Literatur, Kunst. München 1996 (Fink), S. 13–30.
Eliade, Mircea: Das Mysterium der Wiedergeburt. Versuch über einige Initiationstypen. Frankfurt/M. 1988 (erstmals 1958).
Erdheim, Mario: Wie aus Brüdern Feinde wurden ... In: Surprise. Strassenmagazin 6/99, S. 16–19.
Erikson, Erik H.: Das Problem der Ich-Identität. In: Ders., Identität und Lebenszyklus. Drei Aufsätze. Franfurt/M. 1966 (Suhrkamp), S. 123–212.
Ders.: Wachstum und Krisen der gesunden Persönlichkeit. In: Ders., Identität und Lebenszyklus, a. a. O., S. 55–122.
Fink, Ida: Der Tisch. Aus dem Polnischen übersetzt von Ida und Bruno Fink. In: Fink, I.: Eine Spanne Zeit. Erzählungen und das Stück *Der Tisch*. Zürich 1983 (Union), S. 1157–177.
Frank, Manfred: Steinherz und Geldseele. Ein Symbol im Kontext. In: Ders. (Hrsg.): Das kalte Herz. Frankfurt/M. 1978 (Durchgesehene und erweiterte Ausgabe. Insel. It 330), S. 253–337.
Frei, Norbert: Vergangenheitspolitik. Die Anfänge der Bundesrepublik und die NS-Vergangenheit. München 1997 (2. durchges. Auflage. C. H. Beck).
Freud, Sigmund: Traumdeutung. Frankfurt/M. 1991 (Fischer).
Ders.: Das Unbehagen in der Kultur. In: Ders., Kulturtheoretische Schriften. Frankfurt/M. 1986 (Fischer), S. 191–270.
Goldhagen, Daniel Jonah: Hitlers willige Vollstrecker. Ganz gewöhnliche Deutsche und der Holocaust. Aus dem Amerikanischen von Klaus Kochmann. Berlin 1996 (Siedler).
Habermas, Jürgen: Was bedeutet ›Aufarbeitung der Vergangenheit‹ heute? In: Ders., Die Normalität einer Berliner Republik. Kleine Politische Schriften VIII. Frankfurt/M. 1995 (Suhrkamp ES 1967 = NF 967), S. 21–45.
Ders.: Vom öffentlichen Gebrauch der Historie. In: ›Historikerstreit‹. Eine Kontroverse um die Einzigartigkeit der nationalsozialistischen Judenvernichtung. München 1987 (Piper, SP 816, 2. Aufl.).
Ders.: Antworten auf Fragen einer Enquete-Kommission des Bundestags. In: Ders., Die Normalität einer Berliner Republik, a. a. O., S. 46–62.
Homer: Odyssee. Übersetzt von Roland Hampe. Stuttgart 1979 (RUB 280).
Kammler, Clemens (Hrsg.): Gegenwartsliteratur. Der Deutschunterricht 51 (1999), H. 4.
Köster, Juliane: Schritte aus der Unmündigkeit. Bernhard Schlink, Der Vorleser. In: Deutschunterricht (Berlin) 50 (1997), H. 6, S. 328–330.
Dies.: Bernhard Schlink. *Der Vorleser* (1995) – Eine Interpretation für die Schule. In: Der Deutschunterricht 51 (1999), H. 4, S. 70–81.
Klüger, Ruth: weiter leben. Eine Jugend. München 1994 (dtv 11950).
Lasker-Wallfisch, Anita: Ihr sollt die Wahrheit erben. Breslau – Auschwitz – Bergen-Belsen. Bonn 1997 (Weidle).
Leitner, Isabella: Isabella. Fragmente ihrer Erinnerung an Auschwitz. Aus dem Amerikanischen von Uwe-Michael Gutzschhahn. Ravensburg 1993 (Ravensburger Buchverlag). TB: Ravensburg 1995 (RTB 4137).
Loewy, Hanno: Im Dreieck springen. In: Universitas 52 (1997), Nr. 616, S. 919–923.
Lacombe Lucien. Szenario von Patrick

Modiano, filmische Realisation von Louis Malle.
Matt, Peter von: Liebesverrat. Die Treulosen in der Literatur. München 1989 (Hanser).
Paul, Hinrich: Brücken der Erinnerung. Von den Schwierigkeiten mit der nationalsozialistischen Vergangenheit umzugehen. Pfaffenweiler 1999 (Centaurus).
Proske, Ria/Schmitz, Adelheid (Hrsg.): Spuren der Vergangenheit. Ausgewählte Jugendbücher über Nationalsozialismus und Neonazismus. Münster 1998 (Votum).
Rendell, Ruth: Urteil in Stein. Reinbek bei Hamburg 1992 (rororo thriller 3042).
Schmitz, Thorsten/Fuchs, Albrecht (Fotos): Die Stute von Majdanek. In: Süddeutsche Zeitung. Magazin Nr. 50 vom 13. 12. 1996, S. 17–26.
Schneider, Peter: Vati. Erzählung. Darmstadt und Neuwied 1987 (Luchterhand). TB: Reinbek b. Hamburg 1996 (rororo 13651).
Ders.: Rede zur Verleihung des Fallada-Preises an Bernhard Schlink. Dokumentation des Diogenes Verlags.
Schubert, Helga: Judasfrauen. Zehn Fallgeschichten weiblicher Denunziation im Dritten Reich. Frankfurt/M. 1990 (Luchterhand Literaturverlag).
Semprun, Jorge/Wiesel, Elie: Schweigen ist unmöglich. Aus dem Französischen von Wolfram Bayer. Frankfurt/M. 1997 (Suhrkamp ES 2021).
Sichrovsky, Peter: Wir wissen nicht was morgen wird, wir wissen wohl was gestern war. Wir – Junge Juden in Deutschland und Österreich. Köln 1985 (KiWi 72).
Ders.: Schuldig geboren. Kinder aus Nazifamilien. Köln 1987 (KiWi 133).
Smolen, Kazimierz: Bestrafung der Verbrecher von Auschwitz. In: Auschwitz – faschistisches Vernichtungslager. Warschau 1988, S. 157–183.
Sofsky, Wolfgang: Die Ordnung des Terrors: Das Konzentrationslager. Frankfurt/M. 1993 (Fischer. Taschenbuch 1997: FiBü13427).
Walser, Martin: Unser Auschwitz. In: Ders.: Heimatkunde. Frankfurt/M. 1968 (Suhrkamp).
Ders.: Erfahrungen beim Verfassen einer Sonntagsrede. Friedenspreis des Deutschen Buchhandels 1998. Frankfurt/M. 1998 (Suhrkamp).
Weigel, Sigrid: Der Ort von Frauen im Gedächtnis des Holocaust. In: Sprache im technischen Zeitalter 135 (33. Jg.), September 1995, S. 260–268.
Dies.: Pathologie und Normalisierung im deutschen Gedächtnisdiskurs. Zur Dialektik von Erinnern und Vergessen. In: Smith, Gary/Emrich, Hinderk M. (Hrsg.): Vom Nutzen des Vergessens. Berlin 1996 (Akademie), S. 241–263.
Weinrich, Harald: Lethe. Kunst und Kritik des Vergessens. München 1997 (C. H. Beck).
Weiss, Peter: Meine Ortschaft. In: Rapporte. Frankfurt/M. 1968 (Suhrkamp).
Zima, Peter V.: Moderne/Postmoderne. Gesellschaft, Philosophie, Literatur. Tübingen 1997 (Francke. UTB 1967).
Zuckermann, Moshe: *Mit Schuldgefühlen ist nichts getan*. In: Universitas 52 (1997), Nr. 616, S. 956–968.

Sonstiges

Gassmann, Günter: Wegweiser im ökumenischen Gespräch. Zum Tode von Edmund Schlink. In: lutherische monatshefte (23) 1984, S. 291–293.

Lämmert, Eberhard: Bauformen des Erzählens. Stuttgart 1955/1967/1968 (Metzler).

Stanzel, Franz K.: Typische Formen des Romans. Göttingen (Vandenhoeck & Ruprecht) 1964.

Zeittafel zu Leben und Werk

1944 geboren am 6. Juli bei Bielefeld
1963 Abitur
Studium der Rechtswissenschaft in Heidelberg und Berlin
1971 Geburt des Sohnes
1975 Promotion
1981 Habilitation
1982 Professor in Bonn
1984 Tod des Vaters Edmund Schlink
1987 *Selbs Justiz*. Zusammen mit Walter Popp. Roman
1988 *Die gordische Schleife*. Roman
Richter des Verfassungsgerichtshofs für das Land Nordrhein-Westfalen
1989 Autorenpreis deutschsprachige Kriminalliteratur ›Der Glauser‹ für *Die gordische Schleife*
1991 Verfilmung von *Selbs Justiz* unter dem Titel *Der Tod kam als Freund*.
Regie: Nico Hofmann. Drehbuch: Ullis Stephan
1992 Professor an der Humboldt-Universität zu Berlin
Selbs Betrug. Roman
1993 Gastprofessor an der Yeshiva-University New York
Deutscher Krimi Preis des Bochumer Krimi Archivs für *Selbs Betrug*
1995 *Der Vorleser*. Roman
Stern des Jahres der Abendzeitung (München) für *Der Vorleser*
1997 Grinzane-Cavour-Preis (Italien) für *Der Vorleser*
Hans-Fallada-Preis der Stadt Neumünster für *Der Vorleser*
Prix Laure Bataillon (Frankreich) für *Der Vorleser* (Auszeichnung für den Autor sowie für den Übersetzer Bernard Lortholary)
1999 Für sein literarisches Werk erhält Bernhard Schlink den (erstmals verliehenen) Literaturpreis der Tageszeitung ***Die Welt***
2000 *Liebesfluchten*. Erzählungen
Ehrengabe der Heinrich-Heine-Gesellschaft (17.2.2000 in Düsseldorf)
Im Juni erhält Bernhard Schlink den Evangelischen Buchpreis des Deutschen Verbandes Evangelischer Büchereien für *Der Vorleser*
2003 Für *Der Vorleser* erhält Bernhard Schlink das Bundesverdienstkreuz
2006 *Die Heimkehr*. Roman